高等学校小学教育专业“十三五”规划教材

小学教师专业技能训练

薛彦华　白　枚　主编
王　欣　刘莎莎　副主编

XIAOXUE JIAOSHI ZHUANYE JINENG XUNLIAN

北京师范大学出版集团
BEIJING NORMAL UNIVERSITY PUBLISHING GROUP
北京师范大学出版社

图书在版编目(CIP)数据

小学教师专业技能训练/薛彦华，白玫等主编．—北京：北京师范大学出版社，2016.8
（高等学校小学教育专业“十三五”规划教材）
ISBN 978-7-303-20823-4

Ⅰ．①小…　Ⅱ．①薛…　②白…　Ⅲ．①小学教师-师资培训-高等学校-教材　Ⅳ．①G625.1

中国版本图书馆 CIP 数据核字(2016)第 145312 号

营销中心电话　010-58802181　58805532
北师大出版社高等教育分社网　http://gaojiao.bnup.com
电子信箱　gaojiao@bnupg.com

出版发行：北京师范大学出版社　www.bnup.com
北京市海淀区新街口外大街 19 号
邮政编码：100875
印　刷：北京中印联印务有限公司
经　销：全国新华书店
开　本：787 mm×1092 mm　1/16
印　张：14.5
字　数：270 千字
版　次：2016 年 8 月第 1 版
印　次：2016 年 8 月第 1 次印刷
定　价：30.00 元

策划编辑：王剑虹　　责任编辑：陈佳宵　薄三征
美术编辑：焦　丽　　装帧设计：焦　丽
责任校对：陈　民　　责任印制：陈　涛

总　序

PREFACE

20世纪90年代以来，随着社会发展水平的提高，社会对高质量教育的需求越来越强烈，为顺应社会需求，我国对教师培养体系进行了重大变革——小学教师的培养由原来的中等师范学校改由专科学校和本科院校培养。1998年南京师范大学晓庄学院首次尝试开设小学教育(本科)专业，开创小学教师本科化培养的先河。1998年教育部颁布的《普通高等学校本科专业目录》中，小学教育专业以"经教育部批准同意设置的目录外专业"出现，标志着小学教育专业开始纳入高等教育体系中。2012年，小学教育专业以教育学二级学科的身份，正式纳入教育部颁布的《普通高等学校本科专业目录》。经济发达的地区把小学教师的学历提升到专科或本科水平，并在全国范围内扩招教育硕士。

自小学教育纳入高等教育体系以来，小学教育专业取得了一定的成效，为我国输送了大批本专科学历的小学优秀教师。

为了保证教师的培养质量，教育部于2011年10月8日颁布了《教育部关于大力推进教师教育课程改革的意见》，其附件《教师教育课程标准(试行)》是国家对教师教育课程改革提出的建议和要求，也是认定教师资格的重要依据。这对我国小学教师教育类课程结构调整和优化提出了新的要求；对深化教师教育改革，规范和引导教师教育课程与教学，培养和造就高素质专业化教师队伍具有纲领性的作用。

小学教育专业被纳入高等教育体系的时间短，在专业建设的过程中需要解决的问题很多，尤需亟待解决的是小学教育专业的课程及教材建设问题。河北省教育学教学指导委员会审时度势，组织全省教育学、心理学相关领域专家进行了充分的调研，分析了小学教育专业人才培养存在的问题，针对目前权威教材匮乏的现状，组织专家编写了目前河北省小学教育专业的系列教材。

此次教材编写既注重理论的系统性与前沿性，也注重解决教育实践问题的应用性与操作性；既注重编写过程的学术性，也注重教材形式上的趣味性。希望成为小学教育专业学生喜读、乐读的基本学习素材。

本套小学教育专业系列教材共包括十几种，分别是《教育学》《教育政策与法规》《教育测量与评价》《教育科研方法》《现代教育技术应用》《课程与教学论》《小学教育管理》《小学语文课程与教学论》《小学数学课程与教学论》《小学英语课程与教学论》《小学科学课程与教学论》《教育心理学》《儿童心理学》《小学生心理健康教育》《小学综合实践活动》《小学班主任工作原理与实践》和《小学教师专业技能训练》。

本套教材编写参与人员较多，涉及学科较广，是一项艰巨的工程，能顺利付梓得益于所有参编人员的辛勤工作、密切配合；也得益于北京师范大学出版社王剑虹女士的积极协调与沟通。在此向所有参与此次编写活动的作者及编辑人员表达我们的敬意。

教材编写过程中由于编者的学术视野及学术能力的限制难免会出现不足之处，我们将在教材使用中进一步总结反思，不断修订和完善。同时，也欢迎广大学界同仁及读者予以批评指正。

郭健

2016年6月8日

前言

FOREWORD

2016年是教育部“十三五”规划教材建设的开端之年。为进一步深化教师教育改革，河北省高等学校教育学指导委员会组织了相关专家和优秀教师共同提炼河北省教育教学改革的经验和成果。正值河北师范大学教育学院申请成立了“全人教育研究基地”，开展全人教育研究，对实现教育的和谐、人的和谐，最终实现社会的和谐具有重要指导作用。本书正是借此机会，旨在服务于河北省教师教育的发展，也想通过整合各地市师范院校的资源，在科学研究、人才培养、社会服务等方面体现辐射作用。

本书与以往的教材不同，主要围绕《小学教师专业标准(试行)》中提出的专业能力指标，也参照了国家中小学教师资格考试的两个科目《教育教学知识与能力》和《综合素质》中对于小学教师在教育基础知识、学生学习指导、班级管理、教学设计与实施、教学评价、教师职业理念等方面的要求，将小学教师的专业能力分为教学设计能力、组织与实施能力、激励与评价能力、沟通与合作能力、反思与发展能力、班级管理能力几方面，其中特别强调的是教师的科研能力和教师专业发展意识的培养。之所以将这两个问题作为关键，是因为以往的经验告诉我们，许多教师在面临教学问题的时候并没有主动研究和反思的意识，机械、简单的方式最终导致工作的枯燥、乏味，这也是造成教师教育生活不幸福的主要根源。如果教师职业无法让人产生愉悦的职业感受，则必然不能带来强烈的职业认同。许多教师尽管专业技能还比较熟练，但是专业发展意识薄弱，他们不了解自己每天的工作和生活也可以成为研究和反思的对象，更不清楚教师职业也有生涯发展阶段。更多的教师没有听说过教师专业发展的理念，更不可能将这一理念付诸实践，产生一种自我约束和内化发展的能力。

为使师范生尽快适应职业生活，缩短职业适应期，本书在设计过程中注重“强实践，重应用，能操作”的编写原则。在每章开篇都有章节的学习目标，通过案例的导入，阐述了专业技能的目标、内容和实施方法，每章最后都有思考与练习，并有扩展阅读的相关资料，使学生在掌握系统的教师专业成长理论的基础上，提升他们解决教育实践问题的能力。

全书体系的设计及统稿工作由河北师范大学教育学院薛彦华、白玫共同完成。本书的分工情况为：第一、五、六、七章由河北师范大学教育学院白玫编写；第二章由张家口学院刘莎莎编写；第三、四章由邢台学院王欣编写。

编者

2016年6月

目　录
CONTENTS

第一章 教师专业技能概述

学习目标 ▶

1. 了解教师专业技能的内涵及意义。
2. 了解《小学教师专业标准(试行)》中对小学教师专业能力的要求。

问题导入

“好苗子”怎么了？

某师范大学毕业的一名女学生王某，以优异的成绩通过重重考核，成为成都市锦江区某小学的语文教师。试讲时，她的专业基础扎实，表现很突出。负责面试的老师说，“她对课文的理解很深入，有自己的看法，很有潜力，是个好苗子”。但是，随着正式教学的开始，王某越来越困惑。她辛辛苦苦地找资料备课，学生却不领情，吵吵闹闹地说老师讲得太深，课堂秩序一片混乱。每天早上课代表交上来的作业总是不够数，最让她苦恼的是她所带的班级的成绩比年级总平低了七八分之多。不知所措的她失去了做教师的信心。更糟糕的是，起初对她抱以很大期望的学校也对她失去了信心，她面临着职业的危机……

第一节　教师专业技能的内涵及意义

改革开放以来，我国的基础教育获得了巨大的发展。2003 年我国实现了“基本扫除文盲，基本普及九年义务教育”的目标。课程改革方兴未艾，办学条件得到了极大的改善。在这个过程中，教师发挥了重要的作用。我国政府和社会越来越意识到，教育的发展离不开教师，教育质量的提高更离不开教师专业水平的提高。1994 年颁布的《中华人民共和国教师法》明确规定：“教师是履行教育教学职责的专业人员。”随着社会的进步和科学技术的提高，社会、学校、学生和家长向教师提出了新的要求。在进行新课程改革和实践的今天，更是向教师提出了各种挑战。为了响应这种挑战，教师需要终身的专业发展。教师专业化理论的出现对于教师教育提出了更为科学和细致的要求，教师在从“职业”向“专业”转化的过程中，必然会引发对于教师专业素质的思考。

一、教师专业技能的内涵

《教师百科辞典》中认为，技能是指“主体在已有的知识经验的基础上，通过练习而形成的动作系统。有广义和狭义之分，狭义的技能是指初级水平之技能，只需具备初步的知识，经过一定的练习和模仿即可获得。广义的技能，除包括初级水平之外，还包括技巧性技能，即在丰富的知识经验的基础上，经过反复练习，基本动作已达到自动化水平”①。1990 年我国出版的《教育大辞典》中将技能定义为“主体在已

---

① 《教师百科辞典》编委会．教师百科辞典．北京：社会科学文献出版社，1987：98

有的知识经验基础上，经过练习形成的执行某种任务的活动方式”。综合考虑学者和辞典中对于技能的定义，可将技能具体表述为主体在一定知识和经验的基础上，以顺利实现某一任务为目标，通过反复设计和不断练习，逐步形成的系列行为及智力活动的总和。在探讨教师专业技能的问题中，经常将技能与能力混为一谈。早在1973 年，美国学者 McClelland 就提出了能力素质的定义，并根据这一定义提出了冰山模型。在这一个能力模型中，人的行为、知识和技能处于裸露在水面上的冰山，属于表象的、可被观察和测量的部分。而主体的价值观、态度、社会角色以及更深层次的自我形象、个性品质和内驱力、动机等则是水面下隐藏的冰山，象征着潜在的内部特征，不易被发现和挖掘。从这个模型中不难发现，技能从属于能力，是构成能力的一部分，能力是一种内在的心理品质。而专业技能一般是指在进行专业活动时，为了达成某一专业任务，主体将自身知识经验与反复实践有机结合所形成的系列行为及智力活动的总和。需要强调的是，专业技能与职业技能相区分，前者更需要完善的知识体系作为支撑，它的生成是通过有意识的系统训练实现的。

教师专业技能的内涵首先来自于教师职业的专业性。专业化的教师需要拥有从事教育教学工作的基本技能和能力。教师职业在社会的发展中，逐渐成为社会不可或缺的专业。具备重要的社会功能，以完善的专业理论和成熟的专业技能作为支撑，以及逐渐具有一定的专业自主权和权威性的专业组织，这些方面已经说明，教师作为一种专业已经脱离了普通职业的行列。教师的专业技能是指教师在一定专业知识和经验的基础上，以顺利实现教育教学为目标，通过反复设计和不断训练，逐步形成和不断完善的一系列行为和智力活动的总和。

二、认识教师专业技能的意义

《国家中长期教育改革与发展规划纲要(2010—2020 年)》明确提出，要建立高素质专业化的中小学教师队伍。1993 年颁布的《中华人民共和国教师法》规定了教师是“履行教学职责的专业人员”，但是该法律以后的法律文本和相关政策就没有对教师作为专业人员的基本要求做出明确规定。因此，对小学教师的基本专业要求，特别是专业技能的认识就显得尤为重要。

(一)提高教师队伍素质，促进教师专业发展

教师是一种特殊的职业，教育是一种专业化的工作。教师职业有自身的严格要求，具备一定相关素质的人才能从事教师职业，这些素质必须通过专业标准和专业技能来规范和要求。多年来，由于我国没有出台教师专业标准，导致教师队伍良莠不齐，影响了教师队伍的整体素质。

(二)有效指导教育教学，提升教育质量

教育教学既是科学又是艺术，只有具备了教师的基本技能，才能保证教育教学活动的科学性，也才能保证教育教学的有效性。

(三)规范教师行为，实现教师专业化

作为履行教育职责的专业人员，教师必须经过严格的专业训练，掌握系统的专业知识和专业技能，养成高尚的专业伦理道德观念。美国当代著名作家菲利普·E.罗斯曾说过："没有天生的大师，只有练就的专家。"

第二节 《小学教师专业标准(试行)》中专业能力的要求

小学教师是履行小学教育教学工作职责的专业人员，需要经过严格的培养与训练，具有良好的职业道德，掌握系统的专业知识和专业技能。为了促进小学教师专业发展，建设高素质的小学教师队伍，根据《中华人民共和国教师法》和《中华人民共和国义务教育法》，2011 年教育部制定了《小学教师专业标准(试行)》(以下简称《专业标准》)。

《专业标准》的基本理念是师德为先、学生为本、能力为重、终身学习。包括专业理念与师德、专业知识、专业能力三个维度和十三个领域，每一个领域又有具体的基本要求。表 1-1 列出了专业能力这一维度的领域和基本要求。

表 1-1 《小学教师专业标准(试行)》基本内容(专业能力部分)

维度	领域	基本要求
专业能力	(九)教育教学设计	37. 合理制订小学生个体与集体的教育教学计划。 38. 合理利用教学资源，科学编写教学方案。 39. 合理设计主题鲜明、丰富多彩的班级和少先队活动。
	(十)组织与实施	40. 建立良好的师生关系，帮助小学生建立良好的同伴关系。 41. 创设适宜的教学情境，根据小学生的反应及时调整教学活动。 42. 调动小学生学习积极性，结合小学生已有的知识和经验激发学习兴趣。 43. 发挥小学生主体性，灵活运用启发式、探究式、讨论式、参与式等教学方式。 44. 发挥好少先队组织生活、集体活动、信息传播等教育功能。 45. 将现代教育技术手段整合应用到教学中。 46. 较好使用口头语言、肢体语言与书面语言，使用普通话教学，规范书写钢笔字、粉笔字、毛笔字。 47. 妥善应对突发事件。 48. 鉴别小学生行为和思想动向，用科学的方法防止和有效矫正不良行为。

续表

维度	领域	基本要求
专业能力	（十一）激励与评价	49. 对小学生日常表现进行观察与判断，发现和赏识每一位小学生的点滴进步。 50. 灵活使用多元评价方式，给予小学生恰当的评价和指导。 51. 引导小学生进行积极的自我评价。 52. 利用评价结果不断改进教育教学工作。
	（十二）沟通与合作	53. 使用符合小学生特点的语言进行教育教学工作。 54. 善于倾听，和蔼可亲，与小学生进行有效沟通。 55. 与同事合作交流，分享经验和资源，共同发展。 56. 与家长进行有效沟通合作，共同促进小学生发展。 57. 协助小学与小区建立合作互助的良好关系。
	（十三）反思与发展	58. 主动收集分析相关信息，不断进行反思，改进教育教学工作。 59. 针对教育教学工作中的现实需要与问题，进行探索和研究。 60. 制定专业发展规划，积极参加专业培训，不断提高自身专业素质。

总之，专业技能，是教师必须具备的教学技能和教学策略；能制订合理的教学计划、有效地实施教学，并对学生的学习进行有效的评价；擅长组织管理学生行为和营造良好的学习环境等。①专业技能（即会做）、专业知识（即应知）和专业质量（即愿持）成为教师专业发展的三大基石。

一、教育教学设计

教育教学设计包括：合理制订小学生个体与集体的教育教学计划；合理利用教学资源，科学编写教学方案；合理设计主题鲜明、丰富多彩的班级和少先队活动。

二、组织与实施

建立良好的师生关系，帮助小学生建立良好的同伴关系；创设适宜的教学情境，根据小学生的反应及时调整教学活动；调动小学生学习积极性，结合小学生已有的知识和经验激发学习兴趣；发挥小学生主体性，灵活运用启发式、探究式、讨论式、参与式等教学方式；发挥好少先队组织生活、集体活动、信息传播等教育功能；将现代教育技术手段整合应用到教学中；较好使用口头语言、肢体语言与书面语言，使用普通话教学，规范书写钢笔字、粉笔字、毛笔字；妥善应对突发事件；鉴别小

① 周文叶，崔允漷．何为教师之专业：教师专业标准比较的视角．全球教育展望，2012.4

学生行为和思想动向，用科学的方法防止和有效矫正不良行为。

三、激励与评价

对小学生日常表现进行观察与判断，发现和赏识每一位小学生的点滴进步；灵活使用多元评价方式，给予小学生恰当的评价和指导；引导小学生进行积极的自我评价；利用评价结果不断改进教育教学工作。

四、沟通与合作

使用符合小学生特点的语言进行教育教学工作；善于倾听，和蔼可亲，与小学生进行有效沟通；与同事合作交流，分享经验和资源，共同发展；与家长进行有效沟通合作，共同促进小学生发展；协助小学与小区建立合作互助的良好关系。

五、反思与发展

主动收集分析相关信息，不断进行反思，改进教育教学工作；针对教育教学工作中的现实需要与问题，进行探索和研究；制定专业发展规划，积极参加专业培训，不断提高自身专业素质。

第三节　小学教师专业技能与教师专业发展

一、教师专业发展的内涵

近年来，国内外学者对于教师是否是专业人员一直争论不休。有的学者认为教师是专业性很强的专业人员，有的学者则认为教师只能算是“半专业”或“准专业”，甚至有的学者否认教师的专业性。争论的根本原因在于没有建立起一套学者们认可的关于教师专业发展的内涵、性质和标准的严密体系。

(一)专业的界定

“专业”(profession)一词最初是从拉丁语演化而来的，其本意是公开地表达自己的观点或信仰。本书所要探讨的“专业”是个社会学的概念。较早系统地研究“专业”的社会学家卡尔·桑德斯认为，“所谓专业是指一群人在从事一种需要专门技术的职业。专业是一种需要特殊智力来培养和完成的职业，其目的在于提供专门性的服务。”[①]布兰德斯提出，专业是一个正式的职业，为了从事这一职业，必要的上岗前的训练以智能为特质，包括知识和某些扩充的学问，它们不同于纯粹的技能，专业

---

① 台湾师范教育学会．教师专业．台北：台湾师大书苑，1992：1-18

主要供人从事于为他人服务，而不是从业者单纯的谋生工具。简单来讲，专业就是一种专门的职业，从事此种职业的人员必须经过专门的培训，以获得专门的知识、技能、职业道德。由此看来，专业是指一群人经过专门教育或训练，具有较高深和独特的专门知识和技术、按照一定专业标准进行专门化的处理活动，从而解决人生和社会问题，促进社会进步并获得相应报酬待遇和社会地位的专门职业。

(二)专业的基本特征

一种职业要被认可为专业，应该具备至少五方面的基本特征。

(1)具有不可或缺的社会功能

一般来说，专业对社会具有重要作用，其作用的重要性表现在它具有不可或缺的社会功能，即它不但对社会有作用和贡献，而且其作用和贡献“更是整体社会继续存在及发展所不可缺少的，倘若专业服务不足或水平低落，则会对社会构成严重的伤害”。专业的社会功能属性，决定了其从业人员须具备较高的专业道德规范和专业素养，以更好地履行专业职责，承担社会责任，促进专业社会功能的实现。

(2)具有完善的专业理论和成熟的专业技能

作为一门专业，必须建构起自己相对完整的理论体系，为具体的专业活动提供思想指导，从理论上指明专业发展的方向；确定专业知识的框架，明确专业活动的对象或范围，掌握从事专业工作所需要的专业知识。

(3)具有高度的专业自主权和权威的专业组织

高度的专业自主权和权威的专业组织是专业实践和发展的内在要求，由于专业活动所依赖的专业知识是“圈内的知识”，是一套“高深的学术”，只有业内人员才有能力对业内的事务做出判断，控制业内的裁决权，如审核职业者的资格与能力，判断职业者的专业水平和品行等。所有公认的专业一般都有一个强大的专业组织，专业组织往往扮演了三重角色：保证专业权限、保证专业水平和提升专业地位。

(4)具有不可替代性

专业是建立在高深、独特的专门知识与技术之上的专门职业，不是人人都会、不学即能、“万金油式”的简单职业，这决定了它只能为专业人员所掌握，并为专业人员所垄断。

(5)专业人员需经过长期、严格的专业培养与发展

通过专业训练以获得专业技能，是一个长期的过程。高度专业化的职业，如医生、律师等，他们的养成绝不是一段时日就能成功。

(三)教师职业的专业化

1966 年，联合国教科文组织(UNESCO)发表了一份划时代的文献《关于教师地位的建议》，这份文献写道：“教育工作应被视为一种专业，这种专业要求教师经过严格且持续不断的研究，才能获得并维持专业知识和专业技能，从而提供公共服务；教育工作还要求教师对其教导之学生的教育和福祉具有个人的和共同的责任感。”自

这份文件确认和鼓励教师为专业以来，有关教师专业化的概念虽然界定的标准不一，但是视教师为专业已渐成共识。

1. 专业化

一个职业的专业化是一个持久的社会化过程，它必须不断地改进自己以适应社会变化的要求。教育社会学学者霍伊尔(E. Hoyle)指出，职业专业化"是一个职业(群体)经过一段时间后成功地满足某一专业性职业标准的过程"；"它涉及两个一般是同时进行中可独立变化的过程，就是作为地位改善的专业化和作为专业发展、专业知识提高以及专业实践中技术改进的专业化"。[①] 因此，专业化或称专业社会化是指一个普通职业群体逐渐符合专业标准、成为专门职业并获得相应的专业地位的过程。

2. 教师专业化

教师专业化是指教师在整个专业生涯中，通过终身专业训练，习得教育专业知识技能，实施专业自主，表现专业道德，并逐步提高自身素质，成为一个良好的教育专业工作者的专业成长过程。

教师专业化是教师不断社会化的过程，同时也是社会多方面共同努力的结果，必须放在整个社会背景中考虑，使之成为整个社会的职责，以合作的方式，争取社会各界的支持和认可。

教师专业化也是个内涵不断丰富的过程。霍伊尔曾明确地把教师专业化界定为两个方面的内容：一是关注一门职业成为专业并获得应有的专业地位的过程；二是关注教学的质量、职业内部的合作方式。当前教师专业化更多地集中于教学专业化的内涵发展上，并且其内涵越来越广泛。

3. 教师专业发展

传统上，教育工作者对教师专业发展的理解相当狭隘，许多教师甚至学校管理人员把教师专业发展看作是仅仅局限于参加几天学科会议、听一场报告或参加几天培训等，还有一些教师和学校管理人员认为专业发展就是提高学历水平或参加学位课程班学习、攻读在职教育硕士，他们很少把专业发展纳入教师职业生涯规划中。

那么，究竟什么是教师专业发展呢？教师专业发展是指教师个人在历经职前师资培养阶段、入职教育和在职进修的整个过程都必须持续地学习与研究，不断发展其专业内涵，逐渐达到专业圆满的境界。教师专业发展是教师个体专业不断发展的历程，是教师不断接受新知识，增长专业能力的过程，具有如下非常明确的三个特征。

(1)教师专业发展是一个有意识的过程

教师专业发展的目的是使教师成为一个成熟的专业人员，使教师成为一个成熟的

---

① 邓金. 塔格曼国际教师百科全书. 教育与科普研究所编译. 北京：学苑出版社，1989：542

专业。在此过程中，教师对专业的认识不断深化，包括对专业自我、专业角色的认识，对教育、学校的理解以及对所教学科、对学生成长与发展过程中的价值认识等。

(2)教师专业发展是一个持续的过程

教育是一个动态的专业领域，其知识基础在不断地扩展。同时，课堂教学中应有的知识和技能、教育教学理念也在不断地变化，社会、学校、学生对教师的专业素质的要求越来越高。为了与这些新知识、新技能、新理念、新要求保持同步，各个层次的教育者在其整个专业生涯中都必须成为终身学习者。在教育教学实践中，不断分析、反思，持续探索、创新。

(3)教师专业发展是一个复杂的过程

教育系统本身的复杂性需要系统的专业发展观。一个教师从走出师范院校的大门到成为一名成熟的专家型、学者型教师，需要一个漫长的过程。这一成长过程是其敬业精神形成并发挥作用的过程，是其教育教学素质不断提高和更新结构的过程，是一个不断学习、不断实践、不断创新的过程，是一个不断利用外部资源和条件进行优势积累的过程，更是一个不断实施自我监控、自我调节和自我超越的过程。虽然每个教师的生命长度大致相当，但是在成长历程中每个阶段的生命宽度是不一样的。教师专业成长过程的实质就是职业个性不断成熟、自主发展的复杂过程。当然，这一过程不是一个简单的、按年龄递进的、直线上升的过程，而是有诸多复杂的内外制约要素共同影响的阶段性上升过程。

二、教师专业发展的目标

(一)基础教育课程改革对教师专业发展的期待

随着1999年《中共中央国务院关于深化教育改革全面推进素质教育的决定》的颁布，全国上上下下掀起了教育改革的热潮，作为教育改革中心的新课程改革也在紧锣密鼓地进行着。教师是新课程改革成败的关键，新课程改革对教师的专业发展提出了新的、更高的要求。

1. 新课程期待教师转变观念

(1)转变学生观

学生是认识和实践的主体，是学生的主人，具有自主性、能动性和创造性等特征。教师必须首先认识并认同学生作为主体的地位，树立“以学生为本”的观念，尊重学生的主体性，积极引导学生自主学习、探究发现、合作交流，把学习的主动权还给学生，为学生有个性的学习提供空间，拓展学生学习知识的管道，拓展学生发展的空间，转变传统的教师中心的做法。

(2)改变教学观

新课程倡导教师在教学过程中重视师生的交往、对话；重视学生的全面发展；强调在师生互动中建构知识、培养能力；同时强调加强对学生的引导和疏通，使学生主动选择、主动建构并将知识纳入自己的经验世界。

(3)转变课程观

传统上，教师只是把课程看作是一些供学生学习的材料，这只是课程内涵的一个方面。在本质上，有了学生才有课程，课程是有计划地安排学生学习机会的过程。在这一过程中，学生获得知识、参与活动、增加体验。可见，课程不仅指学习材料，也不单是学科科目，它还是一种过程，一种结果，一种意识。

2. 新课程期待教师积极参与课程开发

新课程改革打破了传统课程开发的"中心—外围"模式，学校和教师从课程改革的边缘走向参与，这为教师参与课程开发提供了条件，教师的积极参与是本次课程改革的内在要求。"三级课程管理"的理念赋予教师以参与课程开发、管理课程的权利，尤其在学校的层面上来说，教师是校本课程开发的主体。

3. 新课程期待教师转变角色

新课程对于教师来说最根本的是对角色的挑战。正确认识自己在新课程下的角色，将直接影响着教师素质的提高和教师职能的发挥，进而影响教师的专业发展。因此，教师要尽快适应新课程就必须首先转换角色，由"课堂主宰者"转向"平等者中的首席"，由知识灌输者转向人格培育者，由单向传播者转向多向对话交往者，由课程的执行者转变为课程的建构者，由裁判学生成绩的"法官"变为学生成长的促进者。

(二)基础教育课程改革中的教师角色定位

韩愈说："师者，所以传道、授业、解惑也。"这是我国古代较早对教师角色行为、义务及权利比较精确的概括。但是，随着人类文明的发展以及社会要求的进步，教师这一角色又有了新的变化，确切地说是赋予了更多更新的内容和意义。新课程的基本价值取向是"以学生发展为本"，目标是实现"学生全面发展"。从"以学生发展为本"价值思维出发，新课程中的教师角色，就应该是以教师的教与学生的学之间的关系为核心的，从这个角度出发，新课程下的教师应当扮演好如下角色。

1. 学习者

当时间的列车驶入 21 世纪，我们的社会也进入了学习型的社会。在这样的社会里，每个人都应该成为终身学习者，尤其是教师应该首先成为终身学习者。正如国际 21 世纪教育委员会向联合国教科文组织提交的报告《教育：财富蕴藏其中》所指出的，教育越来越成为学习，教育就是学习。因此，作为 21 世纪的专业工作者的教师不仅必须获得终身学习者的社会角色，更应当以学习者的角色身份进入新课程。

终身学习是 21 世纪的生存理念，对教师这一职业而言更是如此，教师应成为终身学习的实践者和楷模。要想胜任未来的教师工作，教师就应该不断对自己进行"充电"。尤其要加强对现代教育技术理论知识的学习，研究基于网络环境下学习者的认知规律，更好地创设教学情境，研究如何提高学生的思维能力、创新能力以及解决问题的能力等，并对网络提供的教学资源进行评价、改善和充实。

终身学习是专业发展对教师的必然要求。教师的定律，一言以蔽之，就是你今日停止成长，明日你就将停止教学。身为专业工作者的教师，必须成为终身学习者。“做一辈子教师”就必须“一辈子学做教师”。教师只有再度成为学生，才能与时俱进，不断以全新的眼光来观察和指导专业活动。

终身学习是时代发展对教师的必然要求。21 世纪是知识经济的时代。其特点是信息技术飞速发展、知识更新的步伐不断加快、科学技术突飞猛进、教育新理论新方法层出不穷。终身学习是 21 世纪的生存概念，对教师来说尤为如此，教师比任何人都更需要跟上时代的步伐，应该成为终身学习的践行者和楷模。

终身学习也是课程实施对教师的必然要求。新课程采用综合课程的编制方式，打破了分科课程的知识条块分割和漠视学生心理发展、主体体验的状况。综合课程能适应学生的心理发展和社会要求，关注学生主体性和生活经验，要求对学生生活开放、对现代社会科技进步开放；要求关注学生的全面发展、关注学生的体验；强调课程的选择性，将教师置于一个被学生选择的位置上。所有这些新理念都要求教师不断学习、不断更新知识，并不断拓展自己的知识领域。同时，新课程的实施过程也是一个教师不断学习的过程。在这个过程中，教师要转变观念，体验新的教育理念并增长知识、拓展视野，不断提升自身的专业素养。

2. 引导者

新课程改革的一个重要任务，就是转变学生的学习方式。这是针对传统被动接受的学习方式的弊端而提出来的。学生学习方式的转变必然要求教师转变固有的教学方式，由以讲授为主导的教学转变为自主探究和引导、发现的教学。由此，教师的角色也必然发生转变，由单纯的知识传递者转变为学生学习的引导者。

一直以来，“传道、授业、解惑”是教师最显著的标志。教师作为“知识的传授者”，不仅要有广博的基础知识、精深的专业知识及相关学科知识，还要时刻把握所教学科的最新研究成果和发展趋势。但 21 世纪的教育要求教师不能再把单纯的知识传授作为主要教学任务，而要把教学的重点放在学生获得知识的过程和掌握知识的方法上，而非掌握知识的总量上。具体来说，包括：帮助学生形成正确的学习态度；指导学生自主学习，使其掌握自主学习的方法，提高其自主学习的能力；指导学生制订切合自身实际的学习计划并获取相应的学习方式；帮助学生掌握和运用现代信息媒体获得知识的手段和方法。因此，要求教师从传统的“知识的传授者”的角色转变为“学习的促进者”角色，实现“教”学向“导”学的转换。

在新课程中，教师作为学生的引导者，首先应该引导学生的学习兴趣，让学生根据自己的学习兴趣自主探究。如在研究性学习中，教师就需要在研究题目的选择、研究活动开展的计划、具体研究活动的进行、对研究结果的处理等方面进行引导。其次是作为学生学习过程的指引者，帮助学生决定适当的学习目标，并确定和协调达到目标的最佳途径，以使学生在课程实施中自觉地学习。最后是作为学生道德质量、身心健康发展的指路人，帮助学生形成健康、积极向上的世界观、人生观和价值观。

3. 合作者

《基础教育课程改革纲要(试行)》中指出，“改变课程实施过于强调接受学习、死记硬背、机械训练的现状，倡导学生主动参与、乐于探究、勤于动手，培养学生搜集和处理信息的能力、获取新知识的能力、分析和解决问题的能力以及交流与合作的能力”。即新课程积极倡导自主、合作、探究的学习方式。教师要教会学生合作，首先应该学会合作，成为合作者。

新课程条件下，要求教师要学会如下四种合作。

(1)与其他教师的合作

正如前所述，新课程采用综合课程的编制方式。新课程的综合化，需要教师与更多的人、在更大的空间、用更加平等的方式从事专业活动，教师之间将更加密切地合作。可以说，新课程增强了教育者之间的互动关系，将引发教师集体行为的变化，并在一定程度上改变教学组织形式的专业分工。① 新课程提倡培养学生的综合能力，而综合能力的培养就要靠教师集体智慧的发挥。因此，教师必须学会与人合作，与不同学科的教师打交道。

教师之间的合作可以是学生教育与管理方面的合作，是教育教学研究之间的合作；可以是课程设计、教学方法、教学内容、教学组织、教学评价方面的合作，是同一学科、相邻学科、不同学科之间的合作；亦可以是校内教师之间、校外教师之间的合作。

(2)与家长的合作

新课程要求教师与家长加强合作。首先，新课程的理念和具体措施需要家长的理解、认同、配合、支持。其次，新课程要求充分挖掘教育资源，充分利用可利用的教育资源，要求开设校本课程，要求课程生活化，要求重视学生的个性差异，要求对学生因材施教，所有这些，势必要求教师加强与家长的合作。最后，新课程极为重视学生全面均衡的发展，尤其重视学生人格的健康发展，而学生人格的发展有赖于家庭、学校、小区、社会的全面合作，教师与家长加强合作也是学生人格健康发展的必然要求。与家长之间的合作可通过家访、家长委员会等形式来实现，现代信息技术的发展为教师与家长之间的合作提供了更为有效的途径。

(3)与教育管理者的合作

新课程改革在一所学校里的进程并非是整齐划一的，新旧观念和新旧评价标准可能会同时存在，这必然有一个冲突和统一的过程。教师在学校里除了做好自己的本职工作外，还需要与学校管理者合作，向他们提供各种信息以及自己对学校工作的建议等。

---

① 李建平．教师走进新课程．中国教育报，2001-10-20(3)

(4)与学生的合作

新课程师生关系理念的改变，要求教师从权威者的角色转变为学生平等的合作伙伴。从某种意义上来说，教师与学生是为了完成共同的任务、实现共同的目标走到一起的，师生之间只有相互合作才能完成任务、实现目标。但由于传统教育观念的偏差，使得师生之间缺乏平等的机制，师生之间缺少交往合作。新课程事实上重新确立教育秩序，重新定位师生关系。师生合作是师生民主、平等理念的体现，是构建和谐的课堂文化的基础，是实现教育教学方式转变的关键，是教师角色转变的具体体现。只有实现师生真正意义上的合作，教师才能成为学生的促进者、帮助者、引导者、辅导者，成为教育的研究者；学生才能成为学习的主体，成为知识的建构者。

师生合作，首先应该体现在教师的教育理念上，尤其是师生关系的理念上，教师应该确立师生平等、民主的理念，重视学生独立人格的养成；其次应该体现在具体的行动中，如重视教学过程中内容的生成，重视教学方式上的对话，重视学生的积极性、主动性的激发，重视学生问题意识、思维质量的呵护与培养，重视教学评价的个性化。

4. 开发者

新课程增加了地方课程和校本课程。新课程要求教师不仅要做课程的实施者，更要做课程的开发者，这是本次课程改革倡导的新理念，也是对教师提出的新要求。教师再也不能满足于“教书”，满足于把书本知识教给学生。新课程倡导课程的“生成性”和“开放性”，注重课程的适切性，这就必然要求教师以课程开发者的身份参与课程资源的开发与利用，开发并实施具体课程方案，让课程更加贴近学生生活、适应具体教育情境。教师参与新课程的开发与决策是提高课程适切性的举措，对于反映学生个性、更好地促进学生有个性地发展也具有积极意义。

开发课程是教师专业发展和专业活动的一个重要组成部分。作为一种专业活动，课程开发需要一定的理论指导和专门训练，教师作为课程开发者拓展了自身专业活动的范围，也提高了课程开发的能力。课程改革赋予了教师参与课程开发的权利，尤其在校本课程的层面上，教师应成为课程开发的主体。教师要从课程开发活动的外围逐渐走向参与，以课程开发者的姿态承担课程开发的权责，转变消极的课程实施者的角色。

5. 研究者

在课程实施的过程中，教师会遇到许多问题和困惑，这就需要教师进行必要的研究，成为一个不断研究、勇于创造的研究型教师，这也是新课程对教师的必然要求。正如钱伟长所说：“你不上课，就不是教师；你不搞科研，就不是好老师。教学是必要的要求，不是充分的要求，充分的要求是科研。科研反映你对本学科清楚不清楚。教学没有科研作为底子，就是一个没有观点的教育，没有灵魂的教育。”因此，在新课程下，教师必须从“教书匠”向具有科研意识的“研究者”转变。在师生互动中，教师要以研究者的眼光关注学生的发展，以研究者的素养探讨并解决具体教育问题，目的都是促进学生更好地全面发展。

教师作为教育教学的专业人员，要经历由不成熟到相对成熟的专业发展历程。专家型教师是教师专业性发展的最高目标。教师从新手向专家型教师发展，需要将职前学习与职后培训相结合，拓展专业内涵，不断反思、学习、实践、研究，成为教育教学的研究者。教师角色还应该从"经验型"向"研究型"教师转变。教师成为研究者是指教师参与研究并成为研究的主体，而不再只是被研究的对象，也不再只是研究成果的操作者、执行者。教师成为研究者并不是使教师成为专门的研究人员，而是教师在自己的教育教学实践中去发现问题、研究问题和解决问题，研究的对象是自己的教育教学活动，包括教材、教法、教学手段和教学策略等的选择，研究的问题来自于教师自己教学中亲身经历或直接感受到的问题，目的是改善自己的教学效果。

教师的研究主要是研究自己的教育理念和实践，反省自己的教育观念、教育行为和教育效果，是以改进和调整自己的教育教学实践为目的的研究。因此，反思是教师研究的本质。教师的反思是指教师在教育教学活动中，把教育教学活动本身作为意识的对象，不断地进行审视、深思、探究和评价，进而提高自身教育教学效能和素养的过程。教师反思的本质是一种理解与实践之间的对话，它是教师超越自己的思维能力，是一种创造能力在教育实践中的体现。在教师反思的过程中，不仅需要经常地进行理论学习，还要加强同事间或与专家的合作交流。

教师成为研究者，有助于促进学生全面发展；教师成为研究者，有助于促进学校的持续发展；教师成为研究者，有助于促进教育教学理念的发展；更重要的是，教师成为研究者，有助于提升教师的专业地位、树立教师的专业形象。一句话，教师成为研究者有助于促进教师的专业发展。

6. 心理辅导者

教师不仅要向学生传授知识，还必须对学生进行思想品德教育，在思想品德方面促进学生的社会化。因此，教师要扮演好"思想品德教育者"角色。但是，学生成长中的问题有许多属于心理问题。青少年时期是学生心理发展的关键时期，现代社会的压力增加、竞争加剧以及网络的负面影响，导致当今学生心理问题日益突出，不仅影响学生的正常学习，也给学生家长带来痛苦，造成社会不稳定因素的增加。教师对学生进行正面的道德教育是理所应当的，但学生的有些问题是不能单纯依靠道德教育的方法来解决的，必须结合心理咨询的方法由教师辅助学校咨询人员加以指导、帮助或治疗，从而促进学生心理的社会化过程。因此，如果教师能充当学生心理健康的维护者，为那些有心理困扰和心理障碍的学生提供及时、有效的指导和帮助，在日常班级组织管理工作中，依照心理健康的原则，维护学生的自尊心，消除学生的紧张和焦虑情绪，避免学生可能产生的挫折感，将可能发生的意外事件消灭于萌芽状态，防患于未然，这将比单纯的道德说教更有效。

以上教师角色是教师在教学中，特别是在面对学生时应该扮演好的最主要的角色。实际上，由于教学过程的复杂性，在每位教师的职业生活中还存在各种各样的角色，这些角色并不具有排他性，而是共同存在于一个动态的整体性的教学关系之中。

三、教师专业发展对小学教师专业技能的要求

(一)教师专业标准

今天，教师专业发展已进入了一个新的时期，“促进教师专业发展”“提高教师专业地位”不再仅仅是教师组织、教师教育工作者和教育研究人员的诉求，而成为各国学者、各国政府和国际社会不约而同的呼声。如何建立一支庞大、专业、高质量的教师队伍成为各国教育界关注的焦点。为了实现这个目标，各国、各地区均应制定和出台一系列本国、本地区的教师专业标准来规范教师的专业活动。

汇集各国、各地区制定和出台的教师专业标准，结合国内的实际，可以从以下三方面来考查教师专业标准。

1. 教师专业素养

教师专业素养是专门职业对从业人员的整体要求。教师专业素养是指教师拥有和带往教学情境的知识、能力和信念的集合，它是在教师具有优良的先存特征的基础上经过正确而严格的教师教育所获得的。教师的专业素养是以一种结构形态而存在的。我国学者对于教师专业素养结构的分析、研究很多，其中有代表性的研究主要见表 1-2。

表 1-2　教师专业素养结构

学者	教师专业素养结构
叶澜	1. 专业精神；2. 教育观念；3. 专业知识；4. 专业能力；5. 教育智慧
林崇德、申继亮	1. 职业理想；2. 知识水平；3. 教育观念；4. 教学监控能力；5. 教学行为和策略
唐迅	1. 社会文化心理素质；2. 教育专业心理素质；3. 人格心理素质
朱宁波	1. 专业理想；2. 专业知能；3. 教育智慧
艾伦	1. 学科知识；2. 行为技能；3. 人格技能
林瑞钦	1. 所教学科的知识；2. 教育专业知识；3. 教育专业精神
饶见维	1. 教师通用技能；2. 学科知能；3. 教育专业知能；4. 教育专业精神
姚志章	1. 认知系统；2. 情意系统；3. 操作系统
唐松林	1. 认知结构；2. 专业精神；3. 教育能力
曾荣光	1. 专业知识；2. 服务理想
王卓、杨建云	1. 教育专业知识；2. 教育专业能力；3. 教育专业精神

资料来源：

①叶澜等. 教师角色与教师发展新探. 北京：教育科学出版社 2001：230

②教育部师范教育司. 教师专业化的理论与实践. 北京：人民教育出版社，2001：54

③王卓，杨建云. 教师专业素质内涵诠释. 教育科学. 2004(5)

上述有关教师专业素养结构的研究表明，一名合格的教师应该具备多方面的专业要求，概括起来包括三方面——专业知识、专业技能和专业情意，这三方面的发展水平决定了教师专业发展水平的高低。

2. 专业知识、专业技能、专业情意之间的关系

教师的专业知识是教师职业区别于其他职业的理论体系与知识经验，是教师专业素养的基础。教师的专业技能是教师在教学过程中运用一定的专业知识和经验顺利完成某种教学任务的基本技能和能力，它既是教师综合素质的集中体现，又是评价教师专业化水平的核心因素。教师的专业情意是教师在教育教学工作中长期形成的有关教育本质、教育目的和价值的理想与信念，是指导教师教育教学工作的世界观和方法论，是教师专业行为的理性支点和精神内核，它是教师成为一个“好”教师的关键。

(二)小学教师专业发展的阶段

随着教师教育研究的不断深入，教师专业发展阶段的研究也在不断深入。与此有关的研究始于20世纪60年代美国学者费朗斯·富勒(Fuller)，她根据教师所关注的问题将教师专业阶段划分为“教学前关注、早期生存关注、教学情境关注、关注学生”四个阶段，并描述了各阶段教师所具备的特征。在富勒的影响下，美国学者卡茨(Katz，1972)提出了“求生存时期、巩固时期、更新时期、成熟时期”四阶段理论。美国约翰·霍普金斯大学的费斯勒(Fessler，1985)构建了动态的、整体性的“教师生涯周期循环理论”。

我国的教师专业发展阶段理论研究始于20世纪八九十年代。我国学者在借鉴国外相关研究的基础上构建了我国的教师专业发展阶段理论。比较有代表性的观点见表1-3。

表1-3　我国教师专业发展主要阶段理论

各阶段理论的代表人物	各个阶段名称
吴康宁(二阶段)	预期专业社会化阶段、继续专业社会化阶段
申继亮(四阶段)	学徒期、成长期、反思期、学者期
叶澜(五阶段)	“非关注”阶段、“虚拟关注”阶段、“生存关注”阶段、“任务关注”阶段、“自我更新关注”阶段
钟祖荣(四阶段)	准备期(新任教师)、适应期(合格教师)、发展期(骨干教师)、创造期(专家教师)

美国学者司德菲(Steffy，1989)，依据人文心理学派的自我实现理论，建立了“教师生涯人文发展模式”。他的教师发展阶段理论吸收了费斯勒等人先期的研究成果，发扬了他们研究中的优点，并有所超越。司德菲将教师的发展分为以下五个阶段：

1. 预备生涯阶段

处于预备生涯阶段(Anticipatory career stage)的教师主要包括新任职的教师或

重新任积的教师。在此阶段的教师具有理想主义、有活力、富有创意、接纳新观念、积极进取、努力向上等。

这个阶段主要指刚从教的教师，他们刚刚进入工作岗位，对新环境不太熟悉，他们遇到的困难主要有以下几方面。

(1)新角色的转换存在困难

在教育教学过程中，教师要扮演的角色是丰富多彩的，这对初为人师的教师来说，在角色意识、角色规范等方面的转换存在困难。

(2)教育教学能力的应用存在困难

在这个阶段，新教师的职业技能、技巧尚未形成，由于缺乏对教学工作、对教材、对学生的深入了解，再加上缺乏实践经验，在教学技能的运用、控制纪律的技巧、处理偶发事件等问题上都不能做到娴熟应对。

(3)知识体系的转换存在困难

新教师在职前教师教育阶段学习和掌握的理论知识为今后从事教育教学打下了坚实的基础。但是，职前的知识体系不等于教师讲授的知识体系，前一种一般被认为是学科知识，即“教什么”；而后一种是学科教学知识。后一种学科教学知识不仅包含前一种学科知识“教什么”，还包括“教给谁”和“如何教”。所以，教师在这个阶段就要转换知识体系。

2. 专家生涯阶段

处于专家生涯阶段(Expert master career stage)的教师具有较高水平的教学能力和技巧，同时拥有多方面的信息来源。此阶段教师的主要特征表现为：这些教师都能进行有效的班级经营和时间管理，能够深入了解学生，并对学生抱有高度期望；他们也能在工作中激发自我潜能，达到自我实现；同时，这一阶段的教师具有一种内在的透视力，可随时掌握学生的一举一动。

在教学几年后，教师熟悉了教育教学环境，积累了一定的教学经验，形成了相应的教育教学技能，但又面临着新的问题：教师已经充分意识到学生在教学中的作用，但关于如何通过启发教学充分发挥学生的主体作用等方面有待继续提高；认识到了应该把教材、教学方法密切结合起来进行教学，但对操作技巧的艺术性有待提升。

3. 退缩生涯阶段

退缩生涯阶段(Withdrawal career stage)可分为三个小阶段，即初期退缩阶段、持续退缩阶段和深度退缩阶段。初期退缩阶段的教师，具体特征为：很少致力于教学革新，所用的教材内容年复一年；所持的信念较为固执，而且多沉默寡言，跟随别人，消极行事。持续退缩阶段，其特征表现为：充满倦怠感，经常批评学校、家长、学生乃至教育行政部门，有时对一些表现好的教师也妄加指责；他们往往抗拒变革，行政上的措施不做任何反应。深度退缩阶段，教师在教学上表现出无力感，甚至有时会伤害到学生。但这些教师认识不到自己的这些缺点，而且具有很强烈的防范心理。

经历了以上三个阶段的发展，此时教师对教学已做到游刃有余并形成自己的特色。此时他们所面临的最大问题是如何在理论上进一步提升自己，专业发展方面存在的问题主要表现为教学的熟练使他们对日常工作产生厌倦感。教师的教育教学工作比较熟练，在工作中缺乏新鲜感和挑战性，就会对现实产生单调乏味的感觉，重者可能出现职业倦怠。

4. 更新生涯阶段

处于更新生涯阶段(Renewal career stage)的教师一开始出现厌倦的征兆时，就采取积极的应对措施，如参加研讨会、进修课程或加入教师组织等。在此阶段，教师的特征可以概括为：重新展现出在预备生涯阶段的朝气蓬勃的状态，即有活力、肯吸收新知识、进取向上。

在经历了前几次的磨炼和提升后，教师已经有了丰富的经验，在他们的内心产生了再次发展的热情。此时他们专业发展面临的主要任务是如何再次提升专业水平。教师历经多年的发展，对教育教学活动有了更深入的了解，开始运用教育理论和观点来分析教育实践中的问题。但此阶段要将教育经验升华到理论层面仍存在困难，提升科研能力是他们此时面临的关键问题。随着现代科学技术的迅速发展，越来越多的现代技术运用到教育教学领域，对于这个阶段的教师来说，对现代技术的掌握则相对缓慢。

5. 退出生涯阶段

处于退出生涯阶段(Exit career stage)后，教师到了退休年龄，或由于其他原因而离开教育、教学岗位。

总之，在司德菲的“教师生涯人文发展模式”中，教师专业发展的每个阶段都有不同的特点和问题。许多问题的解决都需要教师专业技能的提升。比如，对于处于预备生涯阶段的教师来说，如何转变角色、如何提升教育教学技能是他们在这个阶段面临的最大的问题；而对于处于更新生涯阶段的教师来说，如何提升科研能力，运用教育理论来解决现实中的教育教学问题，是摆在他们面前的最关键的问题。

第四节　国外小学教师专业标准中的专业技能

20 世纪 80 年代以来，世界各国纷纷关注教师专业标准体系的构建，虽然各国的教育体制、教育发展水平以及社会文化有所区别，但是在推进教师专业发展方面却出现了共同的趋势。

一、美国 NCATE 小学教师专业标准的内容与特点

目前，美国有四大国家层面的教师专业标准。其中，全国教师教育鉴定委员会

(National Council for the Accreditation of Teacher Education，NCATE)成立于1954年，是一个由教师教育者、教师、州和地方政策制定者以及学者等成员组成的非政府专业性组织。20世纪70年代，NCATE被美国教育部确立为职前教师专业认证机构，负责对美国的各种教师培养项目进行鉴定。NCATE的主要目的之一就是制定全国统一的教师教育认可标准。按照惯例，教师教育专业标准的修订大体是每5～7年进行一次。2008年，NCATE出台了最新的教师教育专业标准，于当年秋季开始启用。美国国家层面的标准制定机构基本情况如表1-4所示。

表1-4 美国国家层面教师专业标准制定机构及基本情况

机构名称	成立时间	标准对象	标准性质
美国全国教师教育认证委员会(NCATE)	1954年	候选教师(Candidate teacher)	职前标准
美国州级新教师评估与支持联合会(INTASC)	1987年	新教师(New teacher)	入职标准
美国国家专业教学标准委员会(NBPTS)	1987年	优秀教师(Accomplished teacher)	在职标准
美国优质教师证书委员会(ABCTE)	2001年	杰出教师(Distinguished teacher)	在职标准

资料来源：http：//www.ncate.org/public/aboutNCATE.asp

http：//www.ccsso.org/projects/Interstate_New_Teacher_Assessment_and_Support_Consortium/

(一)NCATE小学教师专业标准的内容

NCATE的教师专业标准不是单行本，它针对不同教师制定了30套标准。NCATE的小学综合教师专业标准由五部分组成，在每项标准下又细化为若干具体内容，这些内容规定了小学教师应该具备的知识、技能和专业发展的要求，比较全面地概括了一名合格的小学教师应具备的专业素养。见表1-5。

表1-5 NCATE的小学综合教师专业标准

标准	具体内容
标准一：成长、学习和动机	知道、理解和运用与儿童和青少年成长有关的基本概念、原理、理论和研究成果去为他们提供学习机会，以促进学生的知识学习和动机培养。
标准二：课程	阅读、写作和口语； 科学； 数学； 社会科； 艺术； 健康教育； 体育。

续表

标准	具体内容
标准三：教学	教学知识的整合与运用； 适应学生的个性差异； 批判思维和问题解决能力的发展； 学习活动的参与； 通过交流培养合作能力。
标准四：评价	教学评价
标准五：专业发展	专业成长、反思和评价； 与学生家庭、同事和小区的合作。

小学综合教师专业标准是以 1989 年国家专业教学标准委员会发布的文件《教师应当及能够做什么》为依据，充分考虑学生与教师发展的需要及专业教学实践的需要。

《教师应当及能够做什么》中的五条核心建议如下：

①教师接受社会的委托负责教育学生，照料他们的学习——认识学生的个别差异并采取相应的措施；理解学生的发展与学习的方法；公平对待学生；教师的使命不停留于学生认知能力的发展。

②教师了解学科内容与学科的教学方法——理解学科的知识是如何创造的、如何组织、如何同其他领域的知识整合的；能够运用专业知识把学科内容传递给学生；形成达于知识的多种途径。

③教师负有管理学生的学习并给出建议的责任——探讨适于目标的多种方法；注意集体化情境中的个别化学习；鼓励学生学习并完成好作业；定期评价学生的进步；重视第一目标。

④教师系统地反思自身的实践并从自身的经验中学到知识——验证自身的判断，不断做出困难的选择；征求他人的建议以改进自身的实践；参与教育研究，丰富学识。

⑤教师是学习共同体的成员——同其他专家合作提高学校的教育效果；同家长合作推进教育工作；运用小区的资源与人才。

(二)NCATE 小学教师专业标准中的专业技能

1. 小学教师应具备多方面的教学技能

标准三中指出，小学教师应该能够根据学生的知识基础、学习理论、课程整合、课程标准和小区情况，选择有效的教学策略设计和实施教学。标准还特别强调教师的课程开发与整合、因材施教、问题解决、教学组织及沟通等教学技能。小学教师还应该了解小学生在个性发展和学习方法方面的个体差异，能够实施个性化教学。小学教师还应该能够了解和运用学生的知识、有效的言语和非言语行为及媒体交流技术，促进小学生的探究、合作和交流能力。

2. 小学教师应能够开展多种形式的评价以强化教学

标准四中特别强调小学教师应该能够知道、了解和运用正式和非正式的评价策略去设计、评价和强化教学，以促进每个学生的智力、社会化、情感和体质的持续发展。

3. 小学教师的专业成长能力

标准五中要求小学教师应能根据他们对教学、职业道德、专业学习资源的研究，反思他们的教学实践。应能够不断评价自己的专业决策的效果和对学生、家庭和其他专业人员等学习共同体的影响，并积极寻求专业发展的各种机会。小学教师还应该知道建立和维持与学生家庭、学校同事、大型小区积极合作关系的重要性。

二、英国教师专业标准的内容与特点

英国现行教师专业标准的基础为1989年标准。2007年9月，英国师资培训局(TTA)与国家组织再造小组(NRT)合并发展成为学校培训与发展局(TDA)，发布了《教师专业标准框架》。内容主要包括合格教师标准、入职教师标准、资深教师标准、优秀教师标准和高级技能教师标准五个等级，每一个等级都依据专业质量、专业知识和理解、专业技能划分为若干小类，每一小类都有针对性的标准说明。下面以合格教师标准为例加以说明，见表1-6。

表1-6 英国教师专业标准——以合格教师为例

	合格教师标准(QTS) ·33条标准 · 教师可以入职
专业质量(Quality)	师生关系(Q1、Q2)
	职业道德(Q3)
	沟通交流(Q4、Q5、Q6)
	个人职业发展(Q7、Q8、Q9)
专业知识和理解(Content and understanding)	教学与学习(Q10)
	评价与监督(Q11、Q12、Q13)
	课程与科目(Q14、Q15)
	读写、计算和通信技术能力(Q16、Q17)
	成就感与差异性(Q18、Q19、Q20)
	卫生和健康(Q21)
专业技能(Technique)	教学计划(Q22、Q23、Q24)
	教学(Q25)

续表

	合格教师标准(QTS) · 33 条标准 · 教师可以入职
专业技能(Technique)	评价、监督与回馈(Q26、Q27、Q28)
	教学总结(Q29)
	学习环境(Q30、Q31)
	团队工作与协作(Q32、Q33)

资料来源：学校培训和发展局教师专业标准使教师获得教师资格，伦敦，SW 1W 9SZ，2007 (Training and Development Agency for Schools. Professional Standards for Teachers Qualified Teacher Status，I. LondonSW 1W 9SZ，2007).

(一)TDA 教师专业标准的内容

英国教师专业标准包含三个维度——专业质量、专业知识和理解、专业技能。专业质量包括教师的教育观、学生观和教育活动观的要求，指向教师生涯的完整性和可持续性。专业知识和理解是教师教育课程设计的基础，指向教师合理完善的知识结构。专业技能要求教师充分理解形成性评价、善于监控学生的学习进展和提高学生的学业成绩。

(二)TDA 教师专业标准中的专业技能

TDA 教师专业标准中对教师专业技能的要求如表 1-7 所示。

表 1-7 TDA 教师专业标准中的专业技能(2007 年)

专业技能	具体内容
计划	1. 为所教的不同年龄、不同能力的教学对象制订进步计划，设计课堂或课堂系列的有效学习顺序，讲解正确的学科或课程知识。 2. 为学习者制造机会以发展他们的阅读能力、计算能力、信息通信技术以及与他们所处阶段、环境相适应的反思和学习技能。 3. 适时地设计、安排、批改家庭作业、其他的课外作业和为考试准备的课程作业，以促使学习者持续进步，并拓展、巩固他们的学习。
教学	1. 为不同年龄、不同能力的学习者教授具有挑战性的、有序的课程和课程系列。在教学中，使用一系列合适的教学策略和资源，包括网络教学等，来满足学生的不同需求。实际考虑到学生的多样性，促进平等和包容；以学习者先前的知识及成就水平为基础，使学习者达成学习目标，持续进步；形成概念，制定步骤，使学习者能够应用新的知识和技能；使用学习者能够接受的语言，清晰地介绍新的观念和概念，有效地使用解释、提问、讨论和小组参与等方法；有效地管理个体、小组和整个班级的学习，适当调整教学以适应不同课堂阶段和不同学习者的需要。 2. 上课富有吸引力，能够激励学生，了解学生的期望值，努力提高学生的成绩。

续表

专业技能	具体内容
评价、监控和回馈	1. 有效地使用一系列适当的观察、评价、监控和记录策略，以此作为基础制定有挑战性的学习目标，记录学习者的进步和成就水平。 2. 及时、精确、有建设性地为学习者、同事、家长和监护人提供关于学习者成就、进步和发展领域等方面的回馈。 3. 支持并指导学习者，使他们能够反思自身的学习、识别自己取得的进步、制定积极的发展目标，成功地成为独立学习者。 4. 在教学中使用评价来诊断学习者的需要，为学习者的进一步发展制定现实的、具有挑战性的目标，对未来的教学做出计划。
反思与改进	1. 检查自己已有教学的有效性及其对学习者的进步、成就和健康的影响，必要时改进自己的教学方法。 2. 为学习者提供有关怎样提高其成就水平的回馈，检查这些回馈的影响。
学习环境	1. 建立一种有目的性的、安全的学习环境，这种学习环境应遵从有关儿童和青少年安全、健康的现行法律及国家方针、政策的要求，这样学习者将有安全感，并能足够自信地为自身的学习和学校做出积极的贡献；利用地方当局有关儿童和青少年安全的安排，识别、利用机会使得学生进行个性化的学习，将学习延伸至校外，并尽可能在校外学习和校内学习之间建立起联系。 2. 建立一个清晰、积极的纪律框架并坚持下去，建设性地管理学习者的行为。这个纪律框架应与学校的行为管理政策相一致；使用一系列的行为管理技巧和策略，必要时修改它们以提高学习者的自我控制能力，培养其独立精神。 3. 发展学习者的社交能力、情感控制能力和行为管理技能，培养其独立和合作精神。
团队协作	1. 将自己视为团队的一员，找机会与同事一起工作，适时地管理他们的工作，与他们分享有效实践的形成过程。 2. 确保自己一起工作的同事能够适当地参与助学并理解自身肩负的责任。

2012 年版的英国小学教师专业标准只有两个等级，分别是“教师标准”(Standards for Teachers)和“杰出教师标准”(The Master Teacher Standard)两个标准。前者是对所有教师的最基本的要求，相当于 2007 年标准中的“合格教师标准”和“核心教师标准”；后者是对已经达到基本要求并追求更高水平的教师提出的更高一级的要求，相当于 2007 年标准中的“资深教师标准”“优秀教师标准”和“高级技能教师标准”。

2012 年的教师专业标准相对于 2007 年的标准来说，有了很大的变动，完全取消了三维的形式。相对于 2007 年注重教师专业发展的标准，2012 年的标准更加体现出以教学工作为中心，将教师发展过程中的“专业质量”“专业知识和理解”“专业技能”变化为教学工作过程中的“教学目标”“教学成果”“学科知识”“课程设计”“教学的个别化和全纳性”“教学评价”“班级管理”和“其他职责”。将教师的“质量”“知识”和“技能”三方面的要求融合在一起。见表 1-8 和表 1-9。

表 1-8　2007 年与 2012 年教师专业标准维度比较

标准名称	标准维度							
2007 年出台的 QTS 的维度	专业质量			专业知识和理解		专业技能		
2012 年出台的 QTS 的维度	教学目标	教学成果	学科知识	课程设计	教学的个别化和全纳性	教学评价	班级管理	其他职责

表 1-9　2012 年教师专业标准的具体内容

维度	具体内容
教学目标	1—1 在相互尊重的基础上，为学生建立可靠且令人兴奋的学习环境； 1—2 充分发展和挑战为各能力、性格和生活背景的学生设定的目标，使每个学生能充分发展； 1—3 持续地体现对学生积极态度、价值观及行为的期望。
教学结果	2—1 对学生的成绩、进步和成果负责； 2—2 注意学生能力以及学生已有知识并且在此基础上制订教学计划； 2—3 引导学生对他们的进步和需要做出反思； 2—4 了解并理解学生的学习以及会对教学产生影响的相关知识； 2—5 鼓励学生以负责任且有意识的态度对待自己的学业。
学科知识	3—1 具备牢固的相关学科和课程领域的知识，促进且保持学生对学科的兴趣，消除误解； 3—2 理解学科和课程领域发展的批判性，提倡学术观念； 3—3 促进学生读写与表达能力的责任，各学科教师都要正确使用标准英语； 3—4 从事幼儿阅读教学的教师，掌握系统的看字读音教学方法； 3—5 从事幼儿数学教学的教师，掌握合适的教学方法。
课程设计	4—1 通过有效利用课堂教学时间传授知识，培养学生理解能力； 4—2 鼓励儿童热爱学习，激发他们的求知欲； 4—3 布置家庭作业，安排其他课外活动，以巩固和扩展学生所学的知识和理解； 4—4 对授课的效果和教学方法进行系统反思； 4—5 能就相关领域内所从事的课程进行设计和实施。
教学的个别化和全纳性	5—1 了解使用个别化教学方法的时效以及运用方法，以进行有效教学； 5—2 充分理解各种可能抑制学生学习能力的因素，以及克服它们的最佳方法； 5—3 注意儿童的身心健康以及社会性方面的发展，知晓如何针对不同发展阶段的学生开展教学； 5—4 清晰理解包括需要特殊教育的学生、能力优秀的学生、母语非英语的学生以及残障学生等在内的全体学生的需要，并有能力运用和评估评价有区别的教学与授课方法，支持和鼓励学生参与学习。
教学评价	6—1 了解且理解相关学科和课程领域的评价方法，包括法定的评价要求； 6—2 利用形成性和终结性评价保证学生不断进步； 6—3 使用相关数据监测学生进步，设立目标，计划后续课程； 6—4 以口头和书面精确评分的形式，定期向学生回馈并鼓励学生对回馈进行响应。

续表

维度	具体内容
班级管理	7—1 使用清晰的规定和程序管理课堂行为，教师有责任鼓励学生在教室及学校周边的行为得当且合乎学校规定； 7—2 对学生的行为抱有高期待，并运用各种策略建立行为准则，公正且一贯地使用奖惩手段； 7—3 有效管理课堂，使用适应学生需要的教学方法以吸引和激励学生； 7—4 与学生维持良好关系，适当运用权威，必要时采取果断行动。
其他职责	8—1 为落实学校的办学理念做出积极贡献； 8—2 与同事保持高效的专业人际关系，了解如何以及何时获得专家建议和专业支持； 8—3 有效调配教学辅助人员； 8—4 就学生成绩及身心健康与家长进行有效沟通。

2012 年的标准旨在为包括新教师职业准入到实习培训阶段结束的所有教师提供一个“底线”(Baseline)，这样，既可以作为师范学生职前培训的参考标准框架，也可为中小学评价新教师在入职培训结束时是否合格提供依据。如此制定规定的原因是教学实践和教学授课过程中教师所学的“知识和技能”两者是息息相关的，后者是基础，前者巩固强化后者。因此，师范毕业生获得的“合格教师资格”只是临时的执教资格，而正式的教师资格是实习培训合格。①

三、日本教师专业标准的内容与特点

日本文部科学省于 1987 年首次提出教师专业标准，并在以后的 20 年中对其进行了三次修订，分别是 1997 年版“新时代教师专业标准”、2005 年版“教师核心专业标准”和 2006 年版“教师实践专业标准”。1987 年，日本文部科学省的“教师培养审议会报告”——《教师专业标准能力提升方案》中首次提出了“教师专业标准”，其具体内容是：以教书育人为使命，热爱教育事业，具备良好的职业道德修养，遵循学生身心发展的特点和成长规律，具备学科知识、教育理论与教育实践等专业能力。

20 世纪 90 年代中期，日本教师专业标准重新定位，提出了“今后的教师在这个急剧变化的时代，应该着眼于培养孩子独立学习、独立思考、具有丰富人性的生存力，并将此作为目标来实施教学”。在日本，迄今为止，针对教师专业标准有规模、有系统地进行研究和开发的案例非常有限，仅仅局限于个人或小范围内的团体小组研究之中，日本信州大学是一个典型代表。日本信州大学参照美国 INTASC(Interstate New Teacher Assessment and Support Consortium)的教师专业标准，独立开发出了一套教师专业标准，如表 1-10 所示。

① 徐梦然．英国中小学教师专业标准变化发展研究．首都师范大学硕士论文，2014

表 1-10　日本信州大学教师专业标准

序号	项目标准	具体内容
1	教学科目内容	教师能够自己实施教学并能吸取学习经验，理解中心概念，探索教学方法、学科领域的结构。这里，学习经验指的是，关于教学科目的内容及其相关的能够成为对学生来说有意义的东西。
2	学生的成长	教师能够理解学生需要通过怎样的学习来实现成长，并且能够提供帮助学生实现知性的、社会的、个人的、成长的学习机会。
3	应对学习者的多样性	教师能够理解由学生个体差异所产生的学习方法的差异，并且能够创造应对多样化学习个体的学习指导机会。
4	教学方法	教师能够理解并应用通过批判性的思考、解决问题、相关实践技能促使学生成长的学习指导方法。
5	学习环境与学习信息	教师能够基于对个人以及小组团队的动机、态度的理解之上，专心致力于发挥社会的积极相互作用从而让学习变得充实，并能创造促使学生形成自我良好动机的学习环境。
6	交流	教师为了促进教室内教学活动的积极探究、互动和共同合作，需要使用富有教学效果的语言、非语言、多媒体技术交流。
7	指导计划	教师能够基于教学科目的内容、学生、地区社会、教学目标等相关知识进行学习指导规划。
8	评价	为了能够保证对学习者进行知性的、社会的、生理的、持续发展的评价，教师需要理解并运用多种形式的评价方法。
9	自我反思和专业发展	教师通过其行为影响他人(孩子、监护人、在学习交流中心的其他专家)。为保证影响的有效性，教师需对其行为所产生的效果进行持续不断的反思，并且能积极地谋求专业发展。
10	共同合作	教师应该成为孩子学习和幸福的支持者，能保持和监护人及相关机构的交流。
11	灵活应用信息技术	教师能够在教学过程中运用计算机、多媒体等信息技术指导学习，并能灵活应用计算机和网络完成和执行各种教务。
12	伦理观	教师能够理解学习者及地域多样性的文化背景，具有尊重人权、个人信息、知识产权的处理方法和相关知识，并能将其运用在实际的教学实践中。
13	同事关系	对于学校的各种课题，教师能够在自己所属教师团队中最大限度地贡献自己的力量，同时能够游刃有余地处理好同事之间的关系。

这套标准从教师的专业性、专业知识的理解、专业知识技能、社会性这四个维度将日本教师专业标准具体化。

1997 年的“教师培养审议会报告”——《新时代教师培养改革方案》中对 1987 年版教师专业标准进行了修订，其内容在广度和深度上较 1987 年版都有所增加。见表 1-11。

表 1-11 1997 年版日本教师专业标准

日本教师专业标准	国际化视野的思维力与行动力	正确的人生观、世界观
		良好的思想道德修养
		国际交流基本能力
	应对时代变化的社会适应能力	问题解决能力
		人际交往能力
		信息交流能力
	教师必备的专业技术能力	了解学生身心发展规律、熟知教育法规
		热爱教师职业
		专业知识与技能

1997 年版的教师专业标准完整、详细地规定了作为教师的职业准则与专业要求，内容比较全面，可以较好地把握教师专业标准的整体性，但是缺乏重点。2005 年，日本文部科学省根据“民众对教师印象调查”所得的结果，在“中央教育省会议报告”——《创造新时代义务教育》中对教师专业标准进行了补充修订，并在以前报告的基础上提出了作为教师应具备的三个核心要求，即强烈热爱教育工作、过硬的专业技术能力和优秀的思想道德修养。

2006 年，日本中央教育审议会决定在教师培养方案及教师职业资格考试的传统科目中增设一项新的内容——教职实践演习，重点锻炼教师从事教学工作的实践能力。此计划从 2010 年开始实施，主要包括教材研究、书写教案、现场模拟教学、学生指导等内容，通过角色扮演、分组讨论、现场调查、模拟授课等多种方式进行训练，目的是锻炼学生对于课本知识的灵活应用能力。如语文课的学习，一半学生首先作为教师的身份进行授课设计，即教材研究、书写教案、现场教学以及学生指导，另一半学生则作为讲授的对象进行正常学习，之后针对同样的教学内容，两组学生进行角色互换。最后是进行专门的分组讨论课，并由指导教师进行总结。学生的成绩由三部分组成，分别是自评、同学互评及教师评价。

四、澳大利亚教师专业标准的内容与特点

从 20 世纪 90 年代中期开始，澳大利亚开始重视教师能力的标准建设。澳大利亚教育、培训和青少年部(MCEETYA)于 2003 年 11 月颁布了澳大利亚国家教学专业标准框架(ANFPST)。ANFPST 的主要目的是提高澳大利亚的教师质量，促进澳大利亚的教学专业化。ANFPST 是澳大利亚在全国范围内颁布的第一个教师专业标准，但实施效果并不理想。

为改变 ANFPST 实施效果不佳的现状和实现澳大利亚健康、体育和娱乐委员会(ACHPER)发布的《墨尔本宣言》中的教育目的，澳大利亚联邦委托澳大利亚国家标

准专家小组(NSEWG)和澳大利亚教育研究协会(ACER)进行新一轮的澳大利亚教师专业标准的修订工作。NSEWG 和 ACER 从 2009 年 1 月着手进行该项工作，并用 1 年的时间拟成澳大利亚国家教师专业标准的草案(NPST 草案)。2010 年 12 月 22 日，澳大利亚教育、学前儿童发展及青年事务部部长理事会(MCEECDYA)正式通过了新修订的澳大利亚国家教师专业标准(NPST)。AITSL 于 2011 年 2 月正式在全国范围内颁布 NPST(NPST，February 2011)，并且要求澳大利亚其他所有的教师专业标准都要与此标准保持一致。

NPST 内容结构由横向上的七个内容标准(分属三个教学领域，见表 1-12)和纵向上的四个教师专业发展阶段构成。在此基础上，对处于不同发展阶段的教师需要达到的具体要求进行描述。

表 1-12　NPST 横向上的内容标准结构

领域	具体内容
专业知识领域	标准 1：有关学生的知识和怎么教他们的知识： (1)学生的身心发展水平和学生的个性特征的知识； (2)学生的学习方式的知识； (3)学生的不同语言、文化、宗教和社会经济背景的知识； (4)土著学生和托雷斯海峡学生的教学策略知识； (5)满足不同学生各种能力发展需求的差异性教学策略知识； (6)支持残疾学生完全参与的策略知识。 标准 2：教学内容知识和怎么传授这些教学内容的知识： (1)教学领域内的策略性教学知识和内容知识； (2)教学内容选择和组织的知识； (3)课程评价和报告的知识； (4)了解并尊重土著和托雷斯海峡的居民，以促进澳大利亚不同民族之间的和谐相处的策略性知识； (5)培养学生读写能力和数学能力的知识； (6)教育信息技术知识。
专业实践领域	标准 3：计划并能够进行有效教学： (1)建立有挑战性的学习目标； (2)有计划、有组织、有秩序地安排学生的学习项目； (3)有效运用教学策略； (4)选择和运用教学资源； (5)运用有效的课堂交流技术； (6)评价并提高教学项目的有效性； (7)让家长/监护人充分参与到教育过程中。
专业实践领域	标准 4：创建并保持支持性的和安全的学习环境： (1)支持学生的参与； (2)管理课堂活动； (3)管理挑战性的学生行为； (4)确保学生的安全；

续表

领域	具体内容
专业实践领域	(5)安全地、负责地和有道德地运用现代信息技术。 标准5：评价、回馈并报告学生的学习情况： (1)评价学生的学习情况； (2)为学生的学习提供回馈； (3)对学生的学习进行可靠的、连续的评价； (4)正确解释对学生进行评估的资料； (5)报告学生的学习成绩。
专业参与领域	标准6：参与专业学习： (1)认同和计划教师的专业学习需求； (2)参与专业学习并促进实践能力提高； (3)参与同事合作并促进实践能力提高； (4)应用专业性的学习以促进学生的学习。 标准7：专业参与中与同事、父母/监护人和专业团体的关系： (1)具备专业伦理和责任； (2)遵守相关的行政管理规定以及组织要求； (3)参与到父母/监护人的合作中； (4) 参与专业性的教学网络和专业团体中。

NPST 认为教师的专业发展阶段是一个持续向上的过程，由初级阶段到高级阶段依次是准教师阶段、胜任教师阶段、优秀教师阶段和领导教师阶段。各阶段对教师在领域的具体要求见表1-13。

表1-13　不同发展阶段的教师在教学领域中的具体要求

教学领域	具体内容	准教师阶段	胜任教师阶段	优秀教师阶段	领导教师阶段
专业知识领域(标准1[3])	1(3)学生的不同语言、文化、宗教和社会经济背景的知识	掌握促进不同语言、文化、宗教和社会经济背景的学生的学习能力提高的策略，并具备满足这些学生需要的教学策略知识。	设计并完成相关教学策略，以促进不同语言、文化、宗教和社会经济背景的学生的学习能力提高，满足他们的学习需要。	帮助同事提高有效教学策略，以促进不同语言、文化、宗教和社会经济背景的学生学习能力提高，并满足他们的学习需要。	运用专家或专业团体的知识与经验，评价和更新学校的相关教学项目，以满足不同语言、文化、宗教和社会经济背景的学生的需求。
专业实践领域(标准5[1])	5(1)评价学生的学习情况	掌握对学生的评价策略，包括正式和非正式的、诊断性的、形成的、总结性的评价方法。	选择并运用多元的评价策略，并在运用中及时调整这些策略。	运用并及时调整评价策略，以满足学生的不同发展需求，并帮助同事评估其评价方法的有效性。	运用多元评价策略及多元的评价方法，对评价学生、教师、课程体系的相关策略进行评估。

续表

教学领域	具体内容	准教师阶段	胜任教师阶段	优秀教师阶段	领导教师阶段
专业参与领域(标准6[2])	6(2)参与专业学习并促进实践能力提高	熟知教师专业学习的相关资源。	参与专业学习，更新知识和实践，以满足专业需要和学校/组织的发展需要。	通过学习和批判相关的研究进行专业学习、优质学习，以促进实践能力的提高，并为职前教师提供合适的指导。	为拓宽专业学习机会、参与研究和为职前教育教师提供指导，创建合作关系。

本章小结

教师的专业技能是指教师在一定专业知识和经验的基础上，以顺利实现教育教学为目标，通过反复设计和不断训练，逐步形成不断完善的一系列行为和智力活动的总和。强调教师的专业技能是由于教师职业越来越被看作是一门专门职业。专业化的教师需要拥有从事教育教学工作的基本技能和能力。为此，许多国家都建立了一套教师专业技能或能力的评价指标体系，并重视教师专业发展的生涯阶段。我国《小学教师专业标准(试行)》中对小学教师的专业能力提出的教育教学设计、组织与实施、激励与评价、沟通与合作、反思与发展的标准就是为了应对这一趋势和潮流。

关键术语

教师专业技能；教师专业发展；教师专业标准

思考与练习

1. 一位教师在反省专家型教师到底比新手教师多了什么时，写道："窦桂梅老师初入教坛时，为了备好一节课，经常抱着孩子在教室里反复试讲，经常达到废寝忘食的程度……而作为教书匠的我们，常常自满于'基本'完成教育教学任务，业余时间备点课、研究一下学生、偶尔家访就觉得吃了大亏。"

从窦桂梅老师身上，新手教师较之专家型教师少了些什么？

2. 为今后自己成为专家型教师设计一个专业发展的计划。

拓展阅读

1. 周静等. 教师专业技能——走向专家型教师之路. 北京：高等教育出版社，2013

2. 卢军. 教师成长关键词. 重庆：重庆大学出版社，2008

3. 余文森. 教育博客：教师专业成长的航程. 福州：福建教育出版社，2007

第二章　教育教学设计能力

学习目标▶

1. 理解教学设计、教案的内涵。

2. 把握教学设计的基本程序，并结合具体教学设计案例分析教学设计的基本程序。

3. 能够针对某学科单元知识撰写教案。

问题导入 ▶

同一内容不同教学设计引起的反思

俗话说得好，“不怕不识货，就怕货比货”。教学中，我们可以将同一内容的不同教法进行比较，在比较中不断加深对新课程改革的理解，形成独特的经验。例如，在听完《蚂蚁和蝈蝈》一课后，可以把讲课教师的教学方法和自己的教法进行比较，发现同样一个结尾可以有着截然不同的处理方法：一种是“懒惰的蝈蝈必然会饿死”，而另一种则是以“懒惰的蝈蝈一定会死吗?”引导学生思索。两种情况，蝈蝈的命运截然相反，前者被无情地处以“极刑”，而后者却拥有一个美好的未来——改正错误，幸福地生活。学生的收获也迥然不同，前者机械地接受知识，毫无学习兴趣，而后者却是主动地建构知识，激发学习兴趣，增强了学习能力，使课堂放射出无限的活力，为学生营造了广阔的学习空间。由于把学习的主动权交给了学生，学生兴趣盎然，自由地想象，大胆地探究，踊跃地发言，展现出一个个奇思妙想。在认识懒惰危害的基础上，又自主地建构了“知错就改，为时未晚”的真谛。

第一节　制订教育教学计划的技能

一、教育教学计划概述

(一)教学计划

1. 教学计划的含义

教学计划是课题设置的整体规划，它规定不同课程类型相互结构的方式，也规定了不同课程在学校管理方式方面的要求及其所占比例，同时对学校的教学、生产劳动、课外活动等方面全面安排，具体规定了学校应设置的学科、课程开始的顺序及课时分配，并对学期、学年、假期进行划分。

学校的教学计划是教学工作的总体规划，是指导教学工作的基本文件。一般意义上我们所提的教学计划是具体到教师的教学计划，是教师完成教学任务的具体实施方案。教学计划，可以帮助教师有计划地实施自己的想法，并能合理完成教学任务，同时也为便于以后总结自己的教学情况、提高自己的教学能力、积累经验、发现不足提供可能条件，因而制订教学计划十分有必要。

从学科教学来看，根据本学期的教学内容，结合班级的学生情况，有目的地研究教学思想、教学方法，明确教学任务和教学的重点、难点等方面内容，以此来制订自己的教学计划。顾名思义，就是要明确自己每天、每周、每月都应该做什么，怎么做，为什么这样做，要做到什么程度……任课教师根据新课改精神、教材的特点以及学生的实际情况来制订教学计划，要面向实际，注重实效，操作性要强。

2. 教学计划的内容

教师在制订学期教学计划时，应从如下几个方面进行。

(1)本学期的指导思想

本学期的指导思想是指教师应坚持或遵循的教育教学理念。例如，要面向全体学生，关注每个学生的情感，激发他们学习的兴趣，帮助他们增加学习的成就感和自信心，使他们在学习过程中发展综合运用能力，提高人文素养，增强实践能力，培养创新精神；突出学生主体，尊重个体差异，让学生在老师的指导下构建知识，提高技能，磨炼意志，活跃思维，展现个性，发展心智和拓展视野；注重过程评价，促进学生发展，建立能激励学生学习兴趣和自主学习能力发展的评价体系；让学生在学习的过程中体味到轻松和成功的快乐，等等。

(2)学情分析

学情分析是伴随现代教学设计理论产生的，是教学设计系统中“影响学习系统最终设计”的重要因素之一。现代教学设计理论认为，认真研究学生的实际需要、能力水平和认知倾向，“为学习者设计教学”，优化教学过程，可以更有效地达成教学目标，提高教学效率。学情分析主要包括学生学习起点状态的分析、学生潜在状态的分析两部分。学生起点状态的分析主要从三个维度展开：知识维度，指学生的认知基础；技能维度，指学生已有的学习能力；素质维度，指学生的学习态度、学习习惯、意志品质。学生潜在状态的分析，主要指学生可能发生的状况与可能的发展。主要要说明学生已有的知识基础、认知结构，学生的情感和发展需要；学生在知识与技能，过程与方法，情感、态度与价值观方面都能参与到什么程度，达到什么状态；学生的学习习惯是怎样的，适宜于采用何种学习方法完成学习任务，是探究式还是合作式；学生在课堂教学动态中，可能会生成哪些资源，如学生对某一问题可能会怎样反映 ，教师应怎样应对 ，等等。

(3)教学目标

教学目标是教学的目的与要求，可参考教师用书，以条文的形式式写出思想教育、知识教学、基本技能培养要达到的目标，如双基教学要达到哪些目的与要求，智能培养要达到哪些目的与要求，思想品德教育要达到哪些目的与要求等。在教学目的要求方面，要强调教学结构，强调通过教学学生要达到的标准，目的要切实可行。要做到“突出纲目，启智导学”。教学计划要简明扼要，对应传授哪些知识技能、培养什么能力、解决哪些问题、有哪些主要步骤等，要清楚地列出纲目。不要长篇大论，连篇累牍。

(4)教材分析

教材分析是对整册教材进行简明扼要的分析。要通过通读全册教材和教师用书，掌握本学期所要教学的教材内容有哪些，其地位与作用如何，要搞清全册教材的知识体系和教材的编写意图是什么，教材的重点、难点和能力培养侧重点是什么，各单元教材之间有何联系等。教材分析要符合大纲的要求，做到概括性强、条理清楚、知识点全面。

(5)具体教学方法及措施

教学措施要具体、实际，绝不可泛泛而谈。一般应包括教师如何改进教学方法、指导学法、应用先进的教学手段；如何根据学生的不同情况进行分类推进，强化后进生的转化，调动全班学生的积极性；提出备课、上课、批改作业、辅导、考查学生学业成绩等有哪些措施；在帮助优秀生更上一层楼、帮助学习困难生再上新台阶方面有哪些打算，等等。教学措施建立在教师对教学大纲、教科书和学生“三熟”的基础上，教学措施要体现教师对大纲、教材的准确把握和对学生情况的深入分析，既要“依纲扣本”，又要“有所创新”。应注意巧妙、新颖、精要的“三结合”。教书育人和培养学生的知识能力是教学的出发点和最终归宿。

(6)教学进度安排

进行教学课时数的分配及进度安排。全学期授课时数、复习考试时数及进度，要根据教师用书的总体安排，结合学生实际进行恰当的分配处理，并排出进度表。进度表内容应包含周次、教学日期、课时数、教学内容安排、备注等栏目。

3. 制订完整教育教学计划的结构

教育教学计划一般分为标题、正文、结尾三个部分。

标题：应写出计划的单位、时间、内容。

正文：根据计划类别不同需进行简单调整。

结尾：即计划的落款部分，要交代制订计划者和日期。

(二)教学设计

1. 教学设计的含义

关于教学设计的概念，中外学者观点不尽一致。教学设计是指运用系统方法，将学习理论与教学理论的原理转换成对教学资料、教学活动、信息资源和评价的具体计划的系统化过程。(史密斯，雷根，1999)

教学设计是运用系统方法，将学习理论与教学理论的原理转换成对教学目标(或教学目的)、教学条件、教学方法、教学评价等教学环节进行具体计划的系统化过程。(何克抗，2001)

目前教学设计的定义，主要还是强调教学设计是一种“过程”或“程序”，如何进行任务分析、教学设计以传播理论、学习理论和教学理论为基础，研究对象是不同层次的学与教的系统，这一系统中包括了促进学生学习的内容、条件、资源、方法、活动等，对学与教系统中出现的问题和需求进行分析，找到最佳的解决方案，实现教学过程的优化。

《教育大辞典》认为，教学设计是对整个教学系统的规划，是教师教学准备工作的组成部分，是在分析学习者的特点、教学目标、学习内容、学习条件以及教学系统组成部分特点的基础上统筹全局，提出教学具体方案，包括一节课进行过程中的教学结构、教学方式、教学方法、知识来源、板书设计等①。

教学设计可以分为不同层次和不同阶段。从宏观层面和长期性来看，教学设计可指对一组课题或一门课程，乃至一个完整的教学系统的设计。这样的设计可以由学校组织的教师团体进行，也可以由教材编写委员会进行。从微观层面和较短时间来看，教学设计是指教师在教学活动之前，针对一个班级或单个教学内容的教学所做的设计和准备。这是广大教师所熟悉的课堂教学设计。从教师使用的广泛角度出发，可把教学设计界定为：教师依据教育教学原理、教学艺术原理，为了达到教学目标，根据学生认知结构，对教学过程、教学内容、教学组织形式、教学方法和需要使用的教学手段进行的策略。

通过教学设计，教师可以对教学活动的基本过程有个整体的把握，可以根据教学情境的需要和教育对象的特点确定合理的教学目标，选择适当的教学方法、教学策略，采用有效的教学手段，创设良好的教学环境，实施可行的评价方案，从而保证教学活动顺利进行。

2. 教学设计的意义

进行教学设计具有如下重要意义。

(1)有利于教学工作的科学化，促进青年教师快速成长

现在的课堂更加关注学生主体性的发挥，关注现代教育技术的运用，只靠一支粉笔、一张嘴、一本教材的课堂现象已不多见，这也给有丰富经验的教师带来了新的挑战，无论是青年教师还是老教师都需要更新教育观念、提高教学技能，通过教学设计则可以实现新理论、新方法的有效运用。由此可见，学习和运用教学设计的原理与技术，可促使教学工作的科学化，也为师资队伍的培养提供了一条有效的途径。

(2)有利于科学思维习惯和能力的培养，提高发现问题、解决问题的能力

在利用教学设计优化学习的过程中，设计人员一方面要善于发现教学中的问题，用科学的方法分析问题，谋求解决的方案；另一方面需要在设计、试行过程中不断地反思解决方案，使科学思维习惯得以有效培养，发现和解决教学问题的能力也会逐渐提高。此外，这种解决问题的方法、技术和思维方式具有很强的迁移性，可用于其他相似的问题情境和实际问题。因此，教学设计所带来的不仅仅是教学设计的基本原理和必要的知识，更重要的是设计人员从中领会到的解决问题的思维方式和科学态度，他将从中学会创造性地解决问题的原理和方法。

---

① 顾明远教育大词典：第1卷. 上海：上海教育出版社，1990：210-211

3. 教学设计的构成要素

具体地说，教学设计需要解决四个基本问题。

①制定教学目标，即用具体可观察的、可测量的语言精确表述教学目标。这是教学设计的基本要求。②进行教学任务分析，即确定从学生的现有水平到教学目标之间需要获得的能力及其组织关系。③对教学内容的分析与组织，对教学方法和教学媒体的选择。④对教学的监控和评价。① 这四个基本问题是教学设计的四个基本要素，共同构成了教学设计的基本结构。

4. 不同课型的教学设计

不同的教学内容、不同的教学目的，就要使用不同的课型。就课型而言，有新授课、讨论课、复习课、视听课、诊断测评课等。而在众多的课型中，前三类是主要的课型。下面就这三类主要课型的教学设计作初步探讨。

(1)新授课

新授课是教学中传授新知识的一种重要课型。其教学组织应把握以下主要环节：

①让学生明确本次课的教学目标并形成相应的心理定式，激发学生的学习动机；

②回顾学过的已有相关知识，为新知识找到生长点；

③自然地引出新教学内容；

④揭示新的教学内容的重点、难点，并解决疑问；

⑤安排新学内容的迁移练习，练习在顺序安排上要先易后难，先具体后抽象，先局部后综合；

⑥应给学生以及时的反馈和评价。

(2)讨论课

讨论课是教师组织学生就某个中心问题发表自己的看法，进行相互学习的一种课型。此课型的教学组织有课堂讨论准备、课堂讨论过程、课堂讨论总结三个环节。其教学组织应主要把握：

①在课堂讨论准备环节上，应针对教学内容的重点、难点或具有不确定性、不一致性的论题，题目一般一到两个即可，题目难度应面向大多数学生；

②在课堂讨论环节，教师要发扬民主，鼓励发言，给讨论的展开提供各种必要支持，要使讨论紧紧围绕讨论中心，避免在枝节问题上纠缠不清，要注意讨论中出现的普遍或典型的看法，善于发现讨论中出现的争论焦点，善于引导讨论以便使问题变得明朗；

③在讨论结束时，教师要有明确的结论，要针对学生讨论中存在的问题进行讲解，把学生理解不深刻、不正确的问题给予补充、纠正与深化，起到画龙点睛的作用。

---

① 张大均．教学心理学．重庆：西南师范大学出版社，1997：82.

(3)复习课

复习课是巩固知识的一种重要课型。教师通过复习要达到既查漏补缺又加深学生对所教内容的理解，为后继学习打下良好基础的目的。复习课遵循的基本原则是：新中有旧，旧中有新。此处的“新”不是引入新知识，而是有新意，在原有知识基础上深化、引申，使学生产生一种新的认识与理解。组织复习课应主要把握：

①同一材料应以不同形式呈现，用不同例子讲解；

②复习时应提高针对性，着重在重点、难点及学生易出错处下功夫；

③复习时应对知识进行系统梳理，形成网络，加深学生对知识的认识与理解，注意引申迁移。

二、制订教育计划的技能训练

(一)合理制订小学生的教育教学计划

1. 制订方向正确的教育教学计划

在制订教育教学计划时，要充分了解党的教育方针、政策法规、国家的培养目标、学科教学标准等，把这些作为自己制订教育教学计划的重要依据，不得与之相违背。

2. 制订具体、有特色的教育教学计划

教师要制订的班级教育教学计划是学习工作计划的必要延伸和具体补充。在制订计划时，我们一定要围绕学校计划目标和相关主题活动展开，不能脱离学习的工作重心，力求将学校计划具体化，便于操作，保证完成学校的各项任务；还要依据班级特点进行创新，让自己设计的教育教学活动具有个性和特点。

3. 制订适合不同学生需求的教育教学计划

在制订教育教学计划之前，要全面了解学生的已有知识水平、经验储备、心理状况、性格特点、家庭影响等方面，对学生情况适当分类，并做认真分析。在制订计划时，应关注到不同层面学生的需求，做同一目标下的多种措施预设、同一措施下不同操作形式预设，力求让教育教学计划在完成集体教学活动任务的同时，尽力做到关注个体、因材施教。

4. 制订机动可变、预留空白的教育教学计划

要充分考虑到在教育教学活动的实际开展中会有许多意外情况发生。所以制订计划时不可设计得太过饱满，应适当“留白”，这样就能留给自己根据实际情况修改、调整计划的余地。

(二)学科教学计划的组成

一份好的教学计划，要务实，可操作，让学生在学习习惯、学习方法、思维能力等方面真正受益，将教学方面的每个想法落到实处。

学期学科教学计划的正文一般包括：

①学生情况简要分析；
②全册教材简要分析；
③学期教学目标与要求；
④教学的方法和措施；
⑤全学期教学进度安排；
⑥本学期确定的教研专题。

知识链接2-1

苏霍姆林斯基在《给教师的一百条建议》中的第45条建议“教师应当写哪些计划”中这样写道：

对小学各个年级的教师来说，制订一份管用好几年的远景计划很重要。

这份计划里包括哪些内容呢？根据我自己的工作经验，应该包括如下各点。

——儿童在小学阶段应当阅读的文艺作品的书目（当然，只有学校图书馆里有这些必要的儿童读物时，计划里的这一点才能实现）；

——儿童在学校里应当欣赏的音乐作品（学校里最好有一个音乐教室）；

——要跟学生进行谈话时使用的绘画作品；

——要求学生背诵的课文和文艺作品的片段；

——最低词汇量，也就是要求学生在小学里牢固而长远地熟记其正确写法的那些词汇；

——为了扩充学生的知识面而需要阅读的科学普及书籍和小册子的书目（对于指定给学习困难的儿童[思维过程的能动性降低的儿童]阅读的那些书籍和小册子，特别要单独开列出来）；

——“思维课”的主题，即带领学生到思维和祖国语言的源泉去参观的课题；

——儿童在整个小学阶段各年级要写的作文的题目；

——教师和儿童将要制作的直观教具的大致的目录；

——小学期间将要组织哪些参观活动。

案例2-1　2014—2015学年第一学期教学计划

学科：　数学　　班级：　一年级　　任课教师：　　　　　　　　2013年9月

学生情况分析	我所任教的是一个有着14个学生的小班级。虽然大部分学生在入学前，接受过学前教育，但其基础参差不齐。特别是班里绝大部分学生是外地民工子弟，有很多连幼儿园都未上过，数学基础较差。有的孩子在幼儿园的学习习惯、行为习惯养成不是很好。刚跨入小学，他们对学校的一切都感到陌生和不适应，但他们天真、活泼，有着强烈的好奇心和求知欲，可塑性强。所以，这一学期以培养学生养成良好的生活习惯、学习习惯和培养学生的学习兴趣为工作重心。

教材分析	本学期教材内容包括下面一些内容：准备课；位置；1～5 的认识和加减法；认识图形（一）；6～10 的认识和加减法；11～20 各数的认识；数学乐园；认识钟表；20 以内的进位加法；总复习。教材以学生已有的经验为基础设计活动内容和学习素材，注重学生对知识的体验，获得对知识的理解；内容的展开尽量体现知识的形成过程；数与计算的教学重视发展学生的数感，体现算法多样化；提供关于物体空间关系的更丰富的内容和素材，发展学生的空间观念；注意培养学生初步的应用意识和用数学解决问题的能力。
教学目标	1. 使学生正确地数出不同物体的个数。逐步抽象出数，能区分"几个"和"第几个"，熟练地掌握 10 以内的组成，会正确、工整地书写数字。2. 使学生认识计数单位"一"和"十"，初步理解个位和十位上的数所表示的意义，能熟练地数出 20 以内的数，正确地读、写 20 以内的数，掌握 20 以内的数是由一个十和几个一组成的。掌握 20 以内的数的顺序，会比较 20 以内数的大小。3. 使学生初步认识＝、＞、＜三种符号，会使用这些符号表示数的大小。4. 使学生初步知道加法和减法的含义，直观地了解加法交换律和加法与减法的关系，能熟练地口算 10 以内的数加减法和 20 以内数的进位加法。能比较熟练地计算 20 以内数的连加连减和加减混合运算式题。5. 使学生会根据加减法的含义解答比较容易的加减法一步计算的图文应用题。知道题目中的条件和问题，会列出算式，注明得数的单位名称，口述答案，能看实物或直观图口述题意，简单讲述"和"与"求剩余"的数量关系。6. 使学生直观地认识长方体、正方体、圆柱和球，对这些图形有初步的了解。7. 结合主题图和插图及有关数据，对学生进行爱祖国、爱科学的教育，培养学生认真做题、正确计算、书写整洁的良好习惯，学会有条理、有根据地思考问题。
教学措施	1. 努力体现自主探索、合作交流的学习方式。 2. 尽量注意创设的情境能为探索数学问题提供丰富的素材或信息，帮助学生树立学好数学的信心。 3. 时常注意强调学生认真做作业、书写整洁的良好习惯。 4. 课堂教学与家庭教学实践相结合。

三、教学设计的技能训练

原国家教委曾在 1994 年颁发《高等师范学校学生的教师职业技能训练大纲（试行）》，明确教学设计技能是师范类学生职前训练的重要内容。随着 2011 年教育部《教师教育课程标准（试行）》的出台，强调实践取向的教师课程的新理念，强调教师教育课程应当重视个人经验，强化实践意识，关注现实问题，把理论学习与实践反思结合起来。《教师教育课程标准（试行）》中规定了师范类学生课程设置的五大学习领域，其中的第三学习领域——中（小）学学科教育与活动指导里面就包含了学科教学设计的内容。

教学设计能力主要是指课堂教学设计能力，也就是针对一节课或某一个具体问题，提出具体的教学设计方案。按照教学设计的基本程序，对师范类学生教学设计能力的培养可以着重进行以下方面的训练。

（一）教学目标设计

1. 目标三个维度的设计

《基础教育课程改革纲要（试行）》（以下简称《纲要》）指出，基础课程改革的具体目标之一是："改变课程过于注重知识传授的倾向，强调形成积极主动的学习态度，使获得基础知识与基本技能的过程成为学会学习和形成正确价值观的过程。"

根据这一改革目标，《纲要》指出课程标准的制定"应体现国家对不同阶段的学生在知识与技能、过程与方法、情感态度与价值观等方面的基本要求"。《纲要》第一次明确提出了"知识与技能、过程与方法、情感态度与价值观"的三维目标构想。

新课程关于"知识与技能、过程与方法、情感态度与价值观"目标的提出，必然要求教学过程发生相应的改变。《纲要》在"教学过程"部分的改革建设中指出："教师在教学过程中应与学生积极互动、共同发展，要处理好传授知识与培养能力的关系，注重培养学生的独立性和自主性，引导学生质疑、调查、探究，在实践中学习，促进学生在教师指导下主动地、富有个性地学习。教师应尊重学生的人格，关注个体差异，满足不同学生的学习需要，创设能引导学生主动参与的教育环境，激发学生的学习积极性，培养学生掌握和运用知识的态度和能力，使每个学生都能得到充分的发展。"

(1)认知领域

包括有关信息、知识的回忆和再认识以及智力技能和认知策略的形成等方面的目标。这是许多流行的测验编制研究中最关键的领域，也是大多数课程编制方面研究的领域。在这个领域中为各种教学目标下了最为精确的定义，规定了描述学生行为的措辞。按智力特性的复杂程度可以分为以下六级。

①知识。记忆、回忆或重复以前呈现过的信息的能力。

②理解。用自己的语言来解释(说明)所获得的信息的能力。

③应用。将信息、概念、原理或定律应用于新的情况的能力。

④分析。将复杂的知识分解成几个独立的部分，并认识各部分之间关系的能力。

⑤综合。将分解的知识元素综合起来，形成新的整体或新的模式的能力。

⑥评价。在已有知识和已给出的标准的基础上，进行判断和鉴定的能力。

(2)情感领域

包括兴趣、态度、思想、鉴赏能力和价值观等，是注重情感、情绪或接受与拒绝程度的目标。

可分为如下五级。

①接受(注意)。将注意力集中到某件事或某个活动中来，并准备接受。例如，当教师讲解某一历史事件时，学生安静地听着。

②反应。积极地参与某种活动，并以某种方式做出响应。例如，学生就某历史事件提出问题。

③价值判断。自发地表现出某种兴趣和关注。例如，学生要求阅读某历史事件的其他资料。

④组织化。当遇到多个价值的情况时，乐意编排这些价值，决定它们之间相互

关系，并接受某些占优势的价值。例如，当小组下一次讨论的会议时间决定后，学生决定不看他们感兴趣的电视节目而去参加会议。

⑤价值或价值符合内在的个性化。学生根据内在化的价值，采取某一行为，而且始终如一，并把这些行为作为他们个人的品格。例如，学生连续参加生物活动小组，并爱上生物专业。这类的目标多用兴趣、态度、欣赏、价值观和情绪意向来表述，描述的都是内部的或内隐的感情或情绪，有简单的对所选择现象的注意，也有复杂而内在一致的性格和态度。

(3)动作技能领域

指某些肌肉或运动的技能，对材料和客体的某种操作的目标或某些要求神经肌肉协调运动的目标。它可以分成如下四级。

①模仿。重复已展现过的动作。

②操作。独立完成动作。

③精确。准确地完成动作。

④连接。有效地、和谐地完成动作，体现了协调的技能。

这类目标在文学学科中很少见，而常常与体育、技术课程以及书写、说话等联系在一起。

大多数的学习都包含了以上三个领域的目标成分，但是以其中一个领域的目标为重点。例如，某学科的学习主要是以提高认知领域中的智力技能为目标，可是始终离不开学生对此学科的态度目标的实现程度。

2. 教学目标的表述

①行为主体：学习者；

②行为动词：描述学生可观察、可测量的具体行为；

③行为条件：影响学生学习结果的特定的限制或范围；

④表现程度：用以评量学生学习表现或学习结果所达到的程度。

3. 行为动词的选用

行为动词的选用要与教学目标的类型和层次紧密相连，是科学表述教学目标的关键。

(1)行为性目标：用可观察、测量的行为陈述目标

①知识目标

了解——说出、背诵、辨认、列举、复述、回忆、选出、识别等。

理解——解释、说明、归纳、概述、推断、区别、提供、预测、检索、整理等。

应用——设计、辩护、质疑、撰写、解决、检验、计划、总结、推广、证明等。

②技能目标

模仿——模拟、重复、再现、例证、类推等。

操作——完成、制定、解决、绘制、安装等。

迁移——联系、转换、灵活运用、举一反三等。

科学表述认知领域教学目标的行为动词如表 2-1 所示。

表 2-1　认识领域教学目标的行为动词

认知领域教学目标	行为动词
1. 知识	界定、描述、指出、标明、列举、选择、说明、配合、背诵等
2. 理解	转换、辩护、区别、估计、解释、引申、归纳、举例说明、猜测、摘要、预估、重写等
3. 应用	改变、计算、示范、表现、发现、操纵、修饰、操作、预估、准备、产生、关联、解答、运用等
4. 分析	细列、图示、细述理由、分辨好坏、区别、指明、举例说明、猜测、关联、选择、分开、再分等
5. 综合	联合、编纂、组成、创造、计划、归纳、修饰、设计、重组、重建、重改、重写、总结等
6. 评价	鉴别、比较、结论、对比、检讨、分辨好坏、解释、指明、阐释、关联、总结、证明等

(2)表现性目标

这类目标所反映的要求往往不是一节课、一单元所能达到的。在叙写时一般明确规定学生应参加的活动，但不精确规定学生习得什么。具体包括如下内容。

①过程与方法。经历、感受、参与、写出、寻找、探究、解决问题、交流、分享、访问、考察等。

②情感态度价值观。反映(认同)——认可、接受、欣赏、关注、选择、拒绝、摒弃等。

领悟(内化)——形成、具有、树立、热爱、坚持、追求等。

案例 2-2　《葡萄沟》教学目标设计(窦桂梅)

知识与技能：识记“最、坡、梯、够、修、味、留”等生字，运用多种方法感悟“梯田”“山坡”“茂密”“五光十色”“热情好客”等词语。

过程与方法：运用采访、角色朗读、节目表演、导游等形式，在整体感悟课文的过程中进行口语交际训练。

情感态度价值观：利用虚拟的情境，在葡萄沟游览一番，在情感的世界里深深体验：葡萄沟真是个好地方。

案例 2-3 异分母分数的加减法

知识与技能：理解异分母分数加减法的算理，能够概括出异分母分数加减法的计算法则，并能够熟练地进行异分母分数加减法运算。

过程与方法：通过异分母分数加减法的验算，感受用转变的思想解决问题的方法。

情感与态度：体验表达思想、与人交流的快乐。

(二)教学内容设计训练

教学内容的设计是教学设计的重头戏，包括教学内容的选择和组织、不同知识类型和不同课型的设计等内容。

师范类学生要学会确定与把握教学重点与难点。所谓"重点"，是指教材的中心内容及各种内在联系的关节点，如教材中的基本概念、基本原理、基本定律、重要方法和公式等，它们是学习后继内容的基础，具有常用性和应用性。所谓"难点"，是指学生学习困难所在，即学生学习上难以理解的地方。同时，要掌握对教学内容展示的程序和方式等。

一般说来，教科书是教学内容的主体，但仅仅依据教科书来安排全部教学内容是不够的。教学内容广义上讲是学生应该掌握的知识、技能，应该获得的思想、观点，以及良好行为习惯形成的总和。[①] 因此，需要教师恰当地选择教学内容。我们认为首先应该依据国家规定的各门学科的课程标准进行选择，它对各门学科的教学内容从质和量上做出了规定，为我们提供了选择教学内容的根本依据。

(三)教学策略设计训练

教学策略是教学设计的有机组成部分，是在特定的教学情境中为达成教学目标和适应学生的认知需要而进行的教学程序设计和采取的教学实施措施。它是教学设计中的最核心的环节，直接反映了设计者的教学思想和观念，主要解决教师"如何教"和学生"如何学"的问题。

1. 教学方法的选择和设计

教学方法的选择主要受四个方面因素的制约。

(1)根据教学目标来选择方法

特定的目标往往要求以特定的方法去实现。对认知领域的目标而言，通常只要求达到识记、了解层次的，可选用讲授法、介绍法和阅读法等；要求达到理解、领会层次的，可选用讲授法、探究法和启发式谈话法等；要求达到应用层次的，则应

---

① 盛群力 等. 试论系统设计教学中的备课程序. 教育研究，2001(5)

选用练习法、迁移法和讲评法等；而对于高层次的目标，如分析、综合、评价等，则应选用比较法、系统整理法、解决问题法、讨论法等。

各种教学方法有机结合才可发挥最佳功效。由于教学目标的多层次化、教学环节的多样性，必然要求教学方法的多样化。特定的方法只能有效地实现某一或某些方面的目标，完成某一或某几个环节的任务，要保证教学目标全面实现，教学中往往要求选用几种方法，并把它们有机地结合起来。

(2)教师自身特点

任何一种教学方法，只有适应教师自身的条件，能为教师理解和驾驭，才能更好地发挥作用，取得好的教学效果，反之则不然。因此，教师在选择具体的教学方法时，应将自己的特长和优势纳入考虑范围，选择适合自身条件的教学方法。如有的教师语言表达能力较好，能用生动、简洁、有趣的语言吸引学生，则可适当地多采用语言为主的方法；有的教师善于制作、运用直观教具，则可以充分发挥自己的想象力，多做一些教具，并结合采用观察、演示、示范等方法；擅长多媒体的教师可以通过使用教学软件，将现代化教学手段引入教学。

(3)学生的年龄特征和知识基础

教学活动的效果最终在学生身上得到体现。因此，在选择教学方法时，教师必须考虑学生的自身情况，只有符合学生的年龄特征、兴趣、需要和学习基础的教学方法才能真正实现高效教学。不同年龄阶段的学生其思维发展的水平不同，教学方法的选用如果超出了学生思维发展的水平，就极可能达不到应有的教学效果。发现法和讨论法对于小学低年级学生或思维水平低下的学生，往往不能达到预期的教学目标，而角色扮演法对于低年级学生来说往往更有利于激发他们学习的动机和兴趣。若学生认知结构中包含有与新知识相关联的若干观念或概念，教师就可以采取具有启发性的谈话法；反之，教师就不宜采用谈话法。

(4)扬长避短地选用各种方法

每一种教学方法都有其优势和不足。比如讲授法，它可使学生在较短的时间内获得大量的知识，便于教师主导作用的发挥，而且在其他教学方法的运用中，它又是不可缺少的辅助方法；但这种方法容易造成满堂灌的教学弊端，不利于发挥学生的主动性、独立性和创造性。又如探索法，其优势在于容易激发学生学习的兴趣和动机，培养学生独立分析问题、解决实际问题的能力，发展学生创造性思维品质和积极进取的精神；然而它又具有耗费的时间长、需要的材料多、师生比例小的缺陷。因此，教师必须认真分析各种教学方法，扬长避短。

综上所述，教学方法的选用先以教学目标为轴心，综合考虑各种因素的制约作用，只有这样，才能发挥课堂教学的整体效应。

2. 教学媒体的选择和设计

教学媒体内涵广泛，既包括常规意义上的语言、文字、粉笔等传统媒体，也包括幻灯、录音、录像、电影、多媒体等现代教学设备。要想使教学媒体发挥出应有的作用，必须首先考虑教学媒体的使用是否有利于达成特定的教学目标，是否符合完成具体教学任务的实际需要；其次考虑学生年龄特点和实际需要，以最充分地利用媒体的优势激发学生的学习兴趣，发展他们的潜能；最后考虑教师能否熟练地操作所选媒体，以及媒体能否有助于发挥教师自己的教学特长。

3. 教学过程结构的设计

教学过程是教师有目的、有计划地向学生传授知识、技能、技巧，发展学生能力，培养学生的情感、态度、价值观的过程。教学过程设计得是否恰当，直接关系到教学任务能否顺利完成。所以，设计教学过程是教案编制中极为重要的一步。教学过程一般可以分作以下五个环节，可以依此框架进行教学过程设计。

(1)组织教学

其目的是使学生有组织地进行学习，自觉遵守纪律，从而确保教学工作正常而有序地进行。组织教学的任务是稳定学生的情绪、集中学生注意力和维持课堂秩序。组织教学一般在上课后的1～2分钟内，由教师运用讲述、提问等方式来完成，亦应贯彻于此后的各教学环节之中。

(2)导入新课

通过对已学知识进行复习、巩固、加深，有目的地加强新旧知识的联系，使原有的知识再现为学习新课而必需的知识，进而引入新课，并设法激起学生对学习新课的兴趣和动机。

(3)讲授新课

这是教学过程的重要组成部分，旨在使学生掌握新知识和发展新能力。教师在授课时，可根据新旧知识的联系，运用有关的教学原则和教学方法，以清晰的表达和明快而有条理的板书、板画，将本课的内容和要点准确无误地传授给学生并指导他们进行学习。讲授新课是整个教学的主干部分，占用时间最多，一般以占用一堂课的1/3～1/2时间为宜。

(4)巩固新课

巩固新课是为了加深对新教材的理解，教师可采用提问、复述、当堂作业练习等方法，检查学生理解和掌握新知识的情况，发现问题及时弥补，使所学知识得到及时巩固，并形成一定的技能，也为完成课外作业做好准备。巩固新课要做到重点突出、纲目分明、温故知新，切忌简单重复，宜控制在5～10分钟内。

(5)布置课后作业

目的在于进一步巩固所学知识，培养学生独立工作的能力。布置课外作业时，要求应明确、具体，内容要具有典型的代表性。难度较大的作业，应当给以提示。布置课后作业，一般用1～2分钟即可完成。

(四)教学评价设计

教学评价是根据教学目标，运用评价的方法和手段对教学活动及其预期效果进行价值判断的过程。合理设计教学评价，对于促进教学目标的达成和提高教学设计的科学性、有效性，都有积极作用。

1. 目标参照取向的评价设计

这是根据已经明确确立的课题教学目标，对预期和可能达到的结果进行测验、诊断和评价，用以检查教学目标达成程度的评价设计。这种评价设计是目标导向的设计，是在课堂教学进行之前就关注其结果的设计，也是表现教师作为评价主体的设计方式。采用的工具是课堂提问、课堂小测验。提问是设计出让学生口头陈述和回答的问题。课堂小测验是将课堂中学生所要记忆、理解和掌握的内容用问卷的方式呈现出来，让学生在短时间(10 分钟以内)内答卷，以考查学生对内容掌握的设计。

2. 过程取向的形成性评价设计

这是针对课堂上可能发生的学生学习状况进行的设计，或者说是随着课堂教学的进展，根据特定目标、特定内容、特定情境对学生的生成性和表现性状况的即时设计。这种设计具有过程性、情境性和动态性的特点，是用以评价学生表现、教师教学方式以及师生互动情况的设计。其采用的工具和方法更多地依赖于教师个人的教学智慧和艺术品格。评价的主体既是老师，也包括学生。这种评价设计除了学生能够表现其认知方面的成就之外，还能展现学生个体思维方式以及情感、态度和价值观这些难以评价的素养。这种评价设计是教学评价设计发展的基本方向。

第二节　编写教案的技能

一、教案概述

(一)教案的内涵

教案也称课时计划，是教师的教学设计和设想，是教师经过备课，以课时为单位设计的具体教学方案。

教案是上课的依据，通常包括班级、学科、课题、上课时间、课的类型、教学方法、教学目的、教学内容、授课进程和时间分配等。有的教案还包括教具和现代化教学手段(多媒体、录像、录音等)的使用、作业题、板书设计、课后自我分析等项目。由于学科和教材的性质、教学目的和课的类型不同，教案没有固定的形式。

(二)教案编制的目的

①教师开展教学的有效前提。教案编写过程是深入了解教材内容特点、准确把握学情的过程，可以明确教师和学生应当完成的具体任务，指导师生的活动，使教师对教学有一个良好的准备，使教师在授课过程中有所参照，并对课堂教学做到心中有数。

②确定每一个具体教学阶段的教学目标、教学内容，确定将采用的教学方法和评价程序，明确学习的程序和连续性。

③为教师提供有价值的教学资源和提升科研能力。根据需要，不断修订和重新加工的教案，是教师教学工作中非常有价值的参考。要想编写出优质的教案，教师不仅要熟练掌握和应用课程与教学原理，认真总结和重组以往的工作经验，做到理论性知识与实践性知识有机结合，更要树立科研意识和创新精神，敢于发现问题、迎接挑战，做到老课新教、新课精备，从而也在一定程度上促进了科研能力的提升。

二、教案的构成要素

一个科学的、标准的教案应该包含以下要素。

①教学目标或学习目标。

②教学内容。根据前述学习内容分析的结果，选定适当的教学内容，需考虑是否有利于完成教学目标，是否能提高学生的积极性及符合学生的实际情况等问题。

③教师的教学活动。教师在授课中的行为，如板书、讲解、演示、提问、强化等活动，要在教案上写明。

④学生的行为。在编制教案时，要预想学生的学习活动，还要准确把握学生的实际情况，包括初始能力和一般特征等因素。另外，教学活动是在师生的相互作用中发展的，教师的行为会引起学生行为的变化，学生的行为也反馈给教师，用以调整教师行为。因此，编制教案要把教师行为与学生行为结合起来考虑。

⑤教学媒体。在教案中应写明将要使用的教学媒体，以及使用媒体的恰当方式。

⑥时间分配。要注明每个教学活动的时间长度，将教学形式结构化。这样有利于控制教学过程的每一个环节，并使教案更具有实效性和针对性。

三、教案的基本形式

教案的基本形式一般有记叙式、表格式、卡片式三种。

（一）记叙式教案

记叙式教案是主要用文字形式将备课的结果表达出来的教案。记叙式教案的教学信息容量较大，表述细致，编制简单，是最基本、最常用的教案形式。它的基本形式及主要内容简述如下。

记叙式教案的具体编写方式有两种：一是讲稿式的详案，二是纲要式的简案。详案要求把教学过程中的教学内容、教学步骤和教学方法都详细地写出来，类似于讲稿。详案有助于教师科学地、准确地控制教学进程，发挥教师的主导作用；简案只写教学内容的要点、主要教学步骤和主要教学方法，类似讲课提纲。简案可以节约编写时间，便于教师有更多的时间去熟悉教材，研究教法，把课上得生动活泼，还可以促使教师灵活控制教学活动程序，不断提高自己的教学能力，避免照本宣科。

教案是详写还是简写，应根据教师的教学经验来决定。经验丰富的教师可编写简案，新教师则一般应以详案为宜。下附记叙式教案一例(见案例 2-4)，以供参考。

案例 2-4　×××学科教案

年　月　日

学校　　年级　　班

教师

1. 单元名称
2. 教学目标
3. 学生情况分析
4. 教学内容分析
5. 教学过程的具体安排

(二)表格式教案

表格式教案是以表格形式呈现备课内容的教案。表格式教案具有言简意赅、重点突出、使用方便的特点，它把上课时的各种因素，如教学内容、形式、板书、时间、教学设计等，加以合理组合，相互对应地写进教案。教师上课通过看表格，就可明白各种因素的要求，从而综合运用，灵活掌握。也可以把表格式教案事先印发给学生，作为学生学习的提纲，这可以减少教师课堂上讲解的时间，从而留出更多的时间让学生自学、讨论，既能活跃课堂教学，又能提高教学质量。

设计表格式教案时，要简明扼要，力戒拖泥带水；要纵横联系，不能顾此失彼；要富有特色，切忌千篇一律。下附表格式备课案例一则(见案例 2-5)，以供参考。

案例 2-5　×××科目教案

年　　月　　日

学校　　年级　班

教师

一、单元名称：

二、教学目标：

时间	教学内容	教师活动	学生活动	教学资源

(三)卡片式教案

卡片式教案就是教师将教案的纲要、重点、难点和易忘记的教学内容以及需要补充的材料等以卡片的形式呈现的一种教案。卡片式教案具有在课堂教学中提示教师的作用，通常有两种形式：一是教案纲要提示；二是教学内容提示和材料补充。卡片式教案形式灵活、方便，利于教案的经常修改和补充，在辅助课堂教学方面是一种行之有效的方法。下附卡片提示法教案一例(见案例 2-6)，供参考。

案例 2-6 卡片式教案示例

科目：数学　　　　编号：

一、导入新课

1. 投影案例

2. 启发引导

二、自学思考

1. 请学生针对例子提问

2. 出示思考题

三、讨论探究

1. 分组讨论

2. 问题解决

四、近似值的取值范围和精确度

五、师生共同总结

六、课外作业

四、教案写作步骤

(一)前期准备

1. 研读课程标准

课程标准是国家对基础教育课程的基本规范和质量要求，它规定了课程的性质、目标与内容框架，提出了指导性的教学原则和评价建议，并规定了不同阶段学生在知识与技能、过程与方法、情感态度与价值观等方面所应达到的基本要求。研读课程标准可以使教师从总体上了解本学科的教学目的和任务、教学原则与评价方面的基本要求，从而正确把握备课的方向，使备课能体现总的目标要求。

2. 详细研究教材

教材是学科专家和教师依据课程标准的要求，从促进学生身心健康发展和适应现代社会进步的需要出发编写的一种教学资源，是学生学习文化知识、发展学习潜能的重要手段，也是教师组织和实施教学活动的重要依据，教师必须认真研究教材。

具体要求如下：

①全面阅读，准确把握教材内容的特点，在此基础上判断知识的性质和类型，全面掌握教材内容的知识结构，判断教学的重点和难点；

②换位思考，用学生的眼光来研读，有利于进一步准确定位教学的难点、疑点；

③批判思维，分析教材编写的优点和瑕疵，对待教科书不宜全面否定，但也不宜唯教科书是从。

3. 了解教学情境

了解教学情境包括了解学生与了解教学的场地和设备。欲使教案编制合理、有效，符合教学规律的要求，教师还必须认真了解教学情境。

教学质量的高低优劣，最终要通过学生反映出来。所以，教师要经常了解学生，全面了解学生的思想、学习和生活情况。了解得越深，教学就越发有的放矢，进展就越顺利，也就越易获得成功。特级教师于漪总结自己的教学经验，得出了“教心必先知心”的哲理性结论。她认为：“教师教学要坚持唯物主义态度，从学生实际出发。学生的情况、特点，要努力认识，悉心研究，知之准，识之深，才能教在点子上，教出好效果。”了解学生的方法和渠道是多方面的，如课堂接触、个别谈话、批改作业、召开座谈会、演讲会、写小论文、开家长会、家庭访问等，都是常用且行之有效的方法。了解学生，要求教师在平时了解的基础上，集中进行分析研究，对学生的学习态度、接受知识的基础、个性特点、兴趣、爱好、思维方式等有较为准确的认识，从而使教学设计更有针对性，从学生的实际出发来确定教学目的，设计教学方案，确定教材的重点和难点，以及选择切合他们需要的教学策略等。

了解教学的场地和设备，主要是了解普通教室和专用教室的情况，主要包括教室的可用面积、桌凳数量和质量、采光、黑板、供电、多媒体设备情况及其周围的环境等。

（二）确定写作思路

1. 确定教学目标

教学目标是预期教学结束时学生必须获得的学习结果或终点行为，在整个教学过程中的地位十分显要。因此，科学地确定教学目标具有重要意义。

2. 准备教学媒体

为了便于学生理解和巩固某一概念和原理，或促使学生形成某种技能、技巧，教学时需用借助一些教学媒体，如实物、标本、模型、图片、挂图、幻灯、教学电影、教学录像、录音、教学仪器、药品等。教师应根据教学目的、内容、方法的需要，决定使用什么媒体。选用和自制的教学媒体，要清楚、详细地写入教案，并在课前准备妥当，以免上课时教具不齐或不能使用，出现忙乱。

3. 选择教学策略

了解教学情境后，教师需要根据实际情况，决定是否调整教学目标，以使编制的教案切实可行，取得理想教学效果。为在有限的时间内，把教学内容顺利地转化为学生的知识、技能、能力和思想观点，使学生的身心得到全面发展，教师必须正确地选择教学策略。

(三)编写教案设计文本

教案设计文本要包括教学目标、教学内容、教学重点和难点、学情分析及设计思路、课时安排、课前准备(教学准备)、教学过程(教学流程)、板书设计、课后反思。根据教案用途的不同，还可以适当增加相关的内容。

五、编写教案技能训练

(一)训练目标

(1)能够针对单一技能撰写教案；

(2)能够利用教案的常规项目全面备课；

(3)能够应用不同教案模板进行备课；

(4)能够应用不同教案类型进行备课。

(二)训练要求

1. 科学性

教师要认真贯彻课标精神，按教材内在规律，结合学生实际来确定教学目标、重点、难点。设计教学过程中避免出现执行性错误。

2. 针对性

教案要服务于各类学科、各类课程。比如，有的课程主要用文字陈述的方式反映，有的课程则用文字加图表的方式表征。因此，在教案书写过程中要根据实际情况进行恰当的选择。

3. 可操作性

从实际出发，重复考虑实际需要，确保教案具有可行性和可操作性。

4. 创新性

在钻研教材的基础上，教师应广泛涉猎多种参考材料，向有经验的教师请教，然后进行思考，结合个人教学体会，巧妙构思，从而设计出自己的教案。

(三)训练内容

1. 根据教案的常规项目全面备课

不同学科和不同课型的课时教案，其内容与项目不能强求一律，但有一些项目却是它们都应该具有的，称为常规项目，包括题目、教材分析、教学目标、教学重点和难点、教学方法、导入新课、讲授新课、总结新课、布置作业、板书设计等。除了这些常规项目外，有时还有一些比较机动的项目，如学校、年级、班级、科目、执教者、上课时间等。

课时教案的常见格式如下。

授课班级：

授课时间：

题目：

教学目标：

重点和难点：

课型、教具、学具：

教学过程（教案的主体部分，反映教、学的实际活动）：

作业设计：

注意：教学过程是对师生课堂教学活动直接的实质性反映，不要写成介绍性的间接说明。

2. 能够应用不同教案模板进行备课

教案模板是依据不同的教学理念，对有关教学要素加以科学组合，从而形成的教案写作格式，主要体现在如下几方面。

①导向功能。不同的教案模板将呈现不同的教学要素及要素组合，所蕴含的教学理念也各不相同，这将引导模板的使用者设计出符合其内容、理念、风格的教案。

②规范功能。教案模板对教学设计的基本要素和格式做出了统一规定，便于教学设计的规范化和相对统一，以免教学设计流于随意，见案例 2-7。

案例 2-7　教案模板的设计样表

课题名称		
教学目标		
教学重点、难点		
教学方法		
教具		
板书提纲		
教学过程	教师活动 （教学任务、内容及实现方式）	学生活动 （学习任务及完成途径）
课外作业		
教学后记		

案例2-8 不拘一格的教案①

1. 活页式教案

将16K活页白纸由左向右分成三栏，中栏大，左右栏小(如下图)。编写教案时，把教学内容写在中栏，把教学提示写在左栏，右栏留待教后写体会。

教学提示	教学内容	教学反馈

2. 卡片式教案

科目：语文	《失街亭》板书设计	
诸葛亮		马谡
|	守	|
点将		请缨
|	失	|
精心部署		刚愎自用
|	斩	|
军纪严明		血的代价

评析：活页式教案的中栏有知识，左栏有教法，右栏有体会，清晰明了。在书写过程中不宜写满，应留下一定空白，教学前后有什么新的启发和感悟，可随时补充、完善，不至于使教学中的一些灵感和火花被遗忘，有利于教后反馈。同时，这种教案在教学使用中方便、简捷。

3. 运用不同的教案类型进行备课

因使用标准不同，教案会产生不同的种类。

①按照编写教案的详略程度分类，可以分为详案和简案。前者是详尽而细致地写出整个教学过程和全部教学内容，后者则把构思中的教学活动的主体框架展示出来。

②按照现代课程的内容和性质分类，可以分为文化课教案和活动课教案。前者是以学习系统的科学文化知识为主的课程教案；后者是以发展学生运动技能、操作技能、实践能力为主的课程教案。

③按课程的类型分类，可以分为单一课教案和综合课教案。前者是为完成一种教学任务而编写的教案；后者是为完成两种或两种以上的教学任务而编写的教案。

④按照学科的类别分类，可以分为语文教案、数学教案、物理教案、化学教案等。

---

① 田德智．不拘一格的教案．黑河教育，2008(02)

案例 2-9 小学语文《葡萄沟》教案设计(窦桂梅)

	教师活动	学生活动
一、激励	1. 听说新疆的吐鲁番有个好地方(板书:好地方),想去吗?要想去,事先要对葡萄沟有些了解,课文会告诉你。下面同学们借助拼音自由读课文,做到正确流利,特别是遇到难读的句子要多读几遍,生字更要多读几遍。	借助字典等工具读课文。
	2. 检查朗读情况。(板书生字带出来的词语,注意指导第二段中描写葡萄的长句子)	可能回答:最喜爱、山坡、梯田修在、留着、味道、茂密。
	3. 这些生字应该怎样读、怎样写?(采用猜字、定位联想等游戏识字,同时趁热打铁指导书写,重点指导"最"的结构和最后一笔)	逐字回答发音、笔画、书写。
	4. 通过阅读课文,你知道葡萄沟出产哪些水果?(用引读的方法) (以上环节从兴趣入手,总体上把握全文,认识生字)	五月有杏子,七、八月有沙果、蜜桃,到九、十月有人们最喜爱吃的葡萄。
二、体验	1. 通过刚才的了解,我们知道葡萄沟出产水果,特别是有人们最喜爱吃的葡萄。那么,老师就带你们去葡萄园玩一玩好不好?说去就去,快把书打开。	学生打开课本。
	2. 葡萄沟到了。快看看葡萄种在哪儿?能不能自己画出来?	学生读课文后,画图理解"山坡、梯田"。
	3. 赶快登上山坡,用你们的慧眼仔细瞧瞧这里的葡萄生长得怎样? (1)大家一起画图理解"茂密"。 (2)这山坡上茂密的葡萄架就像什么?(教师用手势表演) (3)老师只画了一个凉棚,难道只有这一个棚吗? (4)赶快钻进去,感觉如何?	学生可能会说枝叶,也可能会说葡萄,可以按顺序学习。 感悟出是"凉棚"。 发现句中的"一个个",并说说自己的理解。 创造"凉快""凉爽""舒服"等词语或句子,带着感受反复朗读。
	4. 快抬头看,透过茂密的枝叶你发现了什么?(引导学生思考葡萄的特点) (1)葡萄都有哪些不同的颜色,用图片表示。(教师画出茂密的葡萄架) (2)出示"五光十色"和"五颜六色",在比较中悟出有什么不同。 (3)实物演示"一大串",让学生观察。	读书上的句子思考,葡萄沟的葡萄有什么特点? 到前面认红的、白的、紫的、暗红的、淡绿的葡萄,悟出葡萄颜色不同,并"挂"在葡萄架下。 从词语中的"光"中发现区别。 感悟出"一大串一大串"之意。 学生带着感受反复朗读。

	教师活动	学生活动
二、体验	5. 下面我们要演一个节目，老师扮演新疆老乡，谁愿意到前面表演。	谈对葡萄沟葡萄的印象，跳新疆舞，送给老乡一句话，或是一个词等。
	6. 是呀，我们新疆人就是热情好客，你们就要离开葡萄园，还想不想亲眼看看葡萄沟的葡萄？想看的请举手。我再给你们放一段录像。	放音乐朗诵，学生闭眼想象画面。把“看”到的互相讲讲，整体感悟这一段。
	7. 同学们，这里正好需要导游，而且这段话就是很好的导游词。谁愿意当导游小姐或者导游先生，用书上的语言或者创造语言介绍葡萄沟的葡萄。	学生进行口语交际。 （教师指导，注意语言、态度等）
	8. 多么热情的老乡呀，非要带咱们去阴房看看！想想阴房是什么样的。 还有个问题要考考你：“葡萄干是怎么制成的？”（学生读课文，看录像体悟）	发散思维，让学生异想天开。 学生回答，可以创造语言，只要意思对即可。
	9. 观察、品尝葡萄干。（根据学生的感悟板书：色鲜味甜）	学生观察、品尝后发表意见，把感受到的讲一讲。
三、升华	1. 看出来，同学们参观游览得真开心。就要离开葡萄沟了，新疆老乡要咱们留言，现在请同学们签名留言。	动动笔，把对葡萄沟之行的感受写下来。 （此环节既是对课文的总体认识，又是感悟、交际的训练）
	2. 小结：千言万语化作一句话：葡萄沟真是个好地方！（板书：把“好地方”前面加上“真是个”，句号改成叹号）	没有发言的同学一起读一读。
	3. 旅游到此结束，回家把见闻讲给爸爸妈妈听。下课。	下课。

案例 2-10　小学数学《两位数减一位数的退位减法》教案设计

教学目标	1. 掌握两位数减一位数退位减法的计算方法，并能用自己喜欢的方法进行正确计算。 2. 经历探索两位数减一位数退位减法计算方法的过程，促进计算能力和动手操作能力的培养。 3. 感受退位减法与实际生活的紧密联系，体会退位减法在生活中的作用。
教具学具	小棒、实物玩具、卡片，投影等。

<table>
<tr><td rowspan="10">教学过程</td><td colspan="2">教师活动</td><td>学生活动</td></tr>
<tr><td>一、复习准备</td><td>（出示口算卡片）
17－5＝ 36－4＝ 29－8＝
18－6＝ 14－3＝ 16－3＝</td><td>学生做题复习。</td></tr>
<tr><td>二、情境导入</td><td>同学们，你们喜欢玩具吗？老师带来一些玩具，大家看看。（出示实物玩具，并贴好商品价格）
洋娃娃(45元)、玩具小熊(6元)、恐龙模型(5元)、绒毛小兔(3元)、电动狗(24元)、玩具汽车(36元)。老师想了解一下，你们要是有一些零花钱想买这样的玩具，你想买什么？</td><td>学生自由回答。</td></tr>
<tr><td rowspan="5">三、探索新知</td><td>1. 引导学生从问题情境中抽象减法算式。
师：小明只有8元钱，他可以买些什么？
（让学生体会在现实生活中如何提出并解决数学问题，初步感受到数学的奇妙和无所不在，产生学习和探索数学的动机）</td><td>生1：可以买玩具小熊。
生2：可以买恐龙模型。
生3：可以买绒毛小兔。
……</td></tr>
<tr><td>师：可他想买一辆单价是36元的玩具汽车，还要攒多少元？要解决这个问题，你知道怎样列算式吗？
根据学生回答，教师板书：36－8＝</td><td>回答：36－8＝</td></tr>
<tr><td>2. 引导学生动手操作、探索计算方法。
a. 教师指导学生摆小棒。
师：算式36－8和前面所学习的36－4、29－3等算式相比较，有什么不同？小组可以相互讨论。</td><td>36－4、29－3等算式计算时都能直接在个位上减，而在36－8中，被减数的个位上的数不够减。</td></tr>
<tr><td>师：不够减怎么办呢？同学们用小棒摆一摆，想想你是怎样算的，在小组里说说你的方法。（教师巡视）</td><td>学生摆小棒，小组讨论。</td></tr>
<tr><td>b. 引导学生交流摆小棒的方法。
师：谁来跟大家说说摆小棒的方法？
结合学生的回答，师板书：36－8＝28。
（教师给学生提供充分发挥的时空，让学生充分地说，但不限制学生的说法，关注学生的情感，尊重学生自主的选择，保护学生自主发现的积极性，通过这个充满探索和自主体验的过程，学生获得成功的体验，增强学好数学的信心，体现了现代教学思想中算法多样化观点，同时，也培养了学生的创新思维）</td><td>学生在投影上展示并说算法。
算法一：从10根小棒里去掉8根剩下2根，再和26根合起来是28根，10－8＝2，26＋2＝28。
算法二：从30里拿出2和6合成8，30－2＝28。
算法三：8－6＝2，30－2＝28。
算法四：把36根小棒分成20根和16根，16－8＝8，20＋8＝28。
算法五：从30根里拿出8根还剩22根，22＋6＝28</td></tr>
</table>

		教师活动	学生活动
教学过程	三、探索新知	c. 教师小结：在计算时，有很多的算法，只要你选择自己喜欢的方法，算得又对又快就可以了。（指题）这样的减法算式就是我们今天学习的两位数减一位数。板书：两位数减一位数。	学生认真听
	四、练习反馈	1. 基本练习：（出示卡片） 32－5＝　46－9＝　57－8＝　40－5＝	学生读题说得数，其中指定两题说出自己的算法
		2. 实际应用：请同学们再次观察这些玩具，小明只有 8 元钱，如果想买一个价钱是 45 元的娃娃，还要攒多少元呢。	学生列式计算，说出自己是怎样算的。
		3. 游戏：摘苹果。 秋天到了，苹果熟了，同学们到果园里摘苹果。树下放着三个筐，筐上分别写着 73、56、48。同学们将苹果上的算式算出结果，然后摘下苹果放到相应的筐里，每个小组讨论出结果后派一名代表上前。	学生参加游戏。
		4. 应用体验：借乒乓球。 学校开展乒乓球比赛，教师有一盒乒乓球，一共 46 个，同学们可以借球进行练习。每组同学共同商量各派一名代表，要说借几个，还要算出剩几个，并列出算式。 根据学生活动情况教师板书算式。 （练习设计紧密围绕本课重点，目的明确，层次清楚，具有针对性、实用性和开放性，通过变式练习，让学生真正明白：学习数学是为了解决实际生活中存在的现实问题，生活中处处有数学，学习数学是生活的需要。同时，也巩固了本节课所学的知识，调动了学生学习数学的积极性）	如： 46－3＝43 43－6＝37 37－5＝32 32－4＝28 ……
	五、课堂小结	这节课你学会了什么知识？课上自己表现如何？哪位同学表现较好？好在哪儿？	学生自评、互评，肯定自己，学习他人，体验成功的乐趣。
	执教：天津市大港区第二小学柳树霞 评析：天津市大港区教研室刘桐林		

本章小结

教学设计是运用系统论的观点和方法，按照教学规律和教学对象的特点，设计教学目标，规划教学全过程诸因素的相互联系和合理组合确定实现教学目标的方法、步骤，为优化教学效果而制订实施方案的系统的计划过程。教学设计具有系统性、创造性和最优化的特定，不仅能够提高教学的科学性和艺术性，并且可以提高教学的有效性及教师的教学水平。

关键术语

教学设计；系统性；创造性；有效教学；教案

实训练习

改写下列教学目标

例 1：三角形内角和探索

1. 通过测量、撕拼、折叠等方法，探索和发现三角形三个内角的度数和等于180度。

2. 已知三角形两个角的度数，会求出第三个角的度数。

3. 在探索过程中发现数学知识的趣味性。

例 2：小学语文课文《匆匆》

1. 学会本课六个生字，正确读写下列词语，联系上下文理解带点词语：

饭碗、伶俐、徘徊、确乎、涔涔、潸潸、赤裸裸

2. 理解课文内容，紧扣“匆匆”，抓住文中重点词句，体会作者的思想感情。

注：《匆匆》是人教版九年义务教育小学教材第十二册新入选的课文，是现代著名作家朱自清的一篇脍炙人口的散文。作者以细腻的笔触生动地刻画了时间流逝的踪迹，和对日子匆匆而过 、一去不复返、逝去如飞的感慨，将空灵而又抽象的时间化为具体的物象，引发出伤时、惜时的深长感叹，表达了作者对虚度光阴感到无奈和惋惜，又为前途不明而感到彷徨的复杂心情，从而警示人们应该珍惜时间和生命，在有限时间里多做有意义的事情。

《匆匆》这篇文章很注意修辞，以长短一致、节奏整齐、对仗工整的排比句，描述了显示季节更替的诗意化景物；又用一组长短不一、节奏跳跃、口语色彩很浓的设问句，感叹日子的飞逝无痕。整句与散句的结合，不但具有一种音乐的美感，而且显得既典雅又朴实。

例 3：《丰碑》

1. 了解红军长征的历史、背景，说说红军行军途中军需处长被严寒冻死的感人事迹。

2. 抓住人物语言、动作、神态自读自悟，体会军需处长的献身精神及将军对军需处长的崇敬之情；理解“丰碑”的含义。

3. 体会正面描写与侧面描写相结合表达中心的写作方法，并在写作中学会运用。

4. 学会生字、新词，背诵第七自然段和最后三个自然段。

思考与练习

1. 什么是教学设计？

2. 教学方法的选择受哪些因素影响？

3. 教学设计的程序有哪些？

4. 教案的构成要素有哪些？

5. 试从小学语文课本中，选择一篇课文教案设计(例如《威尼斯的小艇》)。

拓展阅读

1. 皮连生. 现代教学设计. 北京：首都师范大学出版社，2005

2. 何克抗. 教学系统设计. 北京：北京师范大学出版，2002

3. 周军. 教学策略. 北京：教育科学出版，2003

4. 施良方. 教学理论. 上海：华东师范大学出版社，1999

第三章　组织与实施能力

学习目标 ▶

1. 了解并领会课堂导入的内涵、功能；掌握课堂导入的基本类型，并能够针对某一教学内容选取适当的导入方法导入新课。

2. 了解并领会课堂提问的内涵、功能和步骤；掌握课堂提问的基本类型，并能够根据特定的教学内容设计提问。

3. 了解和掌握板书的基本类型，领会板书设计的基本要求；能够根据特定的教学科目和具体内容合理设计板书。

4. 了解课堂语言的内涵、构成和功能；领会教学口语、教育口语和态势语的运用要点；能够结合特定情境综合运用各种课堂语言。

5. 领会和掌握课堂秩序维护的策略以及对课堂问题行为处理的原则和策略。

问题导入

《8 的组成》教学片段

教师：同学们，7+(　)=8 会填吗？

学生：……

教师：那也就是说 7 和 1 组成 8。跟老师说一遍。还可以怎么说？

学生：1 和 7 组成 8。

教师：6 加几等于 8 呢？

学生：2。

教师：那我们可以说……

学生：6 和 2 组成 8，2 和 6 组成 8。

教师：5 和谁可以组成 8 呢？

……

你如何评价上面案例中的课堂教学组织？如果你是这位教师，你会怎样组织这节课？

第一节　课堂导入技能

课堂导入是课堂教学实施的第一个环节，精巧的课堂导入具有引起学生注意、激发学习动机、建立学习目标的功能。课堂导入的类型多种多样，根据具体的教学目标和学生的实际情况选择适切的导入方法是教师专业技能的重要组成部分。

一、课堂导入的内涵

课堂导入，也叫导入新课，是指教师在课堂教学伊始，有目的、有意识地将学生的注意力、兴趣和学习目标引入到学习新课上来的所有教学活动的通称。课堂导入技能广泛运用于各种教学过程的开始阶段：既可运用于每节课的开始阶段，也可运用于每门课程、每个章节以及课上某个环节的开始阶段。

从心理学角度来看，学生刚上课时存在两种心理状态：一种是注意力涣散，难以在短时间内将注意力主动集中在教学内容上；另一种是存在好奇心理，对教学新内容存在内发的期待。课堂导入的目的就在于引起学生的有意注意、激发学习的兴趣、引发学习的动机、明确学习的目的，并建立起知识之间的联系。精巧的课堂导入，能够唤起学生强烈的求知欲望，牢牢抓住学生的注意力和好奇心；失败的课堂导入，则会使学生产生厌烦心理，降低学习的主动性①。

从时间上来看，课堂导入虽然集中在课堂教学伊始的3～5分钟内，但由于其对整个教学过程和教学效果的重要性，课堂导入也需要经过一番精心的设计，课堂导入技能也因此成为教师的重要专业技能之一。

二、课堂导入的功能

课堂导入的功能主要体现在三个方面，即引起注意、激发动机、建立目标。

(一)提供信息，引起学生注意

在课堂导入阶段，教师会提供与教学内容相关的信息，如实验演示、实际案例、有趣的故事、对已有经验的疑问等。这些信息能够引起学生的注意，使学生进入特定的教学情境，并将注意力集中在教学内容上，为学习新课做好心理准备。

(二)创设氛围，激发学习动机

课堂导入的本质是创设有利的学习氛围，在这种氛围中，学生的思维会被引导到特定的问题上来，学生的兴趣也会集中在这一问题上，而对于问题解决方案的好奇便会演化为学生求知的动机，学生在教学中的主动性和积极性便会因此得到提升。

(三)促进迁移，建立学习目标

课堂导入基础有二：一是新知识与旧知识之间的联系；二是新知识与学生已有经验之间的联系。教师在课堂导入设计的过程中，就是要发现这两种联系，通过提供适当的信息，促进学生的学习迁移，并帮助学生明确学习目标和学习任务，从而产生对学习的期待。

三、课堂导入的类型

(一)直接导入

这是一种直接阐明学习目的和要求、学习的重点内容和教学程序的一种导入方法。因此，该导入法也叫作开门见山法。如果所学知识是一类新知识，在学生的已有经验中很难找到关联点；或者为了简化导入过程，优化整堂课的教学设计，那么就可以选择使用直接导入法。

案例3-1 《假如没有灰尘》新课导入

一位语文教师在教《假如没有灰尘》一课时，是这样导入的：

如果没有令人讨厌的灰尘，世界将会怎样呢？窗明几净、天朗气清？那你就大错特错了。小小的尘埃虽然会污染环境、有碍健康，但同它的作用比起来，这都是微不足道的。不信？那我们一起去课文中了解一下吧。

---

① 肖荣，黄宏新，车云霞．论课堂导入及其设计．天津市教科院学报，2001(4)．

（二）复习导入

复习导入也叫以旧引新法、温故知新法。它是一种以复习、提问或学生做练习等教学活动开始，提供新旧知识的联系，激发学生探求新知识的学习动机，从而把学生引入新知识的导入方法。复习导入的关键在于教师要依据知识结构的内在逻辑关系，将学生从旧知识中自然而然地引入到新知识的学习情境中，因此这种导入方法也有利于帮助学生形成完整的知识结构，避免知识的碎片化。

案例 3-2　奇妙的联系

有位教师在教《黄鹤楼送孟浩然之广陵》时，是以如下方式导入的。

教师：同学们，现在我们和朋友分别后都可以运用很多现代化的交通工具和通信工具再和朋友见面。可是在古时候，朋友分开以后，就很难再见面，有些甚至永远都无法见面了。于是，很多诗人在送别时都喜欢用诗歌来表达对朋友的情意。那我们曾经学过的送别诗有哪些呢？

学生：《赠汪伦》《芙蓉楼送辛渐》《别董大》。

教师：今天我们将学习一首新的有关朋友送别的诗。请大家边学习边比较这首新诗与之前所学过的那几首诗的不同之处。

（三）经验导入

这是一种以学生的已有经验为基础，通过教师的提问、讲解以及师生之间的对话，将新知识与学生已有经验联系起来，用新知识解释、说明、验证已有经验，从而激发学生的学习兴趣和动机的一种导入方法。由于新知识与学生的经验紧密结合，这种方法往往能引起学生高度的共鸣。

案例 3-3　生活中的思考

有位数学教师在讲“三角形”时，在导入阶段教师首先突出如下一个问题。

教师：同学们，老师旁边的这把椅子有的已经不结实了，摇摇晃晃的。你有什么办法加固它吗？

学生：可以用木板钉一下！

教师：怎么钉呢？钉到什么位置呢？我们今天要学习的内容也许会帮到我们。

（四）形象导入

对于一些比较抽象的内容，学生直接理解起来比较困难，这时教师可以通过实物演示、展示图片、播放视频或讲故事等方式，将抽象的知识与直观的事物联系起来，以此唤起学生的直观体验和学习兴趣，从而为学习新知做好准备。形象导入具体可以分为两种，一种是演示导入，一种是故事导入。前者是指在讲授新课之前，教师先引导学生观察实物、标本、模型、幻灯片、视频、音乐等，引起学生的兴趣，再从观察中提出问题，通过创设问题情境引导学生一步步走向新知识。后者是指教师适当引入与讲授内容相关的故事资料，从故事中导入新知识。由于学生对生动、形象的故事情节充满好奇，这种导入方法能够快速地抓住学生的兴趣点和注意力，为新知识的讲授做好铺垫。下面两个案例中，案例 3-4 采用的是演示导入法，案例 3-5 采用的是故事导入法。

案例 3-4　有趣的演示

在学习"百分数的意义"一课时，一位教师是这样做的。

讲台上放着三个透明的杯子，里面分别装了 10 克、20 克和 50 克的水。教师用汤勺向三个杯子里加糖，糖的数量依次为 2 克、3 克和 5 克。

教师：怎么才能知道哪个杯子里的糖水更甜些呢？

学生 1：让我上来喝喝就知道了。

教师：很好！这种方法最简单易行了。除了用口尝外，我们还能用什么方法知道哪个杯子里的水更甜些呢？

案例 3-5　引人入胜的故事

在讲授《皇帝的新装》一课时，一位语文教师是这样导入的。

教师说：有这样一个人，一天他戴着一顶破帽子在街上走，迎面来了个富翁，嘲笑着说："你脑袋上面那破玩意儿是什么，那也能算是帽子吗？"这个人并不因此难过、自卑，而是反唇相讥："你帽子下面那破玩意儿是什么，那也能算是脑袋吗？"这个人的回答多么巧妙、多么睿智！你知道这个人是谁吗？他就是安徒生！18 世纪末 19 世纪初，丹麦人民生活在水深火热之中，封建统治者却穷奢极欲、挥霍无度。面对这样的社会现实，安徒生是不可能沉默的，他借助自己丰富的想象力，以犀利的笔锋，对封建社会的最高统治者——皇帝极尽戏弄，让他丑态百出、丧尽尊严，并不惜笔墨地鞭挞了一群道貌岸然的大臣。现在就让我们来学一下这篇脍炙人口的童话《皇帝的新装》。①

（五）设疑导入

设疑导入是指教师在讲授新课时提出与之相关的问题，使学生心生疑问，开始

① http://acad.cersp.com/3001/807616.aspx

思考，学生对疑问解答的渴求就成为接受新知识的一种良好的心理准备状态。

案例3-6 奇妙的设疑

在学习方位“in、on、under”时，一位教师课前将几位学生的学习用品藏在了不同的地方，上课互致问候后，就问其中一位学生“Where is your book?”学生自己此时也感到奇怪，全班同学都将目光集中到了这位同学身上。接着，教师又比画着问“In your desk?”这位同学找了找，摇摇头。于是对全班同学说“Let′s help him together.”全班同学都在好奇和疑问中兴奋地四处找了起来。有位学生迅速在自己书桌里发现了书本并把它举了起来，教师立刻引导他说“Oh! It’s in my desk.”新授单词“in”在教师一步步的引导下呈现在了学生面前。

四、课堂导入的要求

(一)对象的针对性

课堂导入必须紧扣教学目标，教学目标和教学内容是进行课堂导入设计的必要依据。此外，还要针对学生的特点，使课堂导入能够有效地吸引学生的注意、开启学生的兴趣、激发学生的学习动机。

(二)内容的关联性

导入内容必须与教学内容具有高度的相关性，与教学内容无关的课堂导入既容易造成学生注意力涣散、兴趣丧失、不知所言的现象，也容易导致教师课堂教学无法进行。

(三)组织的艺术性

教学的艺术性体现在教学过程的每一个环节，课堂导入自然包含其中。课堂导入从设计到实施应是环环相扣的、风趣的、引人入胜的，这就对教师的专业技能、综合素养和教学经验提出了很高的要求。

(四)时间的限制性

课堂导入的时间不宜过长，一般以3～5分钟为宜，时间过长易影响整个课堂教学的节奏，进而可能影响教学进度和教学目标的实现。

(五)语言的直观性

课堂导入的目的在于帮助学生通过形象、直观的感官体验自然而然地靠近新知识，因此教师的语言必须是言简意赅的、直观精练的。再者，由于课堂导入的时间只占到整堂课的1/15～1/19，也不允许教师有太多的繁言赘语。

(六)方式的多样性

教学内容不同，导入的方式自然要有相应的变化。同时，若教师在一学期或更长的教学时间内只使用一种课堂导入方法，学生便会产生疲惫和厌倦，这就难以激起学生的学习兴趣和学习动机。因此，教师要根据实际需要不断地变化导入方式，不断地给学生以新鲜感。

五、课堂导入技能的训练

（一）训练目标

根据特定的教学目标，针对所教学生的特点，能够选择适切的课堂导入方法；了解课堂导入的基本过程，能够合理设计课堂导入环节和导入语。

（二）训练内容

虽然课堂导入类型众多，但每一种类型基本都上是由四个环节组成的，即引起注意、激发动机、明确目标、建立联系。这四个环节构成了一个完整的导入过程。

1. 引起注意

注意，即心理活动对一定对象的指向和集中，其生理基础是大脑皮层优势兴奋中心的形成和稳定，优势兴奋中心能保证对当前作用于脑的事物产生最清楚的反应，因此注意是深入了解事物，提高工作效率的必要条件。虽然注意不是一个心理过程，但它伴随在所有的心理过程之中①。教师在教学之初，应设法引起学生的无意注意，并将无意注意引向有意注意。一般来讲，当下列情况出现时，学生的注意会被吸引。

①生动、美观、有趣的信息。如用幻灯片呈现精美的图片，用视频、音频展示教学内容，有趣的故事、实验演示或是教师生动、直观、抑扬顿挫的语言等，都能够快速将学生的注意力集中在教学内容上。

②有针对性的、值得思考的提问。教师精心设计的提问能够将学生的注意力集中到问题上来，通过层层递进的提问，一步步地将学生带到新知识面前。

③阐述学习目标的价值与意义。对学习目标的理解越清晰、越深刻，学生学习的主动性和自觉性就越强烈。

④将认知活动与实践活动结合起来。若在课堂教学伊始，就让学生通过练习、讨论、阅读等方式动起来，那么学生就会在实践活动中产生直观体验，这种直观体验将有助于将学生的注意力集中在教学内容上。

2. 激发动机

动机是个体发动和维持某种活动的心理状态，是激励人去行动的主观原因，动机的增强建立在需要和兴趣的基础上。强烈的学习动机会激发学生对知识的渴望，有利于学生将注意力集中在教学内容上。因此，激发动机也是课堂导入中的必要一环。为了激发学生的学习动机，教师可以在以下几个方面做出努力。

①提出学习要求。明确的学习要求能够使学生清楚学习的重要性，明确学习的重点和难点，有利于学生将外在的要求转变为内在的动机。

---

① 朱贤．导入技能．佛山大学学报，1997(10)

②唤起学生的兴趣和求知欲。当学生对所要讲授的内容充满兴趣时，便会将注意力集中于此，并在内心充满了对新知识的期待。

③引发认知冲突。认知冲突是指学生遇到的现象、情境与自己以前的知识和经验不一致，这种不一致具有激励作用，会使学生产生一种强烈的“要知道”的欲望，并由此产生学习动机。

3. 明确目标

学习是一种有目的的行为。当学生的注意力集中起来，学习动机被激发出来之后，教师就要适时地讲明教学目标，使学生据此明确本堂课的学习目标和重点、难点。学生当前的学习行为是受即将达成的学习目标支配的。因此，明确学习目标是帮助学生维持学习动机，并自觉、主动地控制和调节自身学习活动的重要保证。

4. 建立联系

任何一门学科的知识结构都是具有内在逻辑性的，新旧知识之间必然存在着各种联系。新旧知识间若能建立起实质性的、非人为的联系，学生便会产生有意义学习；在课堂导入中，若在新旧知识间形成的是牵强的、人为的联系，学生便会产生机械学习。对于学生的系统学习而言，有意义学习显然比机械学习更加重要。因此在课堂导入阶段，教师就需要为学生补充或凸显某些相关知识，找到新旧知识的连接点，帮助学生自然地过渡到新知识，并搭建完整的知识结构，避免“只见树木，不见森林”的情况出现。建立新旧知识的联系一般有三种方法。

①直接推衍法。即当新知识从属于旧知识时，新知识是旧知识的派生，那么就可以从旧知识中直接推衍出新知识，用原有的知识结构同化新知识。

②归纳推理法。即原有知识结构中已存在几个观念，新知识是在原有观念基础上的进一步抽象、提升和概括，那么就需要先探究原有的具体观念，然后从中找出他们的一般的、共性的特征，以此进一步抽象、概括出新观念。

③改组同化法。即新旧知识之间是并列关系，那么就需要先对旧知识作部分改组，请出一个“先行组织者”，以此来增强新旧知识之间的关联性，从而引出新知识。

上述四个环节环环相扣，相互交融，共同构成一个完整的课堂导入过程。但具体的操作要依实际需要而定，根据不同的具体情况，四个环节可以有所侧重或取舍。

（三）案例分析

案例 3-7 《圆的认识》教学片段

教师：同学们都认识了圆。那你们能想办法画出一个圆吗？

学生画。有的用硬币、墨水瓶、钢笔帽等作为工具，也有的用圆规作为工具。

教师：好！一会儿工夫，大家就画出了一个个漂亮的圆形图案。你们是怎样画出来的呢？愿意交流一下吗？

学生交流。

教师：真不错。老师这里有这样两条线，用它也能画圆吗？

学生讨论。

教师：好！我就来试试看。（教师用一条皮筋线系上粉笔在黑板上画圆，有意让皮筋一会儿长一会儿短）

教师：同学们，不行啊！这画出来的是圆吗？

学生建议皮筋线的长度要固定。

教师：那老师换一根线。这次再试试看。（教师画时长度不变，但有意移动定点）

教师：同学们，还是不行啊！

学生讨论、建议……

教师：老师明白了，画一个圆时，至少要注意两点……

在此基础上，总结出画圆的要领，并引出圆心、半径和直径。

分析：有效的学习总是在经验的基础上进行的。教学的过程要成为不断激活学生经验、激发学生思考的过程。只有给予学生自由思考的空间，加之不断的对话、激发与引导，学生才能将被唤醒到积极状态，从而对知识不断同化、调整和重构，这样获得的知识也更为牢固。

第二节　课堂提问技能

提问是一项历史悠久的教学技能。我国古代教育家朱熹说过：“读书无疑者，须教有疑，有疑者无疑，至此方是长进。”这是说，学生在学习过程中若没有疑问提出，教师必须教会学生提出问题，一旦所有问题都解决了，变得没有疑问了，这才算是学生真的进步了。英国的哲学家培根也曾说：“疑而能问，已得知识之丰。”这说明在教学过程中，“问”非常重要。教师的“问”有助于学生的“学”，教师课堂提问的技能有助于课堂教学的实施。

一、课堂提问的内涵

课堂提问是指在一定教学情境下，教师为促进学生的学习而向学生抛出问题，期望学生积极反应并作答的一类教学行为。在新课程改革的背景下，培养学生的创新能力和促进学生全面素质的提高是教育教学工作的根本，也是课堂提问的根本目标。因此，新课程理念下有效的课堂提问是指教师在精心预设问题的基础上，通过创设良好的问题情境，在教学中生成适切的问题，引导学生主动思考并进行质疑和对话，全面实现预期教学目标，并对提问及时反思与实践的过程。

一般来讲，有效课堂提问具有三个方面的特征。

(1)关注学生

有效提问应能够使学生做出相关的、完整的答复，同时激发学生的参与意识。如果提问造成学生长时间沉默，或者学生只能做出十分简短的或不恰当的回答，那么提问就一定存在问题。

(2)关注问题

有效的问题是学生能够积极组织回答并因此积极参与学习过程的问题，这些问题可以表现为词句，也可以体现为音调的变化、重读或问题的语境。只要能引起学生的回应(如学生点头领会、与教师进行视觉交流、思维紧跟教师的讲解)或回答，就算是问题；如果这种回应或回答能让学生更积极地参与学习过程，那么这种问题就是有效的问题。

(3)关注思维

有效提问指向开放性思维，而非以特定回答或反应为预期的提问，通常以“什么”“怎么”“为什么”等词汇开始提问。而要学生回答“是不是”“对不对”的问题则不能算作有效提问①。

二、课堂提问的功能

提问是课堂教学中使用频率最高的教学手段，常态下提问频率为每分钟 1～4 个，占用课时的 80%(Husen et al.，1985)。据统计，教师每天平均提出 350 个问题(Wragg，1987)。提问运用得如此频繁与其强大的功能密不可分②。

(一)检测功能

课堂提问的检测功能是指检测学生知识掌握的情况和运用能力的情况。运用于不同情境的课堂提问，其检测功能有不同的体现。如运用于课初的针对旧知识的检测性提问，能够帮助教师了解学生对旧知识的掌握情况，并能够起到督促学生养成良好的复习习惯的作用。运用于课末的针对当堂课教学目标的检测性提问，能够帮助教师了解学生对本堂课教学内容的掌握情况，并能够起到促使学生课上尽力掌握和消化当堂课教学内容的作用。运用于单元或章节复习的检测性提问，能够督促和帮助学生系统掌握单元或章节的教学内容，养成总结复习的良好习惯。

(二)组织教学功能

课堂提问的组织教学功能是指借提问唤起学生的有意注意，把学生的注意力集中于教学内容。在课堂教学管理中，提问的这一功能比说教和训斥更为有效。比如在课初，当学生尚未从课前的情绪中切入进来时，教师的提问能够起到引发学生思考的作用，同时学生的注意力也被转移到课堂上来。再如，在课堂教学过程中，当

---

① 卢正芝，洪松舟. 教师有效课堂提问：价值取向与标准建构. 教育研究，2010(4)

② 穆风良. 课堂对话和提问策略. 教育理论与实践，2000(11)

发现个别学生出现注意力涣散或违纪行为时，教师对该生提出的结合教学内容的灵活问题，能够将其立即转入到课堂教学情境中来。

（三）导入功能

在课堂导入阶段，提问是教师经常使用的一种导入手段。对问题的巧妙设计可以起到引导学生巩固旧知识、建立起新旧知识之间的联系，以及激发学生积极思考的作用。课堂提问的导入功能可以发生在一堂课开始之初，也可以发生在课堂教学过程中间，即当从一个知识点过渡到一个新知识点的时候，适当的提问能够帮助学生搭建新旧知识的桥梁，启发学生进行思考，以形成完整的知识体系。

（四）反馈功能

课堂提问的反馈功能是指教师通过适当的提问，能够获得学生对教学内容的掌握情况，以此调整自己的教学策略。在教学进行过程中，尤其是针对课堂设计中的重点和难点的内容，课堂提问能够帮助教师及时获得反馈信息，了解学生对新知识的理解和掌握情况。回答的方式可以是个别回答，也可以是集体回答。在课堂教学结束时的提问，能够帮助教师获得学生对整个教学内容的掌握情况，这就为下一堂课的备课和教学设计提供了参考，也为教师的课下辅导提供了信息。

（五）总结功能

课堂提问的总结功能是指教师以提问的方式总结归纳整堂课的教学内容或一个阶段的教学内容。教师围绕本堂课的教学重点和难点提出相应的问题，学生围绕问题回顾本堂课的所学内容，在对问题的回答中实现了对本堂课所学知识的复习。而在进行单元章节复习时，教师围绕单元或章节的重点和知识结构设置的问题，也能够帮助学生把握本单元或章节的主要内容，并厘清各教学内容之间的逻辑关系。因此，课堂提问的总结功能充分体现了学生的主体地位，是学生在教师的引导下对知识的主动学习和探索。

（六）巩固功能

课堂提问的巩固功能是指教师通过提问引导学生重温已学内容，在强化中实现了对知识的强化和巩固。这种功能可以体现在教学过程的每一个环节，比如课初的检测性提问、课中的及时反馈提问，以及课末的检测性提问、总结性提问和单元或章节的总结性提问①。

三、课堂提问的类型

关于课堂提问的类型，不同的学者有不同的观点。根据不同的分类标准，课堂提问可以分为不同的类型。

---

① 梁志大．课堂提问的功能、原则与艺术．江西教育科研，1995(5)

(一)按照课堂提问的方式分类

1. 直问

这种提问方式是指教师根据教学内容直截了当地提出问题，让学生直接回答，目的在于检测学生对所学知识的掌握情况。例如，“《泊船瓜洲》表达了作者怎样的情感?”

2. 曲问

提问的问题与教学内容有关，但又不能直接从教学材料中找到现成的答案，需要学生经过一番思考才能回答，即与教学材料看似无关，实则密切相关的问题。例如，一名语文教师教《清平乐·村居》一课，在讲到“最喜小儿无赖”一句时，为了让学生深刻理解“无赖”一词的含义，教师没有直接问“无赖”这个词是什么意思，而是问学生：“小儿子是个‘无赖’，怎么还会讨人喜欢呢?”这样迂回的提问能够增加学生的思维含量，且新颖有趣，富有启发性。经过讨论，学生便理解了在这里“无赖”不是指“游手好闲，品德不好”，而是“顽皮”的意思。

3. 反问

与正面提问相比，反问就是“反其道而行之”。即教师从问题的反面提出假设性的问题，激发学生进行逆向思维，通过引导学生对问题的正反面进行思考，帮助学生更加深刻、透彻地理解知识。一般来说，当提出的问题得不到学生的正面回答时，教师可以针对错误观念进行反问，使学生在思考问题的程中，逐渐瓦解错误观念，并得出正确的结论。例如，在教《麻雀》一课时，教师要引导学生分析句子“它不能安然地站在高高的没有危险的树枝上”。教师可以提问：“老麻雀是站在高高的、没有危险的树上。既然是没有危险，又为什么不能安然地站在树上?”教师这样的提问，有助于学生反向思考，搞清楚问题的来龙去脉。

4. 环问

环问是指教师提出环环相扣的一系列问题，后一问题的回答必须建立在回答前一问题的基础上，通过这样的问题设置，引导学生一步步走向真知。例如，有位教师在教《窃读记》时提出了三个问题：“书在书店里应有尽有，何必要窃读?”“文中的‘窃’字是偷盗的意思吗?”“畅游书海是件幸福快乐的事，为什么会夹杂着紧张与不安?”这三个问题一个比一个难，层层递进，通过这一系列的提问，教师就可以引导学生逐步理解课文的主题、体会主人公的心理活动。

(二)按照课堂提问的时机分类

1. 记忆性提问

这一类提问主要是为了了解学生对识记性知识的掌握情况，对于这类问题的回答一般不需要学生做太多深入的思考。例如，“四则混合运算的顺序是什么?”

2. 了解性提问

这一类提问主要用来培养学生对知识的感知和理解能力，也可用来了解学生对当前知识的掌握情况，以此作为开展下一内容讲授的依据。例如，“‘赞扬’和‘赞叹’这两个词都有‘称赞’的意思，它们有什么区别?”

3. 理解性提问

为了培养学生利用已学知识理解新问题的能力，教师可以使用理解性提问。例如，在讲《圆明园的毁灭》一课时，教师提问：“文章的题目是‘圆明园的毁灭’，作者却极力介绍圆明园的辉煌，是不是跑题了?”

4. 运用性提问

这一类提问是为了培养学生利用所学知识解决实际问题的能力，包括对新知识的理解和对新问题的解决。例如，在教《走遍天下书为侣》一课时，教师提问：“课文的第五段连用了三个反问句，有什么表达效果?”这便是运用性提问。

5. 评析性提问

这一类提问是指教师要求学生对相关内容进行欣赏、鉴别和评价。例如，在语文课的教学中，教师可以就某篇文章的写作方法或某一词句的用法对学生提出评析性的问题，引导学生深入思考。

(三)按照认知发展的水平分类

布鲁姆(B. S. Bloom)按知识掌握水平由低到高的发展程度将不同水平的知识分为六大类：识记、理解、应用、分析、综合、评价。根据认知发展的这六个水平，可以将提问分为如下六类。

1. 识记水平的提问

这类提问主要考查学生对已学过的知识是否达到了有效保持，表现为提问学生能否记忆具体的事实、过程、方法、理论等，它只能考查学生对知识掌握的最低水平。通常的提问形式为说出、写出、复述、举例说明等。

在课堂提问中，这类提问的比重不能过大，因为纯知识性的机械重复不能激发学生的思考，易束缚学生的发展。同样，这类提问也不应绝不涉及，因为理清基本事实是进一步学习的基础。因此，具体如何确定这类问题的比重，应视实际情况而定。一般情况下，对于低年级的学生，这类提问可以稍多一些，随着年级的升高，应加入更多较高水平的提问。

2. 理解水平的提问

这类提问已经超越了记忆，主要考查学生是否掌握了所学知识的意义，主要表现为提问学生能否概述和说明所学知识，能否用自己的语言表达已学知识，能否估计预期的后果等。这类提问所考查的依旧是学生较低水平的理解。通常的提问形式为概述、解析比较、转换、区别、推断、分类等。

理解水平的提问能够引导学生弄清含义并自主组织知识，比上一水平的提问高了一个层次。如果说识记水平的提问考查的是学生对知识的再现能力，那么理解水平的提问则考查学生对所学知识意义的理解。

3. 应用水平的提问

这类提问主要考查学生能否将所学知识运用于实际或新的情境，主要表现为考查学生能否应用概念、方法、规则、原理等。从认知发展水平来看，这类提问已经属于对知识较高水平的理解。通常的提问形式为计算、示范、解答、修改等。

应用水平的提问能训练学生运用所学知识解决问题的能力，因而有利于鼓励学生参与实践，在实践中加深对知识的理解，并提高理论联系实际的能力。

4. 分析水平的提问

这类提问考查学生的两个方面：一是对知识内容的理解，二是对知识结构的理解。前者承接应用水平的提问，后者连接综合水平的提问。因此，这类提问已经涉及更高水平的思维。通常的提问形式为证明、分析、找原因、做结论等。

分析水平的提问要求学生能够在理解了几个知识内容的基础上，分析出知识之间的关系，即既要看局部，又要看整体。素质教育倡导发展学生的批判性思维，这要求教师要适度加大这类提问的比重，尤其对于高年级的学生更应如此。

5. 综合水平的提问

这类提问主要考查学生能否将所学知识整合为一个新的整体，即形成新的知识结构。这实质上是在考查学生的创造力，主要表现为考查学生能否制订出一项可操作性的计划，能否概括出一些抽象的关系，能否表达出自己的新见解等。通常的提问形式为计划、归纳、设计、创造、组织等。

由于综合水平的提问主要考查学生的综合能力和创造力，教师在设计这类问题时就必须深入研究整个教材体系，进行有创意的思考。

6. 评价水平的提问

这类提问主要考查学生对所学知识的鉴别和评定的能力，如所学知识的逻辑性、意义性等。这种评价其实是一种价值判断，它体现的是学生对所学知识的最高水平的掌握情况。通常的提问形式为评价、论证、判断、说出价值等。

评价水平的提问能够促使学生的价值判断能力、质疑能力、创造能力和提出自己观点的能力得以提高，这对于学生形成一定的思想和观念是极为重要的①。

美国一位教师在讲解灰姑娘的故事时，所涉及的问题涵盖了上述六种水平的提问。

案例 3-8 提问的层次

(1)识记层次

上课铃响了，孩子们跑进教室，这节课教师讲的是《灰姑娘》的故事。

---

① 邱家军. 课堂提问的类型与技巧. 山东教育科研，2002(6)

教师："谁可以上台来讲一讲这个故事？"

一个孩子上台讲完故事后，老师对他表示了感谢，然后开始向全班提问。

(2)理解层次

教师："你们喜欢故事里面的哪一个人物？不喜欢哪一个人物？为什么？"

学生："喜欢辛黛瑞拉(灰姑娘)，还有王子，不喜欢她的后妈和他后妈带来的姐姐。辛黛瑞拉善良、可爱、漂亮。后妈和姐姐对辛黛瑞拉不好。"

(3)应用层次

教师："如果在午夜12点的时候，辛黛瑞拉没有来得及跳上她的南瓜马车，你们想一想，可能会出现什么情况？"

学生："辛黛瑞拉会变成原来脏脏的样子，穿着破旧的衣服。哎呀，那就惨啦。"

教师："所以，你们一定要做一个守时的人，不然就可能给自己带来麻烦。另外，你们看，你们每个人平时都打扮得漂漂亮亮的，千万不要突然邋里邋遢地出现在别人面前，不然你们的朋友要吓着了。女孩子们，你们更要注意，将来你们长大和男孩子约会，要是你不注意，被你的男朋友看到你很难堪的样子，他们可能就吓昏了。"(教师做昏倒状，全班大笑)

(4)分析、综合层次

教师："好，下一个问题：如果你是辛黛瑞拉的后妈，你会不会阻止辛黛瑞拉去参加王子的舞会？你们一定要诚实哟！"

学生：(过了一会儿，有孩子举手回答)"是的，如果我是辛黛瑞拉的后妈，我也会阻止她去参加王子的舞会。"

教师："为什么？"

学生："因为，因为我爱自己的女儿，我希望自己的女儿当上王后。"

教师："是的。所以，我们看到的后妈好像是不好的人，她们只是对别人不够好，可是他们对自己的孩子却很好，你们明白了吗？她们不是坏人，只是她们还不能够像爱自己的孩子一样去爱其他的孩子。""孩子们，下一个问题：辛黛瑞拉的后妈不让她去参加王子的舞会，甚至把门锁起来，她为什么能够去，而且成为舞会上最美丽的姑娘呢？"

学生："因为有仙女帮助她，给她漂亮的衣服，还把南瓜变成马车，把狗和老鼠变成仆人。"

教师："对，你们说得很好！想一想，如果辛黛瑞拉没有得到仙女的帮助，她是不可能去参加舞会的，是不是？"

学生："是的！"

教师："如果狗、老鼠都不愿意帮助她，她可能在最后的时刻成功地跑回家吗？"

学生："不会，那样她就可以成功地吓到王子了。"（全班再次大笑）

教师："虽然辛黛瑞拉有仙女的帮助，但是，光有仙女的帮助还不够。所以，孩子们，无论走到哪里，我们都是需要朋友的。我们的朋友不一定是仙女，但是，我们需要他们，我也希望你们有很多很多的朋友。""下面，请你们想一想，如果辛黛瑞拉因为后妈不愿意她参加舞会就放弃了机会，她可能成为王子的新娘吗？"

学生："不会！那样的话，她就不会到舞会上，不会被王子遇到、认识和爱上了。"

教师："对极了！如果辛黛瑞拉不想参加舞会，就是她的后妈没有阻止，甚至支持她去，也是没有用的，是谁决定她要去参加王子的舞会的？"

学生："她自己。"

教师："所以，孩子们，就是辛黛瑞拉没有妈妈爱她，她的后妈不爱她，这也不能够让她不爱自己。就是因为她爱自己，她才可能去寻找自己希望得到的东西。如果你们当中有人觉得没有人爱，或者像黛瑞拉一样有一个不爱她的后妈，你们要怎么样？"

学生："要爱自己！"

教师："对，没有一个人可以阻止你爱自己，如果你觉得别人不够爱你，你要加倍地爱自己；如果别人没有给你机会，你应该加倍地给自己机会；如果你们真的爱自己，就会为自己找到自己需要的东西，没有人可以阻止辛黛瑞拉参加王子的舞会，没有人可以阻止辛黛瑞拉当上王后，除了她自己。对不对？"

学生："是的！"

(5)评价层次

教师："最后一个问题：这个故事有什么不合理的地方？"

学生：（过了好一会儿）"午夜12点以后所有的东西都要变回原样，可是，辛黛瑞拉的水晶鞋没有变回去。"

教师："天哪，你们太棒了！你们看，就是伟大的作家也有出错的时候。所以，出错不是什么可怕的事情。我担保，如果你们当中谁将来要当作家，一定比这个作家更棒！你们相信吗？"

孩子们欢呼雀跃。[①]

这位教师按照布鲁姆的认知水平分类法进行问题的设计，六个层次的问题都有所涉及，切层层递进、环环相扣，学生在思考问题的过程中，获得了各个层面认知的发展，不但了解了教学内容规定的知识点，更获得了很多教学内容以外的知识，这对于学生的全面发展至关重要。

---

① http：//wenku. baidu. com/view/7e08bc1bfc4ffe473368ab62. html

(四)按照提问的内部结构分类

1. 独立式提问

这类的提问其实就是一个问句，没有前言后语，例如“你们看，作者是以什么样的心情迎接春天的?”“为什么说总理永远活在我们的心里呢?”独立式提问常见的语言标记是“怎么样”“为什么”“哪儿”“什么”“什么时候”“吗”“呢”“是……还是……”“是不是”等。

这类提问的内容一般比较简单，大多是常规性提问，在课堂上的使用量很大。

2. 铺垫式提问

如果仅凭一个问句难以完整地表达问题的全部内容时，就需要在提问之前做一些铺垫，这样的提问类型就叫作铺垫式提问。这也是教师常用的提问方法。例如：

“我们讨论了这篇小说的情节特点，它淡化情节，不追求曲折的故事情节，只是抓取个别的生活片段、场景来展开故事。那么这样写是不是不容易表现人物形象?我们读了小说以后，仍感到人物形象很丰满，其中又有什么奥秘?”

有经验的教师常常会有意识地使用这类提问，先把问题所出现的环境或特定的语境交代清楚，使提问的指向更加明确。

3. 解释式提问

这类提问往往是先提出问句后再说明和问题有关的情况，或注释说明这个问题的答域。例如，一位教师在教《松鼠》一课时提出以下问题：

“通过阅读课文，你认为松鼠是一种怎样的小动物？可以从松树的外形、性格、行为和习性等方面来描述。”

这类提问的内容一般比较难，所以需要教师加以解释和提示。很多教师并不直接采用这种提问，而是将其变形，即将较难的问题分解，先从一些具体的问题问起，然后再进行总结。这两种方法各有千秋。如果直接问出较难的问题，较容易激起学生探究的欲望，学生在探究的过程中锻炼了综合思考的能力，但提出这样的问题之后往往需要教师进行说明或提示。而如果将较难的问题化作几个较容易的问题，教学过程会因此变得轻松愉快，但学生的思维程度则会有所降低。

4. 总分式提问

这是一组提问，即教师先提出一个总问题，接着再提出这个问题之下的分问题。例如，在教《落花生》一课时，教师提出了下面的问题：

“这篇课文的中心思想是什么？是如何体现的？父亲是怎样突出花生的可贵之处的？

这一组问题中，第一个问题是总问题，后面的问题是分问题，分问题都是围绕着总问题展开的。在教学中使用总分式提问有利于把握教学的方向，不管采用哪种教学方法，教学实施始终是围绕着教学目标进行的。在实际运用中，教师可以先把问题呈现在黑板上，一个一个地解决；也可以先提出总问题，暂时先搁置起来，然后从分问题入手，一个一个地在教学中提出，最后再回过头来回答总问题。总之，总问题和分问题不可一股脑地提出，让学生一股脑地讨论，因为这样会造成学生思维的混乱，搞不清问题与问题之间的关系。

5. 连锁式提问

这是一组提问，教师在事先设计中往往先预测学生会有什么回答，再根据学生的回答继续提问，有追问的性质。有的教师比较机智，可以临时提出一组连锁式提问，那样的课堂气氛会非常活跃。例如，有一位教师在教“圆”这个概念时设计了连锁式提问：

教师：车轮是什么形状？

学生：圆形。

教师：为什么车轮要做成圆形呢？难道不能做成别的形状吗？比如说，做成三角形、四边形？

学生：不能！

教师：那就做成椭圆形，怎么样？

学生：这样一来，车子前进时就会忽高忽低。

教师：为什么做成圆形就不会忽高忽低呢？

在使用连锁式提问时，教师的语速不能过快，否则会使学生因时间仓促而没有足够的思考时间，这就难以实现提问的预期目的了。

6. 并列式提问

这是一组提问，问题之间是并列关系，常常用在新课导入或课堂讨论的开始或结课时。这些问题可以集中提出，也可以在教学过程中一个一个提出。集中提出的好处在于可以给学生一个整体的观念，但会加大学生的记忆负担，因此需要借助黑板或多媒体呈现；而在教学中一个一个地提出问题显得较为具体，便于学生记忆，但缺乏整体感。虽然并列式提问的问题之间没有因果关系、递进关系等，但由于问题都是围绕着同一主题，并不会让人觉得散乱。例如，一位教师在教《落花生》时提出以下问题：

课文围绕“落花生”写了哪些内容？哪些部分是详写？哪些部分是略写？

7. 推进式提问

这也是一组提问，问题之间是层层递进的关系，难度也逐渐加深。例如，有位教师在教《七律·长征》一课时，就进行了推进式提问：“文中用到了几种修辞手法？”“分别是什么？”“每一修辞手法的作用是什么？”这三个问题是递进的关系，前一个问题是后一个问题的基础。

四、课堂提问的步骤

课堂提问的一般步骤主要包括四个方面：导入性提问、核心性提问、补充性提问、对提问的评价。

(一)导入性提问

教师以教学中的某一教学内容作为导线，通过教师的提问和学生的回答，全体学生对教学内容逐步理解，从而知晓课堂教学中的新知识。

(二)核心性提问

核心性问题从教学目标出发，主要针对教学重点和难点。教师提出核心性问题引导学生积极思考，帮助学生把握教学内容中的核心部分，从而保证了教学目标的实现。

(三)补充性提问

经过导入性提问和核心性提问后，学生已经基本掌握了学习的总体内容和核心内容，这时教师要全面考虑是否还有遗漏的知识点，如相似概念的辨别与分析、前后知识之间的逻辑关系等，这需要教师进行补充性提问，帮助学生查漏补缺，完善知识结构。

(四)对提问的评价

课堂提问的最后一个步骤是对提问的评价，也就是教师要对前面的提问以及学生对提问的回答情况进行总结、评价。这样，一方面可以进一步帮助学生明晰学习的目的、应掌握的程度、自己尚存的欠缺并加深对知识的印象；另一方面也有利于教师进行内省，明确提问设置中存在的问题，以便在今后的课堂教学中改进①。

五、课堂提问的要求

(一)提问要有目的性

提问的设计必须始终遵循教学目标的指引，内容应紧紧围绕教学重点和难点，在保证这一前提的基础上，再选择适合的提问类型。偏离教学目标的提问是没有实质意义的。

(二)提问要有科学性

教师的提问必须准确、清楚，符合学生的认知特点，适应学生现有的知识水平，问题的答案也应是确切的、在预料之中的，切忌提出含糊不清、模棱两可的问题。例如，“观察这两列数列，发现了什么特征?”这个问题所指不清，学生在理解这个问题时会陷入歧义，无所适从。

(三)提问要有启发性

课堂教学中教师的主导作用主要体现为教师对学生的引导和启发，因此，课堂提问必须具有启发性，即要指导学生产生质疑、解疑的思考过程。问题提出后，要给学生留有一定的思考时间，调动全体学生积极思考；而对于学生的回答，教师要

---

① 徐继超. 提问技能. 佛山大学学报，1997(10)

做出明确的反映，鼓励他们质疑问难，做深层次思考，激发学生的思维发展。

(四)提问要有适度性

问题的难度要适宜，浅显的随意提问(比如“对不对”之类的提问)难以引起学生的兴趣，他们的随声附和并不能反映思维的程度。而难度过大的提问会使学生产生力所不及、高不可攀、难以胜任的无助感，积极性会受到挫伤，因而这样的提问也不是高效的。因此，课堂提问一定要深浅适度、难度适宜。

(五)提问要有灵活性

一般来讲，对提问的设计是课前教学设计的一部分，这是为了保证提问的系统性、逻辑性和目的性。然而，实际上课的情景未必都能按照教师预想的进行，总会或多或少地出现一些新的情况，这就需要教师能够运用教学智慧，根据当场的实际情况，灵活地设计一些提问，既要保证提问紧扣教学目标，又要与当时的情境相契合，不让学生产生生硬感。

(六)提问要有全面性

教师的提问应该面向全体学生，调动全体学生积极的思维活动。有的教师先点名后提问，被点名者如临大敌，全面应答，而其他学生则侥幸旁观，认为提问与己无关，这样的提问只是面对个别学生，而大部分学生则被边缘化了，这是教师在课堂提问中常见的一个误区。为了避免陷入这一误区，教师应在提问后，留给全体学生一定的思考时间，然后再叫某一学生具体回答。这样一来，虽然最后只有个别学生进行回答，但全体学生都已对问题进行了思考，并且在倾听作答学生的答案时，也会主动进行评价和调整自己的观念①。

六、课堂提问技能的训练

(一)训练目标

能够根据教学目标和学生的实际情况选择适当的课堂提问方式，了解课堂提问的六大要素，并能据此合理地设计提问。

(二)训练内容

无论是哪一种提问类型，一个完整的课堂提问过程必须具备六项基本的要素。这六项要素是：核心问题、问题链、提问措辞、停顿和节奏、合理分配、探寻反馈。

1. 核心问题

核心问题是教学过程中要解决的主要问题，要紧扣教学目标，每一个教学目标都应成设置一个核心问题。具体包括三个步骤。

(1)确定教学目标的认知层次

这一步骤就是将教学目标细化为若干教学内容，并按照布鲁姆的认知发展水平

① 张爱军．课堂提问技能初探．苏州教育学院学报，2004(12)

将每一个教学内容归类。

以小学科学《节约用水》一课为例，该节课的教学目标是：

①知道水在日常生活和工农业生产中的用处；了解我国是一个淡水资源匮乏的国家，北京是一个严重缺水的城市，缺水对人们的日常生活、工农业生产影响巨大；了解水污染的危害。

②知道一些节约用水的生活常识，并在生活中积极利用。

以上教学目标可以细化为三个方面的教学内容："知道水在日常生活和工农业生产中的用处"为第一个内容；"了解我国是一个淡水资源匮乏的国家，北京是一个严重缺水的城市，缺水对人们的日常生活、工农业生产影响巨大，了解水污染的危害"为第二个内容；"知道一些节约用水的生活常识，并在生活中积极利用"为第三个内容。其中，第一个内容属识记层次，第二个内容属理解层次，第三个内容属识记层次和应用层次的结合。

(2)分析教学内容

在这一步骤中，教师要将教学目标中所包含的教学内容具体化，即根据上一步骤分析的教学目标认知层次和学生的实际情况组织和确定将要成为教学内容的具体素材。这些素材可以是教材上的资料，也可以是教材以外的教学资源。

在分析教学内容时，可以采用逆向设计过程法。即首先，确定学生的预期发展目标，这实际上就是将每个认知层次的教学内容具体化；其次，根据教学内容选择并确定可以参与学生学习的教学材料；最后，加工教学材料，设计教学内容。在这一过程中，要考虑到学生学习的困难是什么、需要以什么样的问题引导学生等问题。

(3)确定教学活动的核心问题

教学目标是学生要达到的最低要求，不同学生的发展水平和特点各异，要达到统一的教学目标需要设置具体的教学活动；同时，每一个教学目标都是通过若干教学活动实现的。因此，对教学活动的设计以及对每一个教学活动的目标确定就需要教师进行深入思考，"我进行这一教学活动的目的是什么?""要解决什么问题?"这便是教学活动的核心问题。

2. 问题链

问题链是指与核心问题密切相关的、围绕核心问题设置的一系列问题。问题链能够使所有的问题成为一个系统，从不同的认知层次引导学生进行思维，逐步达成对核心问题的共识。设置问题链通常有两种方式：

①对于"怎么做"的问题，可以先分析核心问题，根据解决问题的方法，针对方法实施中的具体障碍设置相应的问题；

②对于"是什么"和"为什么"的问题，可以将核心问题设为上位问题，再据此设置若干的下位问题。

3. 提问措辞

提问措辞是指教师在提问过程中的言语应用，包括引导语、提问用词和具体问题的表述。

4. 停顿和节奏

教师提出问题后，应该等待一段时间，即有一个停顿。停顿包括两个方面：

①教师提出问题后，应等待一段时间再要求学生回答；②学生回答完问题后，教师不应立即评论、重复问题或给予启发性问题，而应等待一段时间，给学生一个思考的机会。

停顿时间的长短与问题的难易程度相关，但总的来说不宜过长。

在研究中学者发现，当教师把提问后的停顿时间延长至三至七秒时，学生回答“不知道”的次数明显减少，回答的内容也丰富了，同时学生的参与程度也提高了，课堂纪律也得到了明显的改善。因此，提问后的停顿非常必要，教师不要急于给予反馈。

确定提问的节奏时应考虑两个方面的情况。

①提问的类型，对于高认知层次的问题，提问时相对慢一些；对于低认知层次的问题，提问时可以相对快一些。

②学生的年龄层次，总的来说，年龄层次越低，提问的节奏应越慢。

5. 合理分配

合理分配是指要让班级中所有的学生都参与到回答问题的活动中来。在中小学的课堂教学中，很多教师都会不知不觉地倾向于让积极、主动、爱回答问题、成绩较好的学生回答问题，这其实就没有给予所有学生同等的机会。教师在进行合理分配时，要着重注意两点。

(1)恰当选择回答问题的学生

教师可以着重选择两类学生进行回答：成绩较好者和成绩较差者。前者的回答可以让教师了解到这类学生对知识的理解情况，后者的回答有利于帮助教师判断是否所有的学生都准备好了下一步的学习。这并不意味着处于中间位置的学生就是提问的盲区，教师应建立一种课堂规范，向学生传递一种人人都有回答问题的机会、每人的回答都很重要的观念，从而让学生明确提问的对象是全体学生，每个人都要对问题进行积极的思考。

(2)有意变换教师的位置

为了让所有的学生都参与到问题中来，教师要有意地在课堂里走动，每隔几分钟就要站在一个不同的位置上，这能够让所有的学生都处在教师的注意范围内，而教师走近正在发言的学生或积极性不高的学生，也能够使这些学生感受到教师的关注，激发学生回答问题的积极性。

6. 探寻反馈

学生的回答有时不够全面，甚至有错误，这时教师要通过探寻反馈帮助学生理清思路，引导学生正确、深入地思考。在学生讨论问题时，教师也要适时地介入，这样能够及时了解学生的讨论情况，进行必要的引导和纠正。

探寻反馈不仅可以帮助学生形成正确的答案，还是一个师生交流的好机会，因而是课堂提问中的一个重要环节①。

（三）案例分析

案例 3-9　美国一节科学课的课堂提问

教师：关于振动，我们现在知道些什么？

（学生 A 举手）

学生 A：如果要发出声音，某个东西就必须振动。

教师：你认为“振动”是什么意思？

学生 A：是移动。

教师：是什么样的移动？

学生 A：制造噪声的东西移动。

教师：好，“振动”意味着“移动”。

（学生 B 举手）

学生 B：A 说，如果要发出声音，某个东西就必须振动。不是所有的东西都必须振动才会发出声音。

教师：不是所有的东西都必须振动才会发出声音？

学生 B：是。

教师：能举例说明发出声音的东西不振动吗？

（学生 C 举手）

学生 C：当你跺脚的时候，你的脚就会产生振动。

教师：你之所以不同意 B 的观点，因为你认为振动是可以感觉到的。

学生 C：振动是能感觉到的东西，但你就是说不出哪里振动。

教师：关于振动你们想要知道些什么？

学生 S1：是什么产生了声音？

学生 S2：是什么使东西振动？

学生 S3：为什么一些摩擦物会发出吱吱的声音？

学生 S4：回声定位的距离是多远？

学生 S5：声音是怎样传播的？

学生 S6：是不是还有人类未发现的声音？

学生 S7：第一个发现声音的人是谁？

---

① http：//wenku. baidu. com/view/13844832a32d7375a41780af. html

分析：这是一个美国科学课的教学片段。在这节科学课上，从提问主体的角度来看，课堂提问既有教师的提问，又有学生的提问，教师和学生是课堂提问的双主体。教师的提问既有面向所有学生的，也有指向单个学生的。教师的提问主要从学生的“学”出发。从提问类型来看，首先，教师提出了两个开放性的问题“关于振动，我们现在知道些什么？”和“关于振动你们想知道些什么？”前一个问题是在激发学生搜集已有的相关知识经验，后一个问题是在激发学生学习新知的兴趣。这些问题也有助于教师了解学生的兴趣点。其次，教师提出了理解性的问题，如“是什么样的移动？”“你认为振动是什么意思？”而“不是所有的东西都必须振动才会发出声音吗？”这一反问实际上是教师对学生观点的质疑，接着教师继续追问“你能举例说明发出声音的东西不振动吗？”这个问题是要求学生举例证明自己的观点，属于应用性问题，能够引导学生进一步探究问题，提升了认知的层次。总之，教师的每个提问既起到了引导学生回答问题的作用，又起到了激发学生提出更多问题的作用，体现了对学生发散思维的培养，有利于激发学生的好奇心和探索新知的欲望。①

第三节 板书设计技能

板书是教师运用黑板，以凝练的文字语言和图表等传递教学信息的教学行为方式。板书是教师备课的产物，它体现了主要的教学内容，具有传递信息的功能，同时板书还显示了教师教学的基本思路，因而能够帮助学生理清知识之间的内在逻辑关系。除此之外，精心设计的板书还可以训练和发展学生的思维能力，并能给学生以美的享受。因此，提高教师的板书设计技能，对有效地组织课堂教学具有重要意义。

一、板书的类型

（一）提纲式板书

提纲式板书是指运用简洁的重点词句，分层次地列出教学内容提要或知识结构。这类板书条理清晰、层次分明，便于学生对教学内容整体结构的理解和记忆，也能够突出教学的重点。如案例 3-10。

① 阮彩霞．中美课堂提问的比较研究——从两个课堂教学案例引发的思考．江西教育科研，2007(6)

案例 3-10 精简的板书

落花生

1. 种花生：买种、翻地、播种、浇水
2. 收花生：几个月后居然收获了
3. 尝花生：做成好几样食品
4. 议花生：

好处——味美、榨油、便宜

可贵之处——埋在地里、默默无闻；不好看，却很实用

（二）词语式板书

词语式板书是指通过摘录、排列教学内容中几个含有内在联系的关键性词语，将教学的主要内容、结构集中展现出来。它具有简明扼要、富有启发性的特点，能够引起学生连贯性的思考和对教学内容的整体把握与理解，有利于学生思维能力的培养。如案例 3-11。

案例 3-11 一串珍珠般的板书

珍珠鸟

我“尊重”珍珠鸟——相识→熟悉→亲近→相依→喜爱、信赖

（三）表格式板书

表格式板书是将教学内容的要点与彼此间的联系以表格的形式呈现的一种板书。它是根据教学内容可以明显分项的特点来设计表格，由教师提出相应的问题，让学生思考后提炼出简要的词语填入表格，也可由教师边讲解边把关键词语填入表格，或者先把内容有目的地按一定位置书写，归纳、总结时再形成表格。这类板书能够将教学内容梳理成简明的框架结构，增强知识的整体感和连贯性，可以加强学生对事物特征及其本质的认识。如案例 3-12。

案例 3-12 一目了然的表格设计

松 鼠

描写角度	特点	文中描写焦点	朗读要点
外形	漂亮可爱	松鼠的面容、眼睛、身体、四肢、尾巴、吃食、姿势等。	语调轻快，表达对松鼠的喜爱之情。
性格	轻灵驯良	松鼠的活动范围、活动时间。	加快语速，表现出松鼠的活泼好动。
行为	乖巧机敏	松鼠的行动、搭窝。	乖巧—语速慢 机敏—语速快
生活习性	爱干净	松鼠的繁殖、换毛。	语速平缓

（四）线索式板书

线索式板书是围绕某一教学主线（如时间、地点等），运用线条和箭头等符号，把教学内容的结构、脉络清晰地展现出来的板书。这种板书指导性强，能把复杂的过程化繁为简，有助于学生了解教学内容的结构，便于理解、记忆和回忆。如案例3-13。

案例3-13　脉络清晰的设计

窃读记

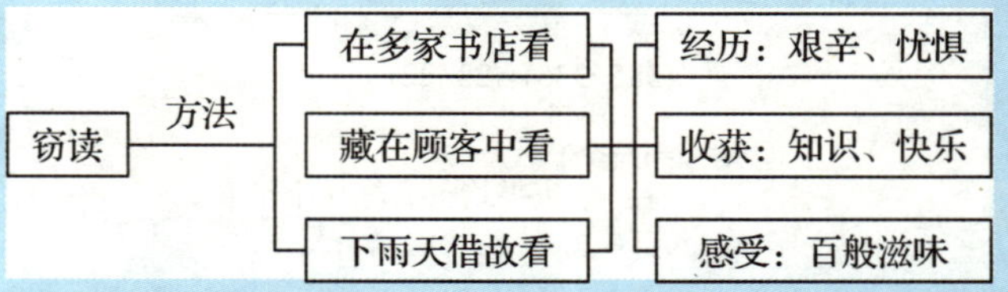

（五）图示式板书

图示式板书是教师运用包含一定意义的线条、箭头、符号和文字等组成的图形来组织教学内容的一种板书。这种板书能够将教学内容直观、形象地展示在学生面前，便于学生发现事物之间的联系，有助于学生逻辑能力的培养。如案例3-14。

案例3-14　精美的图画

"精彩极了"和"糟糕透了"

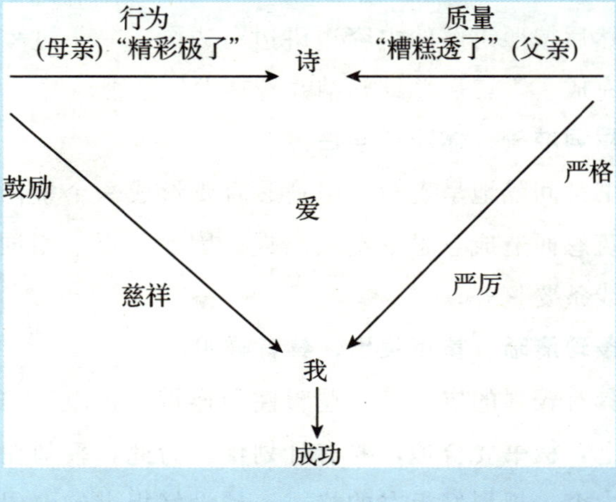

（六）总—分式板书

总—分式板书适用于先总体叙述、后分述，先讲整体结构、后讲细微内容的教学内容。这种板书条理清楚，从属关系分明，有助于学生对教学内容整体结构的认知和掌握。如案例 3-15。

案例 3-15 关系分明的板书设计

求平均数应用题

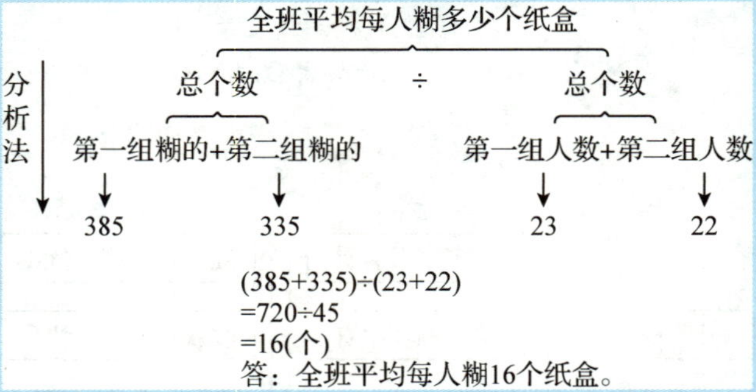

二、板书设计的基本要求

(一)过程上：板书与语言讲解相结合

板书与语言讲解相结合才能较好地传递教学信息，二者结合的形式有先写后讲、先讲后写、边讲边写，在实际教学中，这几种形式往往结合使用。

先写后讲是指先利用板书让学生对某一事物有一个基本的了解，然后再逐步细致讲解。

先讲后写是指教师先讲解新知识，之后再利用板书帮助学生回忆所学知识要点。

边讲边写适用于图示、板图等形式的板书，它是指教师事先在黑板上确定好书写、绘图的位置，然后按照讲解的内容边讲边写边画，一个过程或某种结构讲解完了，整个板书也就完成了，最后总结归纳并检查学生是否理解。

(二)内容上：用词准确，体现科学性

在教学中，板书是间隔地呈现的，但是最后要形成一个整体。板书要易懂，引人深思，不能由于疏忽而造成意思混乱或错误。因此，板书用词要恰当，语句要准确，图表要规范，线条要整齐。

(三)层次上：条理清晰、重点突出，具有鲜明性

学科教学内容具有较强的层次性、逻辑性和连贯性，教师的板书设计必须体现这一特点。在布局上，板书要合理，要有计划性。为此，教师在课前应根据教学要求，确定好板书的内容，规划好板书的格式，预设好板书的位置，在教学过程中才能有条不紊地按计划进行，准确而灵活地加以运用。一般来说，板书可分为系统板书和辅助板书。系统板书书写教学内容的提纲，帮助学生掌握每堂课的主要内容，或使用黑板的中间部分，或从黑板的左边开始书写；黑板的右边或两边作为辅助板

书或画图板。

(四)方式上：书写规范、准确，具有示范性

板书要工整，因为教师的板书除了具有传授知识的功能外，还能够引导学生养成良好的书写习惯。因此，板书的书写必须要规范、准确，要遵循汉字的书写规律，不写自造简化字。字的大小不要过大或过小，应以后排学生能看清为宜。

(五)形式上：表现方式多样，具有趣味性

好的板书设计能够给学生留下鲜明而深刻的印象，成为学生理解、回忆知识的线索。因此在课堂教学中，教师应根据具体的教学内容和学生的思维特点，采取各种方式灵活设计板书，增强课堂教学的趣味性。

三、板书设计技能的训练

(一)训练目标

能够正确、规范、美观地书写文字；能够简洁、美观地进行板书绘图；能够运用六种类型的板书开展教学，将板书与教学相融合。

(二)训练内容

1. 文字书写

文字书写的关键是练好粉笔字。在文字书写中常见的问题有字迹潦草、下笔过轻或过重、字体大小不均等。针对这些问题，应重点在三个方面加强训练：①正确执笔；②规范书写，重点是注意字的间架结构、字体端正、大小均匀等；③美观地书写。

2. 板书绘图

这一方面训练的内容主要包括：

①图示要大小适中，形象而直观，并与教学内容相契合；

②能够用不同颜色的粉笔绘图，帮助学生理解重点和难点，并增强绘图的美感；

③对于中小学的学生，可以将简笔画与板书相融合，增强学生学习的兴趣。

3. 板书形式

板书形式方面的主要训练内容有：

①能利用不同的板书类型为同一教学内容设计板书；

②板书结构要合理、布局美观、层次分明，充分发挥系统板书与辅助板书的作用。

4. 讲写结合

能够将板书与讲解有机地结合，这就要考虑到板书书写的速度、内容设计、板书与讲解的时机安排等。要做到这一点，就要“讲写结合”地反复练习，如可采用“五分钟带板书口语训练”的方式，要求学生在五分钟内完成所要讲授的内容，并书写板书，最后从板书、讲解、普通话、教态、时间等几个方面分别进行评价。

（三）案例分析

案例 3-16 《自相矛盾》板书设计

矛：锐利	盾：坚固
不论……都……	不论……都……
戳得穿	戳不穿

↘ ↙

自相矛盾

分析：该板书采用对比的形式，抓住了那个卖矛又卖盾的人前后所说的内容相悖的话，简明扼要地呈现了其中的关键词句，最后自然而言而又精确地得出自相矛盾的含义，并概括出卖矛和盾之人的荒谬、可笑之处。整个板书设计精妙，简洁又让人一目了然。

第四节 语言运用技能

语言是信息的重要载体，是传递社会文化的主要媒介。在课堂教学活动中，语言是教师与学生互动的主要手段，良好的语言运用技能可以使教学效果锦上添花，而若教师的语言运用能力不佳则会降低教学效率和学生学习的积极性。因此，语言运用能力对课堂教学意义非凡，而良好的语言修养则是对每一位教师基本的和持续的要求。

一、课堂语言的内涵

课堂语言是相对于教师的非课堂语言而言的，它是指教师在课堂教学中为培养学生的能力并使学生得到情感熏陶而精心设计的语言，它是教师根据学情对教学文本的进一步加工。如果教师的课堂语言能够迅速引起学生的兴趣和积极性，激发学生大脑的积极思考，那么将会促使学生主动探究学习，提高课堂教学的效率①。

语言既是一门科学，也是一门艺术，教师的课堂语言由教师工作的性质、任务、对象所决定，同时也受到教师工作环境等的影响。鉴于此，教师课堂语言应包含以下内涵。

（一）规范性

这是由教师工作的性质决定的。在学校教育中，教师担负着学生发展的促进者

---

① 代保民．巧借“四力”，鲜活教师课堂语言．初中语文教育学，2011(4)

和引导者的角色，教师的一切言行都是学生学习和模仿的对象，因此在语言运用方面，教师的课堂语言也必须具有规范性。如教师要使用标准的普通话，读音要规范，用词要准确，语言表达要符合语法，条理清晰、重点突出，声音洪亮、发音清晰、吐字清楚、不念错字、不使用方言、语调自然、语言流畅等。

(二)科学性

教育教学内容和方法的科学性决定了教师课堂语言的科学性。科学性体现在课堂语言的准确、规范、精练和逻辑性、系统性上。在课堂教学中，概念要准确，推理要严密，讲授要符合客观实际，不应让学生产生歧义或误解。

(三)可接受性

这是由教师工作的对象决定的。课堂语言的效果在很大程度上取决于教育教学对象的领悟和接受能力。因此，教师的课堂语言必须是学生可以接受的、乐于接受的。学生的发展具有阶段性，教师的课堂语言也应因人而异。例如，低年级的学生的思维特点主要是形象思维，那么教师就应尽量使课堂语言具体、明确、具有感染力；而高年级学生的抽象思维发展到较高的水平，教师的课堂语言就可以适当加强概括性和抽象度。再如，文科教学更适合使用较为形象和富有情感的语言，而理科教学更适合使用逻辑性强、准确性的语言。

(四)生动性

生动的课堂语言更符合中小学生的心理特点，因而更容易调动学生学习的兴趣。生动性既体现在语言形象的活泼鲜明中，也体现在口语修辞的运用中，还体现在语言中的真挚情感上。在课堂教学中，教师形象、生动、风趣、幽默、激情饱满的语言既能够提高课堂教学的效果，也有利于拉近师生的距离。

(五)直观性

作为传递教学信息的课堂语言，不同于文学作品，不需要华丽的辞藻和繁杂晦涩的语句，直观的课堂语言更有利于学生对信息的理解和掌握。直观性的课堂语言主要表现为形式简单、语句不长、具体形象、停顿适当、语速适中和语调适宜等。

二、课堂语言的构成

课堂语言由有声语言和无声语言两部分构成，二者的区别主要在于声音的有无。

(一)有声语言

有声语言是指以声音为信号的语言，主要表现为教师的口头语言。根据工作性质和内容的不同，教师的口头语言又可以分为教学工作语言和教育管理工作语言，前者又叫教学口语，后者又叫教育口语。教学口语是教师进行教学活动时所使用的有声语言，即课堂教学语言；教育口语是教师进行德育工作和教育行政管理工作时所使用的语言。

(二)无声语言

无声语言与有声语言相对，是指以文字为信号的书面语言以及作为有声语言辅助手段的辅助语言。具体来说，无声语言由三大类构成，第一种是物体语言，即借助文字或物体等为媒介传递信息的语言手段，如板书、实物和教具等；第二种是体势语言，即通过教师的目光、姿态、手势、表情等传递教学信息的语言；第三种是空间语言，即借助师生双方空间距离及其变化来表情达意的一种语言，如教师的课堂站位、教师与学生交谈的距离等。鉴于无声语言的这三种构成，有些学者也将无声语言称为态势语。

三、课堂语言在教学中的功能

(一)有利于提高学生的学习兴趣与学习动机

课堂语言是教师能力素质的重要组成部分，是教师向学生施加教育影响的主要媒介。教师通过语言向学生传递教学信息、明确重点和难点，而精心设计和艺术地使用语言还能够激发学生的思考，调动学生的兴趣和强烈的求知欲。同时，教师说话时的语气、语调、目光、表情、肢体动作等也能够对学生起到示范、感染和带动的作用，因此教师语言运用技能的优劣会直接影响到学生的学习兴趣、学习动机甚至教学效果。

(二)有利于促进师生关系的发展

教师的课堂语言除了能够传递教学信息外，还能够向学生传递教师对学生的期待和评价，教师的一个微笑、一声问候、一个鼓励都能够使学生感到教师对自己的重视和期望，这会拉近师生之间的关系，良好的师生关系更有利于学生对教师的认可，从而将外在的教育目标转化为内在的学习动力。

(三)有利于教育教学效率的提高

教师的语言素质对教育教学效率的提高发挥着重要的作用。首先，较高的语言运用技能有助于教师更加高效地传递教学信息，帮助学生把握住重点并形成完整的知识结构；其次，准确、生动、具有启发性的语言也能够激发学生对问题的主动思考和探究，从而形成了课堂教学良好的心理准备状态；最后，科学的师生观加之温暖的语言有利于拉近师生之间的心理距离，这有利于学生对教学信息的高效接收和同化。

四、课堂语言技能的训练

根据课堂语言的构成，对该技能的训练可从教学口语、教育口语和态势语三个方面来进行。

(一)教学口语技能的训练

1. 训练目标

掌握课堂教学口语的基本要求，基本达到科学性、启发性、生动性和逻辑性的要求；通过对导入语、讲授语、提问语、应变语、小结语等教学口语的训练，初步掌握运用教学口语的基本技能。

2. 训练内容

按照在课堂教学中所发挥的作用，将教师的教学口语分为导入语、讲授语、提问语、应变语和小结语。

(1)导入语

如本章第一节所述，导入语是教师在讲授新课时，为唤起学生的注意力和兴趣，激发学生学习积极性，从而使学生为学习新知识做好准备的一席话。教师的导入语必须做到以下几点。

①导入语要具有针对性。也就是说导入语的设计必须紧紧围绕教学目标和教学内容。

②导入语要短小精悍。一般来讲，一节课的导入语大致用时3～5分钟，导入语是为引入新知识做准备的，不能够耗时太长，本末倒置。

③导入语要具有艺术性。教师应根据教学内容和学生的实际情况灵活设计导入语，使导入语与现实生活和学生的实际兴趣相结合，不必刻意追求一个模式。

(2)讲授语

讲授语是教师在课堂上系统、连贯地向学生传递知识、训练技能、培养情感态度和价值观的教学语言形式。讲授法是一种历史悠久和最主要的教学方法，因此讲授语对于实现教学目标、促进学生发展起着重要作用。

①讲授语要直观、生动，具有吸引力，能够抓住学生的注意力，引领学生向新知识一步步迈进。

②讲授语要深入浅出，讲述与启发、引导相结合，既能帮助学生理清知识脉络，又可激发学生主动思考。

③讲授语的语调要根据教学内容的不同而有所变化，在教学重点和难点的讲授中要用不同的语调进行重复性的强调，加深学生的印象。

(3)提问语

提问语是教师针对具体的教学内容进行发问，以促进学生主动思考的一种教学语言形式。提问语能够唤起学生的思考，提高学生的注意力。

①提问要适当。提问要设置在适当的地方，以适当的方式，一节课的提问数量也要适当。

②提问要具有全面性。教师的提问应面向全班学生，让所有的学生都能积极参与思考。

③提问要适当停顿。教师提问后要给学生留有适当的思考时间，学生作答后教师也不要立刻做出评判，给学生留有反思的时间。

④提问要具有针对性。提问不能过于简单，没有思考价值；也不能过于空泛或难度过大，难以使学生把握问题的核心。

(4)应变语

应变语是教师在课堂教学活动中，及时调整师生关系、处理课堂突发事件时所使用的语言。应变语是教师教学能力的表现，反映了教师的教学智慧。适当的应变语能吸引学生注意力，提高学生学习的兴趣，并能保证课堂教学正常运行。

①应变语要有针对性。应变语是教师随机应变而来的，但应始终围绕教学目标这个中心，不能偏离。

②应变语要适当。过于夸张的应变语会给人做作之感，让人生厌；而过于平淡的应变语也难以起到应有的作用。

③应变语要自然得体。应变语是教师急中生智而产生的，可能并不在教师的预期之内，但又必须让学生觉得与教学过程浑然一体，衔接紧密。

(5)小结语

小结语也叫结尾语，是指课堂教学将要结束时，教师对教学内容的脉络和重点进行概括总结，以促进学生学习效果的一种语言。成功的小结语既能强化学生对教学内容的记忆，也能启发学生的思维，拓展学生的知识。

①小结语不要拖沓。小结语应简洁、明确，不烦琐。

②小结语不要仓促。不能快到下课时匆匆讲几句，草草结束，这样达不到强化巩固的作用。

③小结语不要平淡。小结语不能语调平淡，模式单一，也要进行精心的设计。

3. 案例分析

案例 3-17　一位教师在教《角的初步认识》时的教学口语

教师：同学们已经初步认识了角。生活中哪些地方有角呢？

学生 1：黑板上。

学生 2：钟面上。

……

学生 3：墙角、桌角。

教师：你看，这位同学多会联想。讲到角，就想到了我们的墙角和桌角。这可是我们日常生活中经常用到的词语啊！让我们来观察、比较一下，这里的角和我们今天学习的角，有没有什么不同呢？

学生观察并发言。

教师：是啊！它们两者有很多相似的地方，但也有很多的不同。我们看，从一个墙角上，可以看到几个和我们书上画的一样的角呢？

学生：三个。

教师：从一个桌角上看呢？

学生：也是三个。

……

分析：学生头脑中有很多已有经验，有些与教学概念相同，有些与教学概念不同。若教师能从学生的已有经验出发，并将其与教学内容相融合，既能够加深学生对教学概念的理解和掌握，又能不断提升学生的生活经验。学生3将墙角和桌角与教学概念“角”混淆，其实是给教师传递了一个信息——学生尚未完全正确掌握教学概念，这位教师顺势将二者融合，并从中引出教学概念的关键特征，有利于学生进行深度理解。同时对于预期之外的学生回答，这位教师给予足够的尊重和积极的评价，保护了学生的自尊心和求知欲，实为难能可贵。

（二）教育口语技能的训练

1. 训练目标

初步掌握与学生（学生群体、学生个体）谈话的基本技能，能够针对不同的情境对不同的学生展开有效的谈话。

2. 训练内容

教师常用的教育口语有沟通语、启迪语、表扬语、批评语等。

（1）沟通语

沟通语是指在教育情境中，教师为建立师生间的平等对话关系，创设和谐的教育情境，拉近师生的心理距离，取得学生认同，消除师生间的隔阂和误解时所使用的语言。

①理解与尊重。教师与学生同为社会公民，双方的地位平等，要取得学生的信任，教师必须充分地尊重学生的人格和思想，理解学生的处境。

②学会倾听。教师应给予学生表达自己思想和情感的权利，做耐心的倾听者，并从学生的倾诉和表现中寻求有效的信息。

③要有同理心。存在即合理，任何行为的背后必定有合理的原因，教师应暂时抛开自己固有价值观念，摒弃对学生的偏见，从学生的角度和立场去体会学生的情感，并与学生一同分析问题和寻找解决问题的策略。

（2）启迪语

启迪语是教师在教育活动中针对学生存在的问题，运用对话、发言等方式，引导学生积极进行自我教育的语言。恰当使用启迪语能够促进学生对自己的言行和价值观进行理性思考，最终获得思想和感情的升华。

①启迪语要因人而异。启迪语没有固定化的一般模式，教师应针对具体的情境和学生出现的具体问题采取不同的启迪方式。

②启迪语要注重赞扬和鼓励。启迪语不等于简单的说教，而是在发现学生闪光点的基础上寻找当前存在的问题。教师要善于对学生的良好品质或积极的变化进行及时强化，这能够让学生体会到教师对自己的关注与尊重，同时也对纠正问题树立了信心。

③启迪语要有耐心。教师的话语不应直接指向教育目标，不应简单地说教、禁

止，而是要层层深入、逐渐引导，要分析每一个细节和学生出现的每一个变化，要耐心、认真地做好每一个环节。

(3)表扬语

表扬语是教师在教育活动中，对学生个体或群体所表现出来的良好表现予以肯定评价的一种语言形式。教师的表扬可以给予学生以激励，使学生感受到来自教师的关注、肯定和赏识，也有利于学生树立信心。

①表扬要真实、客观。教师对学生的表扬必须是基于事实的基础上，不可夸大其词，更不可无中生有。

②表扬要及时。当学生达到预期的教育目标或有一点进步的时候，教师要及时给予表扬，这种及时的表扬是对学生积极行为的正强化，滞后的表扬所起到的作用则会大打折扣。

③表扬要面向多数。表扬不应集中于少数学生，这容易引起学生内部的分化和降低学生对教师的认同感。教师应关注每一个学生的闪光点，激发多数人的进步欲望。

(4)批评语

与表扬语相反，批评语是教师对学生群体或学生个体的错误或缺点给予否定评价的一种语言方式。恰当地使用批评语能够使学生明确自身存在的不足和错误之处，及时反思，并朝预期的教育目标发展。

①批评要以爱为基础。对学生的批评源于对学生的爱，批评虽不像表扬那样能够使学生产生愉悦的感受，但当学生能够体会到教师对自己的爱时，便不会对批评产生阻抗，才能产生内在改进的动力。

②批评要以事实为依据。教师必须在查明事实并经过冷静思考之后再对学生进行适当的批评，做到有的放矢。偏离事实的批评会导致学生反感，以致今后对教师的影响加以拒绝。

③批评要讲究策略。教师应根据事情的严重程度和学生的实际特点采取适当的批评方式，如对性格内向的学生和性格外向的学生，教师的批评方式和措辞都应有所不同。

案例 3-18　不一样的效果

开学不久，班主任发现某生经常迟到、上课睡觉，学习状态消极，任课教师多次批评仍不见好转。班主任认为，像该生这样的同学缺少的不是批评而是肯定和鼓励。于是又一次，班主任找该生谈话："你有缺点，但也有不少优点，可能你自己还没有发现。这样吧，我限你在两天内找到自己的一些长处，不然我可要批评你了。"第三天，该生很不好意思地找到班主任，满脸通红地说："我心肠好，力气大，毕业后想当兵。”班主任听了之后说：“这些就是了不起的长处。心肠好，乐于助人，这种人到哪里都需要。你力气大，想当兵，保家卫国，是很光荣的事，你的理想很实在。不过当兵同样需要科学文化知识，需要有真才实学。”听了班主任的话，该生高兴极了，脸上露出了自信的微笑。

分析：这位班主任发现该生出现一系列问题行为后并没有急于批评，而是冷静地分析了该生的具体情况。经常受到教师批评的学生已经对批评产生了“免疫力”，对自己的评价和定位也会相对较低，这类学生往往更加需要教师的表扬。既然批评已不奏效，那么就换个角度。每一位学生都有自己的优点和不足，这位班主任的可贵之处就在于他能够平等地对待每一位学生，后进生的身上同样有闪光点。班主任首先让该生寻找自己的优点，这其实是在引导学生客观地进行自我评价，之后班主任对学生的优点进行肯定和分析，最后在肯定的基础上将学生的理想和学习融合起来，帮助学生明确学习目标，形成正确的学习态度，同时班主任的鼓励也给了学生进步的信心和动力。

(三)态势语技能的训练

1. 训练目标

明确目光、姿态、手势、表情等态势语的要点，能在不同的情境中恰当运用态势语，从而更好地辅助教学口语和教育口语。

2. 训练内容

(1)表情语

表情语是通过教师的面部肌肉、眼眉、嘴角等的各种变化形式所表达的教育信息。表情在教育教学过程中是一种非常重要的无声语言，英国心理学家艾伯特·梅拉别恩经实验得出如下结论：

信息的效果＝7%的语言文字＋38%的语调＋55%的面部表情

教师在教育教学过程中的表情语一般分为两种：一种是常规性的，即教师在日常的教育教学活动中经常出现的面部表情，如微笑的表情、亲切的表情、和蔼的表情、热情的表情、开朗的表情等。另一种是变化的面部表情，即教师在教育教学活动中表达出来的感情。教师在运用表情语时应做到如下几点。

①表情语要真实、自然。教师要做到外部表情与自己的内部情感一致，只有表里如一才能赢得学生的信任。

②表情语要适度。教师的面部表情应做到张弛有度，变化不宜过于频繁，应做到笑而不失态，悲而不失声，威而不厉惧。

③要控制好自己的情感。教师的职业特点决定了教师不能将个人的不良情绪带进课堂，也不允许教师有任何失态的表现。教师必须控制好自己的情感，使自己的表情语与教师角色相协调。

(2)目光语

目光语是由教师的眼神所发出的教育信息。目光语既可以表现人的情感，也可以传达出赞成或反对、鼓励或批评的态度。教师在运用目光语时应做到如下几点。

①正确地选择目光的投放点。教师应将目光投放到倒数第二、第三排的位置上，并兼顾其他座位，这样能使全班学生都感到处于教师目光的关注之中。教师在观察学生的时候，目光变幻的速度要适度，使学生感到既不轻佻，也不拘谨。

②扩大目视的范围，合理分配目光。教师应将目光投向全体学生，并加强目光巡视，避免任何一个学生因得不到教师目光而产生被冷落之感。

③运用不同的目光和学生交流。教师要针对不同的学生，使用不同的目光注视向学生发出不同的信息。当课上学生出现分心现象或违反纪律的情况时，教师应用责备的目光提示学生；当学生回答问题受阻时，教师应用期待、信任的目光给予鼓励和善意的提示；当学生正确地回答问题后，教师应用赞许、满意的目光给以激励。

④要保持双目有神。教师的目光是师生情感交流的重要手段，教师炯炯有神的目光，能透露出教师的自信与机智，给学生以精神饱满、热情向上的感觉，从而能够感动和带动学生。反之，则会降低学生的学习兴趣。

(3)身姿语

身姿语是指身体躯干的各种姿态所表达出来的教育信息，主要有站、坐、行三种基本姿势。

①站立的姿势。教师的站姿大致有两种形式：一种是自然式，即两脚平行分开与肩同宽；另一种是稍息式，即两脚前后分开相距适中。不管采用哪种站姿，教师都应挺胸、收腹、颈直、肩平，充分显示出稳健和精力充沛的特征。

在课堂教学中，教师站立的位置，应以教室的正前中央、讲桌与黑板之间为主。教师应根据课上的具体情况作适当的移动。通过移动，刺激学生的视觉器官，引起学生的注意。同时，在移动中，教师可以得到片刻的休息。教师站着讲课(除板书时)应面向学生，密切注意学生的表现。当完成板书时，要尽快让开身体，避免挡住学生的视线。在学生回答问题时，教师的身体应微微前倾，给学生以亲切感，缓解其紧张的情绪。教师讲课时不应双手插在口袋中或双手后背，因为这两种站姿会让学生觉得教师玩世不恭或傲慢无礼。

②走动的姿势。课堂教学中，教师的适当走动可以引起学生的注意，防止单一刺激给学生带来的视觉疲劳。教师在走动时应身板挺直，两肩端平，步幅适当，步伐稳健而轻捷，手臂随着脚的移动而自然摆动。同时，在走动中，教师也可以发现学生个体或学生小组学习和讨论的情况，并方便对学生进行解答和释疑。

教师在课堂上的走动大体有两种：一种是教师在讲课时适当地在讲台周围走动，这时师生间的空间距离较小，有利于拉近师生之间的心理距离；另一种是在学生做练习、讨论、实验时，教师从讲台上走下来，在学生中间走动，走动中教师可以进行个别辅导、解答疑难、了解情况，并检查和督促学生完成学习任务。

教师走动时应注意如下几点。

①走动要有控制，不能分散学生的注意力。教师要控制走动的次数和速度，在课堂上，教师应是缓慢地、轻轻地走动，走姿要自然大方，不能分散学生的注意力。

②走动或停留的位置要恰当。走动或停留的位置既要方便教学，又要符合学生的心理。当组织学生回答问题或练习时，教师以在讲台周围走动为宜，或停留在不影响学生看黑板的地方。在学生中间边讲边走动时，速度快慢要适度，不要停留在教室的后端，否则会影响声音信息的传递。

(4)手势语

手势语即教师的手掌及上肢所发出的信息。从表现功能上，可以将手势语分为四类：第一类是情意手势，主要用于展示言语者的情感；第二类是指示手势，用于指示要说明的人、事物、方向等；第三类是象形手势，用来描摹或比画具体的事物或人的形貌；第四类是象征手势，专指具有某些明确含义的手部动作。教师在运用手势语时应注意如下几点。

①要有明确的目的，克服随意性。

②要简洁、自然、适度。

③应尽量避免消极和不良的手势。

3. 案例分析

案例3-19　神奇的态势语

著名的教育家斯霞老师在给小学生讲解“颗颗稻粒多饱满”后，要求学生用“饱满”造句。学生只会用植物一类进行练习，如“麦粒长得饱满”“豆荚长得饱满”等。为了扩大学生的知识视野，斯霞老师忽然走到教室门口，然后转过身来，胸脯略微挺了一挺，头稍微扬了扬，两眼炯炯有神地问道：“你们看，老师今天精神怎么样?”学生异口同声地说：“老师精神饱满。”

分析：斯霞老师循循善诱，利用态势语向学生进行心理暗示，通过教师自身的身姿变化，生动地向学生展示了“饱满”一词在形容人时的含义。斯霞老师没有简单地说教，而是让学生观察自己的动作，从而自然地将学生引向了教学目标。

第五节　课堂组织与管理技能

课堂教学是教师与学生共同参与与合作的一种双边活动。营造良好的课堂氛围、创建良好的师生关系、取得良好的教学效果要依靠师生双方的共同努力。教师在课堂教学中处于主导地位，能否搞活课堂气氛、维护课堂秩序、调动学生积极性、处理课堂突发事件和学生的问题行为等，体现了一名教师的教育智慧和综合素质。

一、课堂组织与管理概述

课堂组织与管理，有时也称课堂教学的组织与管理，是一种出自于教师的控制性活动。课堂组织与管理是指教师根据一定的教育目的和教学目标，通过采取一系列的组织管理和调控措施，促使学生向着教育目的发展的一种教育教学手段。

课堂组织与管理的成功与否，直接影响教学效果。课堂组织与管理技能是教师专业技能的一部分，也是教师综合素质的体现，教师必须认真研究课堂组织与管理的相关理论，深刻认识到课堂组织与管理在教学工作中的重要作用，并在实际的工作中不断总结经验，探寻适合自己以及适合不同学生、不同情境的一套方法。

(一)课堂组织与管理的作用

课堂组织与管理能力是一种综合能力，善于组织和驾驭课堂的教师能够唤起学生的学习兴趣，集中学生的注意力，并机智、有效地处理偶发事件，使学生在教师的引导下完成教学目标。一般来说，课堂组织与管理具有四方面的作用：一是组织和维持学生的注意；二是引发学生的学习兴趣；三是帮助学生养成良好的行为习惯；四是营造良好的课堂气氛。

(二)课堂组织与管理的方法

为了保证课堂教学正常有序地进行，需要教师在课堂组织与管理中采取适当的方法，这需要结合具体的教学目标、教学内容和教学情境进行。

1. 直接要求法

为了维持正常的教学秩序，教师一般可以采用正面提要求的方法，直接让学生明确应该做的事情。如在上课开始时，可以直接明示“现在开始上课，请大家安静下来”；在需要学生记笔记时，可以直接明示“请大家做好笔记”；在布置作业时，可以直接明示“请大家认真按时完成作业”等。

2. 体语暗示法

体语暗示法比直接要求法更为间接，它是指教师通过运用表情、动作、声音等体态语向学生传递信息以控制课堂氛围的方法。如教师对学生的持续注视、音调的变化、皱眉、微笑或走近某生等，都可以对学生起到无声的管理的作用。

3. 提问警示法

提问警示法是指教师通过提问的方式来控制课堂节奏、维持课堂秩序的一种方法。如当学生在对某一问题的讨论中出现跑题、混乱的情况时，教师的适当提问能够将学生拉回到问题的主线上来；当教学过程中有学生出现窃窃私语或做其他事情的状况时，对该生的提问可以对其起到警示和教育的作用。

4. 评价激励法

在课堂教学中教师根据实际情况做出适当的评价，可以起到激发、引导学生的作用。评价应以肯定性评价为主，对优秀学生的表扬可以对其他学生产生替代强化的作用。但表扬应实事求是，不可滥用。

5. 个别谈话法

课堂教学过程中，当发现个别学生出现违反课堂纪律的情况时，为了不影响正常的教学秩序，教师可以慢慢走近该生，小声地提醒，温和地教育。

6. 转移注意法

当学生出现突发情况或教师本身出现小失误时，教师可以反应敏捷，迅速地将学生的注意力转移到正常的教学主题上来，从而巧妙地化解尴尬。

7. 借机发挥法

课堂教学中的突发事件在所难免，当突发事件发生后，教师可以及时利用其中的某一点，由此及彼，将事件合理延伸，将突发事件与教学内容有机地融合起来。这样一来，不但能够化解危机，还能够加强知识与实际情况的联系，从而加深学生对知识的印象。

8. 诙谐幽默法

当遇到意外情况时，教师可根据实际情况采取诙谐幽默的方法，或讲一个笑话，或做一个滑稽的表情，将意外情况平稳地过渡到教学中来，这样做还能够活跃课堂气氛，避免意外情况对教学秩序的影响。

二、课堂秩序的维护

(一)课堂秩序的内涵

关于课堂秩序的内涵，目前学术界有两种观点。一种观点认为课堂秩序是一种规则，如“课堂秩序是教学过程中师生互动、生生互动所遵循的一种习惯性、制度化、合法化的规则”。另一种观点认为，课堂秩序是一种状态，如“课堂秩序是指在特定的教学环境下，教师和学生双方为了达成预期的教学目标，共同研究具体的教学内容，并通过选择合适的教学方法、媒介及手段，进行双向建构、深入对话和有效合作而形成的一种使师生双方都充分浸染其中的有序状态”。

第一种观点认为，课堂秩序是促使学生行为达到教师预期以及促使教师行为达到学生预期的一系列规则，需要双方共同遵守。第二种观点认为，课堂秩序表现为特定情境下师生互动的活动状态，课堂秩序的调节需要规则，但规则不是唯一的影响因素，课堂秩序还受到师生关系、教师素质等非规则因素的影响①。我们认为规则的高级发展形式是秩序，规则的建立是为了促成良好秩序，秩序的建立除了需要规则，还需要其他方面的配合。而秩序也并不意味着没有冲突，有时课堂上看似混乱的现象其实正是学生积极思考、讨论的表现，教师需要做的是正确认识课堂教学

---

① 柴楠．近十年我国课堂秩序研究的回顾与思考．甘肃联合大学学报(社会科学版)，2009(1)

中的混乱，并使之转化为有益于教学生成的火花。鉴于此，我们更倾向于将课堂秩序看作一种状态，即上述第二种观点。

(二)课堂秩序维护的策略

1. 关注学生的个体存在，构建民主、平等、合作的师生关系

良好的师生关系是维系课堂秩序的基础，也是完成教育教学任务的保障。构建良好的师生关系，首先教师要树立正确的教育观念，包括关注学生的生命价值和生存方式；尊重学生的主体性，充分考虑学生发展的各种需要，最大限度地使课堂成为学生自主活动的场所，构建课堂学习的自由秩序；设身处地地为学生着想，站在学生的角度去认识学生，了解、关注学生的内心世界；充分信任学生，公平、公正地对待每一个学生；尊重学生的个性差异，对不同的学生采用不同的交流方式。其次，教师要关爱每一个学生。

2. 关注学生的独特文化，明确课堂教学任务

学生的独特文化是指学生个体所具有的价值取向和思想观念等，是课堂师生互动、生生互动的文化基础。只有了解学生的独特文化，才能确立相应的课堂秩序。同时，教师要明确教学任务，使学生感知并理解它，认识到学习对于自己和社会的意义，当学生能够将教学任务转化为学习目标时，就实现了课堂规则和秩序的内化。

3. 关注学生的发展需要，控制手段多样化

在新课程改革的背景下，学生是学习的主体，发展需要多样化，传统的教师控制、学生服从的课堂管理模式已不能适应这种现实的需要，这就需要教师在维护课堂秩序方面要树立新的观念，采取新的措施。首先，师生之间应在平等对话和彼此信任的基础上，共同构建起切实可行的课堂规则。师生双方必须明确各自行为的限度、行为的结果，对行为负责。在这一过程中，教师应充分发挥主导作用，帮助学生澄清观念。其次，教师应对学生充满信心，对学生充满期望。学生内心对规则的认同比迫于外界压力的口是心非更有效。最后，管理手段多样化，评价标准多元化。教师应尽可能地为每个学生创造施展才华的机会，并用多把尺子来衡量学生，尽可能用积极的方式来评价学生，以利于密切师生间的关系。当然，这并不意味着排斥消极评价，在需要的情况下，消极评价同样有效。

4. 关注教师的专业成长，重塑教师权威

教师是课堂秩序的主要维护者，因此教师的权威至关重要。提高教师的专业权威，必须促进教师的专业成长。影响教师权威的因素主要有广博的知识、良好的人格和不断提高的专业技能。在教育教学实践中，教师要不断反思，全面提升自己，才能够提升自己的专业素养，从而树立自己的威信。

三、课堂问题行为的处理

(一)关于问题行为

问题行为是指课堂教学中不能遵守公认的规则的学生行为，以及不能正常地与人交往和参与学习的行为。这种行为不仅干扰正常的教学活动，而且会影响学生身心健康的发展。对于课堂问题行为，应以预防为主，同时采取多种方法巧妙处理。

(二)处理课堂问题行为的原则

1. 爱心为前提

爱是教师和学生心灵沟通的基础，是教师取得良好教育效果的关键。在处理课堂问题行为时，教师应以关爱学生、尊重学生为出发点，无论是哪一种处理策略，都应对事不对人，毕竟一切教育行为的目的都是指向学生发展的。

2. 适度为准则

处理课堂问题行为时，必须考虑学生的实际情况，包括年龄特征、性格特点、问题行为的影响程度等，教师要理智、公正、客观地处理，在处理方式上也应适度，既不要毫无原则地迁就，也不要不近人情地严苛以待。

3. 做好心理辅导

课堂问题行为往往起因于学生认知的偏差，每种错误行为最终都是由学生的错误认知而导致的。因此，教师在处理课堂问题行为时，必须看到行为背后的原因，对学生进行适当的心理辅导，使其认识到自己的认知错误，在形成正确认知的同时，树立坚定的信念，最终矫正问题行为，形成正确行为。

(三)处理课堂问题行为的策略

1. 做好预防

预防胜于矫治。在课堂问题行为出现之前，教师首先应明确应该遵守的规则，并帮助学生理解规则的意义和要求；然后要关注全局，将全体学生的活动都纳入自己的观察范围，同时对极易出现问题行为的学生密切观察并激发起其积极的兴趣，避免课堂问题行为发生。

2. 利用暗示进行调控

暗示是指教师有目的地以各种含蓄的方式对在课堂上出现问题行为的学生进行提醒和纠正的教育策略。具体形式如下。

(1)语言暗示

这是指教师通过语言的形式对问题行为主体进行暗示，例如教师通过语调的变化可以使学生感受到教师的态度，使学生意识到自己的问题行为，从而进行更正。

(2)目光暗示

教师的目光也可以向学生传递信息，使学生了解到教师的态度。因为一般而言，学生在课堂中违反纪律时，总是心虚胆怯，害怕被教师发现，当教师用目光进行暗示时，学生就能敏锐地接收到这一信息。

(3)氛围暗示

通过创设轻松愉快的课堂氛围，可以促进师生间的互相认同和接纳，在这样的课堂氛围中，学生更容易投入到课堂学习中来。

(4)活动暗示

课堂问题行为出现后，教师可以有意识地组织课堂教学活动，如请相关学生回答问题，或到黑板前演算等，这一方面能使学生意识到自己的问题行为，另一方面也能够将学生迅速拉回到课堂教学中来，从而避免问题行为继续发生。

(5)综合暗示

这是指教师在课堂教学中综合运用上述各种暗示的方式向学生传递信息，从而阻止问题行为发生或继续发生。

3. 适时制止不良行为

(1)正面教育。问题行为出现时，教师除了使用暗示的方式外，还可以采取正面教育的方式。正面教育并不等于当头棒喝，激励态度的正面教育更有利于学生的发展。

(2)提问同桌

当个别学生出现课堂问题行为时，教师直接提问该生可能会导致该生惊慌失措或受到嘲笑，这时教师可以采取提问同桌的方式，间接警示该生。

(3)制造幽默

教师使用一两句适当的幽默话语既可以化解尴尬，也可以婉转地激发学生积极地思考和参与。

(4)反复提示

当学生无视教师的要求时，教师的反复提示能够使学生认识到教师的坚定态度，这时学生的问题行为就会慢慢消失。

本章小结

教学既是一门科学，又是一门艺术。教学实施是一个复杂的过程，既要考虑教学的导入，又要考虑语言与非语言技能、提问技能以及课堂组织与管理技能的运用等，达到目标明确、重点突出、内容正确、方法得当、表达清晰、组织严密、气氛热烈等效果。课堂教学是教学实施的主要环节之一，对学校教学质量的提高起到关键作用。

关键术语

导入技能；提问技能；课堂组织与管理；有声语言与无声语言

思考与练习

1. 课堂导入有哪些基本类型？请以中小学中某一节课为基础，选取两种导入方法合理设计导入语。

2. 课堂提问的基本类型有哪些？基本要求是怎样的？

3. 板书的基本类型有哪些？板书设计的基本要求是什么？

4. 课堂语言由哪些部分构成？在应用教学口语、教育口语和态势语时应分别注意什么？

5. 课堂秩序应如何维护？

6. 处理课堂问题行为的策略有哪些？

拓展阅读

1. 范丹红. 教师专业技能训练与教育实习. 北京：北京师范大学出版社，2013

2. 武玉鹏. 语文教师专业技能训练与教育实习 . 北京：高等教育出版社，2007

3. Marylou Dantonio，Paul C. Beisenherz. 课堂提问的艺术：发展教师的有效提问技能. 北京：轻工业出版社，2006

4. 薛彦华 . 教育学 . 北京：科学出版社，2009

5. 国家教育委员会师范司 . 教师口语 . 北京：北京师范大学出版社，2000

6. 孙亚玲. 课堂组织与管理 . 北京：科学出版社，2011

第四章　激励与评价能力

学习目标▶

1. 了解和掌握激励与评价的含义。

2. 了解激励的分类标准及类型；领会和掌握课堂教学中有效运用激励的要点。

3. 了解评价的分类标准及类型；掌握新课程改革背景下对学生评价的理念、原则、体系及主要方法。

问题导入

偷懒的学生

在一节体育课上，体育老师注意到一个学生A表现与众不同。每当教师示范完一个动作后，其他同学都会挤到前面热火朝天地评论，只有A悄悄地退避到其他同学的后面，不说话，低垂着头，小心翼翼。到同学们自己练习动作的时候，他也总是躲避到后面尽量不做，或找个借口躲开。这种状态持续了两节课后，体育老师很生气。把A叫了过来，严厉地问："为什么你从来不做动作？你怎么就那么特殊？你和别的同学有什么不一样？"A低着头，红着脸，什么也不说，眼泪在眼眶里打转。下一节上体育课时，A到班主任那里开了请假条，申请见习。体育老师见状很生气，下课后去找了A的班主任，这才知道原来A小时候遇到了车祸，留下了残疾，走路一瘸一拐的，不注意看不出来。于是A从来不上体育课，上高中后，在班主任的要求下，才上了体育课。

这位体育老师的做法有何不妥？如果你是那位体育老师，你会怎样做以激起A参加体育活动的信心？

第一节 激励与评价概述

激励与评价的能力是教师专业技能的又一重要组成部分。若要达成预期的教育教学目标，学生的积极准备状态至关重要。在激发和维持这种状态的过程中，对学生的有效激励是关键的一环。而对学生和教师自身的客观、合理的评价既是对上一个教学过程的总结和反思，又是对下一个教学过程的激励。掌握激励与评价技能，首先要明确激励与评价的含义。

一、激励的含义

"激励"一词来源于心理学，心理学家认为，人的一切行动都是由某种动机引起的。动机是驱使人产生某种行为的内在力量，它是由人的内在需要所引起的，当需要未被满足时就会产生紧张，进而激发个体的内驱力，这种内驱力将导致寻求特定目标的行为，如饥饿使人去寻找食物，孤独会使人去寻求关心。美国管理学家罗宾斯认为，处于紧张状态之中的个体为了缓和这种紧张状态而努力，紧张程度越大，努力程度越高。如果最终目标实现的需要得到了满足，那么紧张就得以解除。

鉴于此，心理学认为，激励是指持续地激发人的动机和内在动力，使其心理过程始终保持在激奋的状态中，鼓励其朝着所期望的目标采取行动的心理过程。而管理学认为激励就是指管理者通过某种内部和外部的刺激，激发人的动机，使人产生一种内在的动力，从而调动其积极性、主动性和创造性，使其朝向预定目标前进的一种管理活动。

在组织激励的过程中，首先，要激发和刺激起个体未被满足的需要，使其处于紧张的状态之中，产生行为的动力；其次，要使这种解除紧张的努力指向组织目标，这其实是将组织目标和个体目标相容的过程；最后，还要考虑激励力的大小。激励力是行动效价与期望值的函数。所谓效价，是指个人对达到某种预期成果的偏爱程度，或某种预期成果可能给行为者带来的满足程度。期望值则是指某一行动可带来某种预期成果的概率，即行为者采取某种行动获得某种成果，从而带来某种心理上或生理上满足的可能性。因此，激励力是某一行动效价和行动结果期望值综合作用的结果。

二、评价的含义

《辞海》中对评价的界定是：评价泛指衡量人物或事物的价值。所以，评价就是对价值的判断，即“价值判断”。价值是客体对主体需要的满足程度，它反映着主客体的关系，据此人们对人或事物所作出的好或坏、优或劣的判断就是评价。

美国学者格朗兰德(N. E. Gronlund)认为，评价是在量或质的记述的基础上进行价值判断的活动。用公式表示为：

评价＝测量(量的记述)或非测量(质的记述)＋价值判断

公式中的测量和非测量属于事实判断，即对事物的形状、属性与规律的客观描述。而价值判断是在事实描述的基础上根据评价者的需要和愿望对客观事物做出的评判。因此，在价值判断中有很大的主观成分，如评价者的价值观、经历、政治经济地位、以往经验、兴趣、性格等不同，对同一事物的评价就会有所不同。

从上述公式中还可以发现，对事物的事实判断既可以通过测量的手段，也可以通过非测量的手段，二者都是评价的基础，可以为评价提供必要的信息；而测量结果和非测量结果只有通过评价才能够彰显其意义，尤其是测量结果，离开评价的测量结果只是一堆枯燥和抽象的数字。

第二节　激励的类型及应用

激励的类型多样，从不同的角度可以将之划分成不同的类型。从理论上来讲，任何一种激励都可以起到激发学生行为动机的作用。然而在实际的教育教学工作中，教师采用的激励手段并非都如预期中那样完美。对学生需要了解的缺乏、强化手段的不当使用以及公平的欠缺不但会减弱激励的作用，反而可能会产生负面的影响。

一、激励的类型

激励的类型并不唯一，根据不同的维度，可以将激励分成不同的类型。从激励的内容来看，可以将激励分为物质激励和精神激励；从激励的作用来看，可以将激励分为正向激励和负向激励；从激励的对象来看，可以将激励分为他人激励和自我激励。

(一)物质激励和精神激励

物质激励和精神激励分别面对个体不同层面的需求。物质激励是指运用物质的手段使受激励者得到物质上的满足，从而进一步调动其积极性、主动性和创造性。物质激励有资金、奖品等，通过满足要求，激发其努力生产、工作和学习的动机。

精神激励是以满足人的精神需要为着眼点的一种激励方法，如向组织中的个体授权、对个体工作的认可、提供晋升机会和学习发展的机会等。人们对于精神激励的关注最早始于1924—1932年间梅奥等人的“霍桑试验”，并在此基础上形成了多种激励理论。

相对于物质激励而言，精神激励的影响更为持久和深远。一是它能够满足组织内个体深层次的需要。根据马斯洛的需要层次理论，在基本的生理需要和安全需要得到满足之后，个体更关注尊重的需要、爱和被爱的需要以及自我实现的需要。精神激励便能够满足这些高层次的需要。二是精神激励带来的满足感、成就感和荣誉感更能够使个体产生深刻的群体认同感，从而更愿意与组织同甘苦、共命运。三是有效的精神激励能够在组织内部形成积极的组织文化，塑造良好的组织氛围，这能够对组织内的每一个个体产生潜移默化的推动作用。

(二)正向激励和负向激励

正向激励是一种通过强化积极意义的动机而进行的激励，实质上是一种正强化，通过将正向强化物(如奖励)与积极行为相结合，从而促进积极行为稳定和持续出现。负向激励是一种负强化，即将负向强化物(如惩罚)或剥夺正向强化物与问题行为相结合，从而减少或抑制问题行为的出现。

(三)他人激励和自我激励

他人激励是来自于个体之外的激励；自我激励是来自于个体内部的激励，即自己对自己的激励。前者如赞许、奖赏、晋升等；后者如认同感、成就感、义务感等。他人激励和自我激励都能够起到激发个体动机的作用，但对于他人激励而言，个体受到的激励作用来自于外部，为了使个体产生持续的积极性，就需要不断地施加激励措施。而自我激励来自于内部，从内产生的激励作用比外部施加的激励作用更有利于将组织目标与个体目标相结合，因而自我激励的作用更持久、更有效。

二、激励的应用

心理学的实验证明，在工作能力不变的条件下，一个人的工作绩效与个人的激励水平呈正相关。同样，在学校教育中，学生的发展情况也离不开教师适当、有效的激励。具体来说，教师应着重从以下几个方面做出努力。

(一)了解学生的需要

动机源自于需要，因而需要是激励的源泉。教师实施有效的激励，首先必须认真了解和分析学生的需要及其特点，然后满足他们的合理需要，转化不合理需要，从而引导学生向正确方向发展。

1. 教师要了解学生需要的层次性

马斯洛认为人有五个层次的需要，从低到高呈金字塔形状排列，对低层次的需要被满足是产生高层次需要的前提。因此，教师要了解和掌握学生的需要及其发展变化规律，根据不同层次的需要采取相应的措施，来引导和控制学生的行为，最终达到教育目的。

2. 教师要了解学生需要的差异性

由于学生所处的家庭背景、社会环境、生长经历和个性心理特征等不同，其需要也会存在差异。教师只有认真分析学生需要的差异性，才能够有的放矢地采取激励手段，达到预期的效果。

(二)有效施加强化

强化理论认为，强化是对一种行为的肯定或否定的后果，它在很大程度上影响着该行为是否重复出现。也就是说，通过控制行为的后果，就可以达到控制和预测个体行为的目的。在教育教学中，教师应运用好强化理论，通过各种强化手段，有效地激发学生的积极行为，避免或减少消极行为。

1. 强化要及时

教师要让学生尽快知道行为结果的好坏和进展情况，并尽早予以相应的奖惩，遮掩的强化能够起到更大的激励作用。例如，教师应及时批改并发还学生的作业、试卷等，让学生尽快得到自己学习情况的反馈；教师在作业和试卷上的批改或评语也应写得具体、有针对性和启发性，让学生能够从中获得激励并明确自己的努力方向。

2. 多表扬，少批评

表扬和批评同为强化手段，在对学生的激励中，都有着不可取代的作用，但对于青少年而言，教师应定下表扬为主的基调，因为表扬能够使学生产生愉悦的情感状态。在这种状态下，教师的教育影响更容易被学生接受，学生的动机更容易被激发。然而，这并不意味着不可以使用批评。批评能够使学生警醒，促进学生反思，但对学生的批评也应带着鼓励，这种鼓励会成为学生反思后正确发展的动力。

3. 创造积极向上的心理氛围

一般来讲，班级中某个学生得到奖励或受到批评，会对班级中其他学生产生替代和强化的作用，会引导全班学生对期待行为的追随和对问题行为的拒绝。这一原理只有在积极向上的班级氛围中才会发生，如果一个班级的气氛平淡，学生对奖励和表扬反应淡漠，上述作用难以发挥。因此，对班级健康氛围的营造也应是教师的一项重要工作。

(三)激励要公平

公平理论认为，人们总是把自己的努力和所得与自己条件相当的人进行比较，如果两者之间的比值相当，双方就会有公平感；当一方比值小于另一方时，就会产生不公平感，进而情绪低落，影响工作和学习的积极性。这也就是说，个体的工作或学习热情，并非只受“自己得到什么”的影响，还会受到“别人得到什么”的影响。由此可见，在对学生的激励中，公平格外重要。

1. 公平奖励学生

教师在用分数、荣誉称号、奖品、奖学金等奖励学生时，必须实事求是，把握统一的衡量标准，尽可能公平地对待每一个学生，要让学生感受到，只要自己全力以赴，就有机会得到奖励。

2. 建立合理的竞争机制

竞争是激发学生学习积极性和争取优良成绩的一种有效手段。但竞争不公，不仅会失去激励作用，还会造成紧张的气氛，加重学生的负担，有损学生的心理健康，也会影响师生关系。为了使竞争做到公平、合理，对大多数学生起到激励作用，教师可以采取以下策略。

(1)按能力分组竞争。这样每一组学生都有获胜的机会，能够避免学生因能力悬殊落败而产生不安全感。

(2)按项目分组竞争。这样能使不同智力水平、兴趣和特长的学生在相对公平的基础上进行竞争，也能使每一个学生都有展示自己的机会。

(3)鼓励学生自我竞争。如果说个体间的竞争可能使学生将失败的结果归因为外部因素的话，那么学生自己和自己的竞争则有利于引导学生将结果归因于内，通过现在的自己与过去的自己的比较，学生也更容易看到自己的进步，从而获得内部动力。

3. 引导学生正确评价他人

心理学研究表明，人往往会自觉或不自觉地低估他人成绩，高估他人所得，从而产生不公平感。对于此，教师首先应向学生摆事实、讲道理，使之认识到自己认识的片面性。其次，要引导学生换位思考，重新考虑结果公平与否。最后，当学生产生不公平感时，教师应给予学生提供倾诉的机会，并尽力提高自己工作的民主性和公平性①。

第三节　评价的类型及应用

在教育教学过程中，评价的类型多种多样，各自的功能不同，适用范围也不同，教师应根据实际情况综合使用。新课程改革提出了新的理念，教育评价的理念、原则、体系和方法也应做出相应的调整。

一、评价的类型

同激励类似，评价的类型也可以从不同的角度来划分。根据评价主体的不同，可以将评价分为他评价和自评价；根据评价标准的不同，可以将评价分为相对评价、绝对评价和个体内差异评价；根据评价所起作用的不同，可以将评价分为诊断性评价、形成性评价和总结性评价。

（一）他评价和自评价

他评价是由评价对象之外的其他主体进行的评价，这是一种显性评价。自评价是由评价对象进行的自我评价，有时是显性评价（如写总结、自评报告等），有时是隐形评价（如自查、反省等）。

由于自评价与被评价者的利益息息相关，因此主观性较强，可能没有他评价那样客观。但自评价中的隐形评价部分往往是进行他评价时难以发现的。

（二）相对评价、绝对评价和个体内差异评价

相对评价是指以评价对象所在群体的整体情况为参照标准，看评价对象在群体中的相对位置。这种评价较适合以选拔为宗旨的教育教学评价，但其缺点在于评价结果并不一定代表评价对象的实际水平，同时由于可能导致激烈的竞争，容易对教育教学互动产生负面的影响。

绝对评价是指在评价对象群体之外预定客观的评价标准，以此评价每一个对象。评价标准不受评价对象群体情况的影响，评价结果只与评价对象本身有关。这种评价较适用于以鉴定资格和水平为宗旨的教育教学评价。

个体内差异评价是指把每个评价对象的过去与现在进行比较，或把个体的不同侧面进行比较。将评价对象的过去与现在进行比较可以称为纵向的个体内差异评价，把个体的不同侧面进行比较可以称为横向的个体内差异评价。由于个体内差异评价的实质是自己跟自己比较，因而不会造成评价对象的竞争压力，而这种评价也有利于动态关注个体的变化。但这种评价缺乏客观的标准，因而难以确定评价对象的真

---

① 周晓晔．激励理论在教育教学中的应用．丹东师专学报，1998(4)

实水平。

（三）诊断性评价、形成性评价和总结性评价

诊断性评价也叫前置评价，是在活动开始之前的预测性评价，以对被评价者的基础和条件做出鉴定。诊断性评价主要用于对学生的评价，用来了解学生的基础情况，如入学前的模拟测验、分班测验等。

形成性评价也叫即时评价，是在活动过程中检查被评价者的进展或进步情况的一种评价方式，有利于被评价者及时进行调整，如随堂测验、单元测试、期中考试等。

总结性评价也叫终结性评价，是在教学互动结束之后对其中的活动结果进行的一种评价，如期末考试、高考等。

二、评价的应用

教育教学活动是教师和学生的双边活动，所以教育教学评价既包括对教师“教”的评价，也包括对学生“学”的评价。鉴于本教材编写的目的是提高师范生的专业技能，所以在这里，我们将评价的内涵仅限定为教师对学生“学”的评价。

（一）评价的理念

对学生的评价必须将学生的终身发展作为终极追求目标，教育教学活动是为了促进学生的全面发展，那么评价作为教育过程的一个环节，自然也应以此作为出发点和归宿。这就要求教师在对学生进行评价时，不能只针对学习结果，还要看学生学习过程中的各个方面，如自主能力、创新能力、兴趣爱好、学习态度等。

（二）评价的原则

1. 整体性原则

评价的内容应涉及学生发展的方方面面，既要包括知识与能力，还要包括学习过程与方法，以及情感态度与价值观。

2. 主体多元化原则

评价的主体不应仅仅局限于教师，还应包括家长、社区、专家以及学生自己等。这种内外结合的评价方式，有利于拓宽评价信息的来源，保证评价的客观性和科学性。

3. 过程与结果并重的原则

教师对学生的评价既要看结果，也要看过程，在过程中发现学生的闪光点，将平时评价与结果评价相结合，从而对学生做出全面、综合、客观的评价。

（三）评价的体系

对学生评价的传统做法是以一定社会对人才的规格要求进行评价，这种评价方式的依据是社会评价标准。然而，现代教育不仅关注社会的需要，更关注学生个体的需要，因此在对学生进行评价时，就应该将社会标准与学生个体需要的标准相结

合。这一观点在新课程改革中得到了体现，即从知识与技能、过程与方法、情感态度与价值观三个方面来构建教学目标，也以此来评价学生。

(四)评价的方法

1. 学业成绩测验

这主要是指考试。考试有两种类型。第一种类型是教师自编测验，即由教师根据教学目标和内容，自行设计试卷进行考试。这种类型的测验往往会受到教师自身水平的限制。第二种类型是标准化考试。它由专门的机构或组织设计、组织和实施，严格按照科学原理和程序进行。这种类型的测验费用较高，适用于大规模的教学评价。

由于采用量化考核方式，学业成绩测验的结果较公正，但分数并不总是能够显示学生的真实水平，过分追求分数容易造成以分数取代教学目标的情况。

2. 日常考查

日常考查是一种形成性评价，是在日常教育教学过程中对学生进行的评价，这种评价方法形式多样，常见的有课堂提问、学生板演、作业批改、小测验等。

3. 专门调查与心理测量

专门调查是指通过问卷或座谈的方式，了解学生对知识的掌握、能力的提升和态度价值观的变化情况。心理测量是指用专门的心理量表，由专业人士施测的一种评价方式。例如，为了评价教学活动对学生创造力发展的作用，可以在教学之前和教学之后运用专门的创造力量表来调查，通过前后测量结果的比较，来发现教学活动在促进学生创造力方面的效果。

4. 成长记录袋

这是指根据教育教学目标，有意识地将各科有关学生表现的作品及其他证据收集起来，通过合理地分析，反映学生在学习与发展过程中的优势与不足，以及学生在达到目标的过程中付出的努力与进步。

根据评价目的的不同，可以将学生成长记录袋分为成果型、过程型和评估型三种。成果型成长记录袋需要分阶段选取代表学生最高成绩的作品。至于阶段的划分，教师可以根据需要或自己的教学进度来确定。一般认为这种成长记录袋特别适合于低年级的学生，可以对低年级学生起到很好的激励作用。过程型成长记录袋又叫进步型或工作型成长记录袋，它通过比较不同时期的学生作品来显示学生的进步情况。收集的作品不需要是最好的，也不需要制定严格的标准去选取学生作品，如果有必要，可以把草稿等作品都收集进来。过程型成长记录袋可以反映学生进步过程中的优势和不足，有助于教师对学生作出诊断。同时，过程型成长记录袋的评价方式注重学生的自我评估，帮助学生反省自己作品的数量和质量，教师和家长也可以在这一过程中给以适当的指导和建议。评估型成长记录袋又被称为通行证型成长记录袋，也就是说，这种类型的成长记录袋就像一份官方许可，决定学生以此时的知识和技能水平是否可以开始下一项教学任务。因此，这种记录袋需要遵照严格的规则来决定成长记录袋收集什么、收集的标准是什么以及如何评估。前两种记录袋都可以收集一些超出课程内容的作品或资料，而评估型成长记录袋内容的选择必须严格依据课程，以反映学生在课程领域内知识和技能的掌握程度究竟如何。除了这三种类型外，在实际的教育教学过程中，教师可以根据需要和学生的特点设计新的成长记录袋。但无论哪种类型的成长记录袋，都需要教师首先要全面了解所有的学生，同时也要付出较多的时间和精力。

本章小结

教育教学中的激励是激发学生学习动机、维持学习兴趣、纠正问题行为、促进学生正确发展的有效手段。评价作为一种价值判断，贯穿于整个教学过程和学习过程，对学生的评价同样能够起到激励的作用。本章首先阐述了激励与评价的含义，然后分别介绍了激励与评价的类型，最后针对教育教学工作分析了有效应用激励与评价的重要方面。

关键术语

激励；评价；激励的类型；激励的应用；评价的类型；评价的应用

思考与练习

1. 请分别阐述激励的含义和评价的含义。
2. 激励和评价分别有几种分类方法？根据每一种分类方法可以将激励和评价分成哪几种类型？
3. 教师应用激励手段时应注意哪些方面？
4. 在新课程改革的背景下，应如何有效地进行学生评价？有哪些方法？

拓展阅读

1. 靳玉乐．现代教育学．成都：四川教育出版社，2011
2. 薛彦华．教育学．北京：科学出版社，2009
3. 沈玉顺．现代教育评价．上海：华东师范大学出版社，2002

第五章　沟通与合作能力

学习目标 ▶

1. 了解小学生的身心特点。
2. 掌握与小学生沟通、与家长沟通以及与同事合作与交流的技能。

问题导入 ▶

小声地反抗

几个学生正趴在树下兴致勃勃地观察着什么，一位教师看到他们满身是灰的样子，生气地走过去问："你们在干什么？""听蚂蚁唱歌呢。"学生们头也不抬，随口而答。"胡说，蚂蚁怎么会唱歌？"老师的声音提高了八度。严厉的斥责让学生猛地从"槐安国"里清醒过来。于是一个个小脑袋耷拉下来，等候老师发落。只有一个倔强的小家伙还不服气，小声嘟囔说："您又不蹲下来，怎么知道蚂蚁不会唱歌？"①

教师工作是一项与人打交道的工作，教师必须能够有效地与学生交流。此外，还要具备与同事、家长等沟通与合作的能力。

第一节 与小学生沟通的技能

一、小学生的身心特点

（一）身体特征

1. 大脑结构的发展

根据生理学资料，儿童的脑重 3 岁为 1011 克，儿童的脑重 7 岁为 1280 克，9 岁为 1350 克，12 岁为 1400 克。由此可见，小学生脑重量的增加非常显著，而脑重量的增加又是和脑神经细胞的增大、脑神经纤维的增长相联系的。大脑的发育为小学生身心发展的其他方面奠定了基础。

2. 大脑机能的发展

小学生的大脑高级神经活动的基本过程——兴奋和抑制的技能，都有了进一步的增强。在皮质抑制方面，儿童约从 4 岁开始，内抑制就蓬勃地发展起来，儿童在其生活条件的要求下，特别是言语的不断发展，随着年龄的增长，内抑制机能也更加发展起来，儿童能更加细致地分析综合外界事物，并且善于调控自己的行为。

小学生人工性的条件反射形成的速度反而比学前儿童缓慢些。例如，对于 5 岁的儿童，条件刺激和无条件刺激 3 次结合就可以形成，8 岁儿童需要 6 次结合，12 岁儿童需要 9 次结合。在小学教学过程中，有时看到低年级学生进行回答或复述时，由于更多地考虑回答或复述内容的道德意义方面，反不如学前儿童的言语流利。这也是与第二信号系统活动所引起的对其兴奋的抑制有关的。

---

① 辛晓明，章业树．"蚂蚁唱歌"的启示．人民教育，2002(10)：19

小学生的第二信号系统主要是在教学活动中及在与成人交际的过程中发展起来的。在整个学龄初期内，儿童第二信号系统初步占有主要地位，但还不能作过高的估计。事实上，此时他们的抽象逻辑思维和掌握道德行为准则的能力还是很差的。因此，在教学过程中，在道德行为培养上，特别是重视直觉性原则(直观教具、口头讲述的直观性、行为榜样等)仍然是必要的。

小学低年级学生对教师的态度的主要特点是对自己的教师有一种特殊的尊敬和依恋的心情。教师的话是无可怀疑的。例如，他们常常回到家里说："老师说的……"他们经常喜欢和教师在一起、把自己心里的话告诉老师、希望老师点名提问自己等。教师应该珍惜这份心情，用自己的威信和关怀来引导儿童积极地完成学习任务。在教育影响下，随着儿童的发展，中年级以上的儿童对教师的态度就逐渐发生变化。这时，能在儿童心中树立威信，对儿童的学习起重大作用的教师，首先是思想作风好、教学技巧好、指导儿童的方法好、对儿童耐心帮助、对儿童公平的教师。

相关链接5-1

公正的重要性

天哪，学生眼里，老师的公正居然这么重要！

中国教育科学研究院一项公益基金项目曾经做过"义务教育阶段教师公正调查研究"，中国教育报刊发了相关文章(作者：高慧斌)。问卷调查选择北京、重庆、长春等9个城市的中小学，共发放问卷3000份(调查对象包括老师、家长、学生)，阶段性成果显示，和渊博的知识、无私奉献的精神相比，公正竟然以78.3%的比例，成为学生和家长心中最重要的职业品格。

具体的数字是这样的，在对教师最应该具备的职业品格调查中，78.3%的学生认为公正是教师最应具备的职业品格，其他依次为教育技能6.7%、积极乐观的态度5.9%、无私奉献的品格5.7%、渊博的知识3.0%、其他为0.4%；68.2%的学生家长认为公正是教师最应具备的职业品格，其他依次为教育技能16.5%、无私奉献的品格8.1%、积极乐观的态度4.6%、渊博的知识2.2%、其他为0.4%。

(《中国教育报》2015-11-23)

(二)心理特征

1. 小学低年级学生的心理发展

小学低年级学生还延续着幼儿时期的一些心理发展特征，很喜欢游戏，同伴交往、社会性发展都在游戏中继续发展着。此时的儿童对是非、善恶的判断处在以成人标准为标准的阶段，对成人的依赖开始从对父母的同一转向对教师的同一，明显地表现为对教师权威的服从，最典型的特色就是“打小报告”。

小学低年级学生还保留着幼儿期“口语时代”自我中心的特征，他们在倾听或与别人对话时，总会拼命地讲自己想说的话，却不大关心对方所讲的内容。

2. 小学中年级学生的发展

小学中年级的学生已经完全脱离了幼儿时期的发展特点，全身心地投入到学校集体生活中。他们一边继续服从着教师的权威，一边开始重视伙伴之间的真诚与法则，伙伴规则时代悄然来临。

这一时期的学生对成人的意见或命令不再那么唯命是从，而是试图发表自己的看法，进入了“不听话时代”“歪理时代”。其实这正是儿童“见解形成期”的典型特征。这种“见解”并不像青春期那样完全独立，而主要是情感方面的独立。对这一时期的儿童进行教育和指导，要关注他们的情绪、情感发展的特点，而不能简单地滥用权威。应允许儿童适当地坚持自己合理性的“见解”，当然也不能让不合理的“见解”肆意扩张。

小学中年级阶段的儿童正处在对成人认同向对朋友的认同的转化期，进入了伙伴规则时代，他们内心渴望与同龄伙伴交往，开始形成小团体，团体内的人际关系既凝聚又排他，在某些情况下，伙伴的规则比父母和教师的要求更有控制力。在此阶段，学校应不断增加集体活动，鼓励同伴之间进行交往，不断增强团体气氛，为儿童今后社会化发展打下良好的基础。

3. 小学高年级学生的心理特点

小学高年级学生从发展的总体上看还处于儿童期，但其中一些年龄偏高的儿童已处于向少年过渡时期。这一时期的儿童有了向更高层次学习的认识基础，有些孩子生理发育开始趋于成熟，使他们开始关注男女之间的差异，社会化发展进入了快速发展的状态。

小学高年级学生对各种事物都怀有极强的好奇心和求知欲，在这种求知的心理状态下，他们的判断力开始理智地发展，对成人尤其是老师的批判精神开始萌生。与中年级充满反抗、逆反情绪的“见解”不同的是，他们相对显示出一些稳定和成熟，批判的目的更多的是想弄清是非或表明他们的公正。

对性别角色差异的认识，早在中年级就已经步入了快速的发展时期，如男生时常对女生搞恶作剧，会在女生游戏时滋事扰乱，而女生则喜欢频频向老师告状，男女同桌会画出分界线。到了高年级，由于青春期的开始，男女儿童对各自所属的性别意识在强化，有些儿童会出现疏远异性的现象。心理发展正开始一个崭新的质的飞跃。这些情况会一直延续到青年初期。

二、重新定位师生关系

小学生与教师的关系是其人际关系中的一种重要关系。与幼儿园的教师相比，小学教师更为严格，既引导学生学习，掌握各种科学知识与社会技能，又监督和评价学生的作业、品行。与中学教师相比，小学教师的关心和帮助更加具体而细致，也更具有权威性。几乎每一个儿童在刚跨进小学校门时都对教师充满了崇拜和敬畏，教师的要求甚至比家长的话更有权威。对小学低年级学生来说，教师的话是无可置疑的，这种绝对服从心理有助于他们很快学习、掌握学校生活的基本要求。但是，随着年龄增长，小学生的独立性和评价能力也随之增长起来。从三年级开始，小学生的道德判断进入可逆阶段，学生不再无条件地服从、信任教师了。他们对教师的态度开始发生变化，开始对教师做出评价，对不同的教师表现出不同的喜好。心理学研究发现，小学生最喜欢的教师往往是讲课有趣、喜欢体育运动、严格、耐心、公正、知识丰富、能为同学着想的教师。小学生对教师的评价还影响着小学生对教师的反应，他们对自己喜欢的教师往往抱以积极的反应，而对自己不喜欢的教师往往报以消极的反应。例如，同样是批评，如果来自于小学生所喜欢的教师，他们就会感到内疚、羞愧；如果来自于小学生所不喜欢的教师，他们就会反感和不满。因此，教师努力保持与学生的良好关系有助于其教育思想的有效实施。

要想创建民主、和谐的师生关系，应该遵循以下四个原则。

1. 了解学生是根本

学生的身心特征、家庭背景、经历都是完全不同的，几十个人组成的班级就会千姿百态。老师要摸清所教学生的人生观、世界观及发展的趋势，要为每位同学把“脉”，对症下药、因势利导、因材施教，不断发挥他们的优势、弥补他们的不足，使他们趋于完善。

2. 相信学生是基础

学生往往从老师的信任与期待中体验到做人的尊严，从而激励自己不断进取、积极向上。对教师来说，如果能赢得学生的信任，学生就会以你为友、以你为师，听你指导、受你帮助。

3. 尊重学生是条件

所谓尊重学生，就是对学生的一种善意的肯定态度，就是尊重学生的人格，保护学生的自尊心。对学生一视同仁，是尊重学生的一条基本原则。

4. 热爱学生是关键

爱护学生与诲人不倦是结合在一起的，教师热爱学生不是无目的的，爱之是为了诲之，热爱是一种情感力量，热爱学生是培养学生的重要条件。热爱学生是没有界限、没有等级的。后进生更需要老师发自内心的爱，更需要老师的格外扶持、关心和爱护。①

（一）期待者

心理学研究表明，教师期望对小学生的成长具有广泛的影响，学生的学习能力、

---

① 苏丽，迟永大．创建新型师生关系的四个原则．中国校外教育理论，2009(11)：35

阅读能力和行为表现等都会不同程度地受到教师期望的影响。教师一般是根据学生的性别、身体特征、家庭状况、兴趣爱好等信息来对学生形成期望的；当教师对小学生有高的期望时，就会对学生表现得更和蔼、更愉快，更经常表现出友好的行为，如点头、注视学生、谈话更多、提问更多、等待学生回答的时间更长、更经常地赞扬学生等。教师对学生的不同对待方式传递着不同的信息，如认为高期望值学生的失败是因为其没有好好努力，而低期望值学生的失败是因为其缺乏能力。在实际的教育教学过程中，教师应该善于向小学生表现自己良好的期望，尤其是对那些后进生更应该满腔热情，更多地采取积极鼓励的方式激励他们努力学习。

相关链接5-2

“皮格马利翁”效应

这是一则古希腊神话故事。塞浦路斯的国王皮格马利翁是一位有名的雕塑家。他精心地用象牙雕塑了一位美丽可爱的少女。他深深地爱上了这个“少女”，并给它取名叫盖拉蒂。他还给盖拉蒂穿上美丽的长袍，并且拥抱它、亲吻它，他真诚地期望自己的爱能被“少女”接受。但它依然是一尊雕像。皮格马利翁感到很绝望，他不愿意再受这种单相思的煎熬，于是，他就带着丰盛的祭品来到阿芙洛狄忒的神殿向她求助，他祈求女神能赐给他一位如盖拉蒂一样优雅、美丽的妻子。他的真诚期望感动了阿芙洛狄忒女神，女神决定帮他。

皮格马利翁回到家后，径直走到雕像旁，凝视着它。这时，雕像发生了变化，它的脸颊慢慢地呈现出血色，它的眼睛开始释放光芒，它的嘴唇缓缓张开，露出了甜蜜的微笑。盖拉蒂向皮格马利翁走来，她用充满爱意的眼光看着他，浑身散发出温柔的气息。不久，盖拉蒂开始说话了。皮格马利翁惊呆了，一句话也说不出来。皮格马利翁的雕塑成了他的妻子，皮格马利翁称他的妻子为伽拉忒亚。

（二）倾听者

成人的世界是缤纷的，孩子的世界也同样精彩。教师应该在倾听中给予孩子充分的尊重，只有孩子感觉被尊重，师生的交往和沟通才变得可能。黑柳彻子的《窗边的小豆豆》中就记载了一段小豆豆在和校长的一次谈话中由于受到了校长的鼓励，而对学校产生了喜爱的故事。小林校长在见到小豆豆伊始就把自己对小豆豆全心全意的关心传达给了孩子，小孩子的自尊心受到强烈的震撼，她不能不喜欢这样的校长和这样的学校。

案例 5-1 《窗边的小豆豆》(节选)

小豆豆因为淘气被原来学校退学后，来到了巴学园。小豆豆第一次和校长先生见面，校长先生把椅子拉到小豆豆跟前，面对着小豆豆坐了下来，说："你跟老师说说吧，说什么都行。把想说的话，全部说给老师听。"小豆豆本以为，也许校长会提些什么问题，让自己回答。当听到"说什么都行"，小豆豆开心极了，立刻开始说起来。说话的顺序，说话的方式，都有点乱七八糟的，但却是拼命地说着。校长先生一开始就抓住孩子的心理特点，让小豆豆尽情表达。如果小豆豆原来的老师能够像校长先生那样，给她足够的时间做自己喜欢的事情，小豆豆就不会成为他们眼中的问题学生了。

那天，小豆豆竟然说了四个小时的话，这就意味着，校长先生聆听了四个小时。虽然我们不是校长，但作为一名老师，我们有这样的耐心吗？你看，校长先生边听边笑着，不时地点着头，有时候还问"后来呢"。他不断地传递给小豆豆这样的信息，我对你的话题很感兴趣，你给我带来了快乐。小豆豆越发开心，说个没完没了。这么长的时间里，校长先生一次也没打哈欠，一次也没有流露出不耐烦的样子。他也像小豆豆那样，把身体探出来，专注地听着。

最后，小豆豆绞尽脑汁想啊想，实在找不到什么可说的了。这时候，校长先生站起来，用温暖的大手摸摸小豆豆的头，说："好了，从现在起，你是这个学校的学生了。"小豆豆感到，生平第一次遇到了真正喜欢自己的人！因为，从小豆豆出生到现在，还没有一个人这么长时间听她说话呢。

(三)"平等者中的首席"

"平等者中的首席"是由美国路易斯安州立大学课程与教学系教授小威廉姆·E.多尔提出的。"平等中的首席"的英文是"First among the equals"。"First among the equals"首先的一层含义是教师虽然是"First"，但教师首先是"The equals"中的一员，换一句话说，教师与学生共同构成"The equals"，教师与学生，首先是平等者，即教师与学生平等。"First among the equals"的第二层含义是教师与学生虽然是平等者，但教师还是平等者中的首席，这是由教师是教学情境中的领导者所决定的。多尔认为"教师不要求学生接受教师的权威，相反，教师要求学生延缓对那一权威的不信任，与教师共同参与探究，探究那些学生所正在体验的一切。教师同意帮助学生理解所给建议的意义，乐于面对学生提出的质疑，并与学生一起共同反思每个人所获得的心照不宣的理解"。

三、与小学生有效沟通的技巧

(一)最美的语言是微笑

西方有句谚语："教师就是面带微笑的知识。"当我们微笑着面对孩子时，他们就消除了恐惧感。当孩子受到表扬和鼓励的时候，他的做事态度就更认真了，做事的积极性越高，做事的效果就越好。所以，别吝啬你的赞美和微笑，它不仅容易被学生接纳，也会使教师感到身心愉悦，获得教育的成就感。

(二)最美的回声是倾听

倾听是与他人心灵交流的基础，是成功的起点。生活中，每个人都需要他人的倾听。倾听是一个人良好的素质和修养的体现。经常倾听学生的心声，不仅是对学生的一种关怀，更是对学生的尊重和赞美。所以作为一个班主任老师，要善于倾听学生们的心声。因为它是你了解学生的有效渠道，是建立师生之间良好人际关系的重要方法之一。

(三)最美的交流是谈话

弗莱雷说："没有了对话，就没有了交流；没有了交流，就没有了真正的教育。"雅斯贝尔斯说："教育是人与人的精神相契合，文化得以传递的活动。而人与人的交往时双方对话的敞亮……所谓教育，不过是人对人的主体间灵肉交流活动。"语言学家发现，人与人沟通仅有10%通过语言来进行，30%取决于语调与声音，其余60%得靠肢体语言。所以在交流和沟通过程中，不仅要耳到，还要眼到、心到。用眼睛去观察，用心灵去体会。

(1)谈话要注意语言的艺术性

要做一个有内涵、有修养的教师，教师要丰富自己的知识底蕴，要让学生了解课内及课外的生活，让学生乐于接受你的观点并帮助他们把所学的知识活用于生活。

(2)教师说话要有幽默感

当孩子不开心时，我们的一个笑脸或一个滑稽动作就可以逗乐他们。当他们犯错时，我们用幽默的态度对待，这样可以降低他们的内疚心理，同时也会避免他们的逆反心理。

(3)避免居高临下一味地说教

作为班主任教师，与学生要处于平等的地位，要尊重学生的人格和权利，请记住：尊重也是一种爱。每位教师都要以身作则、为人师表。对学生的批评和教育要耐心、细致。大事化小，小事化了。

(4)在谈话中要善于倾听

教师要想真正成为学生的良师益友，不仅要做个直接的"倾听者"，也要做个间接的"倾听者"。就是在与学生的谈话中要适当地倾听，捕捉有用的信息，然后将信息加工、处理，使它们瞬间转变成有用的信息，从而促进学生健康有序地发展。

(四)最美的角色是换位

要善于换位，设身处地地替学生着想。告诉学生每一个人看问题的角度不同，认识问题的方法和出发点就不一样；了解到的情况不同，得出的结论自然就会截然不同。学生和学生之间产生矛盾是时有发生的。这时候对他们的教育采用“换位思考”的方法，解决起来就合乎情理。甲来想想处在乙的位置上的感受，相反，乙也尝试同样的体验。时间久了，这种换位思考经常应用于学生之间、教师和学生之间，孩子们就学会了谦让，学会了怎样站在对方的立场上思考问题，懂得怎样做个好学生。

第二节　与家长沟通的技能

教师和家长的关系是教师人际关系中重要的一个方面，而且教师和家长交往的程度、方式影响着学生的学习和成长。因此，作为新时期的教师要重视家校沟通，在尊重家长的前提下探寻多种形式、深层次、有效的沟通，并且对于那些特殊家庭的儿童要给予特别的关怀，关心爱护他们，扭转特殊家庭对他们造成的不利影响。

一、正确认识家校关系

教育孩子是社会、家庭、学校共同的责任。而家庭教育在整个教育中有着重要的地位和作用。家校之间良好的合作关系是保证学生健康成长的极其重要的条件，作为教师，更应该认识到家校合作的重要性。家校合作并不是中国的创新，美国早在1900年就建立了“家长教师协会”，1993年第25届盖勒普民意调查发现，教师们普遍认为“如果家长积极参与其孩子的教育，学生在校表现可能更出色”。

(一)家校合作可以保证教育的一致性和连贯性

从广义的角度看，教育是指按照一定的社会要求，对受教育者的身心施以影响的一种有计划、有目的的活动。它不仅包括学校教育，更包括家庭教育和社会教育两个部分，虽说学校、社会和家庭在教育中各负其责、各司其职，有一定的分工，但三个部分又是紧密相连、相辅相成、缺一不可，在小学生的成长过程中，忽视了哪一方面的教育都可能造成不良后果。学校教育是家庭教育的延续，是家庭教育的补充和完善，是连接社会教育和家庭教育的枢纽，而家庭教育在整个教育链条中有着不可替代的重要作用。家庭是孩子的第一所学校，父母是孩子的第一任老师，从孩子呱呱落地，家庭的熏陶和父母的影响已经在孩子身上产生了潜移默化的教育意义。著名教育家马卡连柯曾经说过：“成年人在生活的每时每刻，甚至你们不在场时，也在教育儿童。你们怎样穿戴，怎样同别人谈话，怎样对待朋友或敌人，怎样微笑，怎样读报，这一切对孩子都有意义。”

（二）家校合作形成合力，共同探索孩子们的内心世界

随着社会的开放，纷繁复杂的社会现象和纷至沓来的大量信息在刺激着孩子们的感官，同时也对孩子们的心理、思维、情绪、行为等起着影响和干扰作用。“孩子们到底在想什么”越来越成为一个谜，使老师们不解，令家长们困惑。在这种情况下，家校之间的合作尤为重要，需要双方形成一种合力，共同去探索孩子们的内心世界，有的放矢地寻求孩子们能够接受的教育方法，这也是家校合作的首要目的。

（三）家校合作中，教师和家长要认识到各自的职责

教师要首先认识到没有家长与教师达成共识、没有家长的精诚合作，单枪匹马的教师再有本事也未必能够取得良好的教育效果。教师也要引导家长充分认识到与学校、教师良好合作的现实意义。有的家长认为为孩子选择了好学校，就已经尽到了责任，剩下的教育问题就交给学校和老师了。有的家长很自谦，认为自己不懂教育，甚至文化程度不高，辅导不了孩子，只能拜托教师，从客观上放弃了与学校的积极合作。教师应该引导家长认识并做到与教师主动沟通、虚心求助、善于协调、合理配合，真正形成教育合力，就能为孩子的健康成长助一臂之力。

二、与家长沟通的技巧

案例 5-2　倾听家长的诉说

一天晚上九点多钟，常月聪的妈妈打来电话，情绪激动，甚至有些愤怒，向我讲述那天晚上兴趣活动时，常月聪被同学欺负，老师也没有管的经过……这一讲就一个小时左右，最后说的话掷地有声——这样的环境不利于孩子的成长，打算转学，费用不成问题。在她讲的整个过程中，我除了静静地听，几乎没有说。听完之后我说：“家长，我非常理解你此时的心情，明天我了解情况之后再交谈，好吗？”

第二天，我了解情况之后，发现没什么大不了的，主要是孩子自己多疑，觉得同学们不喜欢她。根据这个情况，朝会的时候，我对同学们说：“今天的朝会，主要是夸夸常月聪……”同学们夸完之后，我接着说：“我记得，三脚走跑，我班荣登冠军宝座，这与大家的努力息息相关，其中常月聪……”同学们马上接话：“以摔断半颗牙为代价。”“我记得，常月聪的佳作常常被我们欣赏，其中《滇池之旅》……”同学们如数家珍：“被评为市一等奖……”“谁是她的朋友呢？”很多同学举起手……我对泪盈盈的常月聪说：“真羡慕你！有如此多的知音！而且，还有一个深爱你的母亲！”

朝会后，我问常月聪爱自己的母亲吗？她点点头。我说你给母亲打个电话，别让母亲担忧，好吗？她点点头！中午，她的母亲打来电话，态度大变，谈得很

投机，她说温室里的花朵经不起风雨，庭院里练不成千里马……

这件事之后，我再三思考：被动沟通的时候，平心静气地倾听非常重要，这样能快速找到应对的措施，把教育的意图隐蔽在友好的无拘无束的气氛中，通过曲线到位，把教育的要求转化为家长自身的要求！①

（一）尊重家长是前提

不管是家访还是家长来学校交换意见，教师都应该转换角色，把自己当成这个家庭的朋友，千万不要板起面孔去教育家长或指示家长怎样怎样，或者将对学生的情绪转移到家长身上。与家长交往的过程中，应注重礼节。例如，家长来访时，教师应起身欢迎，家长走时要起身相送。应尽量使用文明用语，如“请坐”“请喝茶”等。要让家长充分表达他们的意见，教师谦虚诚恳，专心倾听，同时要表现出对家长心情的理解，坦诚地与家长交流。

（二）懂得赞美是手段

赞美全体家长与赞美个别家长相结合，赞美家长素质高，赞美家长懂教育，赞美家长爱孩子但不袒护，赞美家长为班上孩子做了许许多多的事……这样的赞美常常带来的是更多的家长对班级更多的关注，班级事情教师一人做与教师、学生一起做或和教师、学生、家长一起做相比，其力量相差是悬殊的。例如，优秀班主任任小艾老师在班上评选了“文明礼貌标兵”，任老师主动给家长写感谢信，感谢家长对孩子的教育，也受到了家长的认可，家长表示会继续支持任老师的工作，更要教好孩子文明礼貌。

（三）方法策略是保障

教师在与家长相互交往的过程中，要时刻注意维护家长的自尊和威信。特别是那些学习落后学生的家长，教师要表现出一定的教育智慧，察言观色、掌握分寸，既让家长了解到学生的在校情况，又要维护家长的面子。特别是不能在家长会上或班集体中指名道姓地责备他们的子女或学生家长，使学生或家长感到羞辱或难堪；有些学生的错误尽管与家长有关，但也不能随意批评。

教师与家长沟通与合作的方式有很多，教师可以利用 QQ 或电子邮件与家长联系。联系并不是“告状”，而是讨论孩子的教育问题，顺带提醒一下家长孩子最近出现的问题，并给予一些建设性的建议，这样家长必然会欣然接受。教师还可以采取登门拜访的方式与家长沟通，最好不是在学生出现很严重的问题的时候才去家访，而是在学生有了问题的苗头时及时家访。在与家长交谈的过程中，要尽量表示对学生的关心，多表扬学生的优点，和家长达成协议，共同帮助学生成长。开家长会也是教师与家长沟通的一种常见的方法。不论是何时、因何原因而开的家长会，教师都应该注意与家长沟通的技巧。首先，教师不要批评或表扬任何学生，只是汇报班

---

① 江芳，杜启明．小学教师专业标准知与行．合肥：安徽师范大学出版社，2012：190-191

级整体情况。其次，教师也可以给家长们一个主题，让家长讨论，并给予建议与支持，如“如何教会孩子安排时间”“教给孩子学习方法”等。再次，把自己需要家长配合的方面讲清楚。最后，如果遇到态度消极的家长，也应该让其感受到教师是关心他们的孩子的，即使对方有所抱怨，也应该心平气和地对待。

相关链接5-3

任小艾班主任工作艺术(节选)

任小艾的班主任工作艺术，主要在于“一则”“二感”“三言”“四通”“五心”“六法”。在“六法”中，有一种技巧就是充分利用家长的资源，实现家校合作。

第五个教育技巧：“三位一体的互促法”。所谓三位一体指的是什么？就是指班主任老师能不能调动起学校、家庭、社会三者的力量，使三者成为一个整体共同参与教育，说起来难，做起来并不是很难的事。

有一天我把家长们都找来了，对家长们说，凡是在我们班学习的孩子的家长请你们注意，大家要共同参与教育。我在我们班搞了一个活动，活动是什么，“家长系列讲座”。凡是在我们班学习的学生的家长，父亲、母亲你们选其中的一个人，在三年的时间中给我们学生讲一节课，讲什么？讲你的人生，讲你的学习经历，讲你的工作，讲你的所见所闻……只要是对学生有益的。你们自愿报名。于是，我还宣布，评选出10名“最佳家长讲座人”，我们要在家长会上让孩子给你戴红花，家长们都拼命地努力，争当十佳呀。于是，讲天文，讲地理，讲海洋，讲医学……五花八门，来自不同岗位的家长讲他们的人生和工作，孩子们特别有兴趣。哪个孩子的家长讲座，哪个孩子就做主持人，沏茶、倒水、主持，最后作总结，非常有意思。

三、问题家庭的分类指导

无论是直接指导问题生家长，还是通过指导孩子间接影响问题生家长，我们都要对问题家庭有所认识。问题家庭形形色色，其“问题”不同，对孩子造成的影响也不同，我们的指导重点也就不同。班主任必须学会因“家”施教。

(一)溺爱型家庭

溺爱型家庭中家长对孩子过度关爱、过度保护、有求必应、无微不至。从表面上看，溺爱孩子的家长好像是孩子的奴隶，其实细分析起来，他们首先是自己感情的奴隶。孩子有点事，家长先受不了；孩子还没冷，家长先冷了；孩子还没累，家长先累了；孩子还没哭，家长先落泪了。家长的感情失去控制，先淹没了自己的理智，再去“淹没”孩子。他们中有的人可能以为，我这样爱孩子，将来孩子就会报答我。其实可能正相反。苏霍姆林斯基说过：“铁石心肠的人大都生长在那些父母过分溺爱子女，对他们百依百顺、一味迁就，对他们没有任何要求的家庭。”被溺爱的孩子长大一般都不孝顺，所以这种家长往往以溺爱开始，以寒心和愤怒而终。

产生溺爱的具体原因很多。孩子从小体弱，家长觉得他可怜，因而溺爱。长期不孕好容易得个孩子的家长容易溺爱。重男轻女的家长得个儿子容易溺爱。本来不受溺爱的孩子忽然得了一场病，病中家长对他照顾备至，病好以后可能把病中的习惯延续下去，形成溺爱。夫妻感情不和，妻子可能把自己的感情全部倾注到孩子身上，形成溺爱。家长生活贫乏，精神世界不充实，不喜欢自己的工作，又没有什么娱乐，于是把孩子当成自己的全部世界，也会形成溺爱，这种家长特别离不开孩子。

在溺爱中长大的孩子容易任性、自私、怕苦、生存能力差、人际交往能力差、厌学、贪玩。严重溺爱通常会造就行为习惯型和厌学型问题生，如果加上其他因素，也可以造就心理障碍型问题生和品德型问题生。

溺爱孩子的家长有时候不知道自己在溺爱，教师要很具体地告诉他，什么事情不能做，什么事情要少做，什么话不能说。有些家长明知道自己溺爱孩子，只是不能控制自己的感情，对此教师要耐心地引导，最好能给他设计一个有梯度的纠正方案，帮他逐渐转变。

(二)放任型家庭

许多放任孩子的家长并不是不想管孩子，只是家庭教育已经失控。做父亲的采取放任态度，一般是由于懒惰，以为孩子有母亲管就行了，对孩子的事不闻不问。有些年轻的父亲，只顾自己挣钱或玩乐，缺乏做父亲的责任感。还有些人认为树大自然直，现在不必抓那么紧，高兴了，大抓一阵；不高兴了，撒手不管，缺乏认真的态度和毅力。还有一种放任是因家庭教育方法不一致造成的。父亲要管、母亲要管而爷爷不答应，总是因为孩子闹不愉快，天天不省心，只好由他去了。其中也有的人偷着管孩子，效果当然好不了。母亲不让管，父亲没办法，只好持续地放任，可能使孩子任性、蛮横、没规矩、散漫、偏科、厌学，这种孩子给人的第一印象就是“没家教”。他们首先容易成为不良行为习惯型问题生，其次容易成为厌学型问题生，如果接触不良人员，就可能成为品德型问题生。

指导放任型的家长，如果他是不得已而如此，那就要帮助他找回权威。如果家长懒于管理，那就要提醒他如此做的后果——眼前的小麻烦会招来以后的大麻烦，并具体指导他在何处“拉紧缰绳”。

(三)纵容型家庭

纵容比放任还危险。放任只是不管而已，纵容则是袒护孩子的错误。纵容孩子的家长价值观有问题，他们为谋私利不惜损害别人。家长由于阅历较多，虽谋私利，但还知道分寸，但孩子却不能把握住度。孩子接受了家长的价值观，为占便宜不管不顾，长此以往，势必犯大错误，甚至触犯刑律。当出现这种危险时，家长也知道不妙，也会加以提醒，但他不是帮助孩子转变思想，而是教孩子以后怎样更“巧妙”

一点，不被别人抓住。这当然是错上加错。以损人开始，以害己告终，纵容孩子错误的家长往往会得到一个痛苦的结局。

一味纵容可能使孩子的性格出现很大的偏差，最容易造就不良行为习惯型问题生和品德型问题生。班主任可以试着促使家长转变价值观。不过这一般很难奏效，因为成人的价值观是比较稳定的。那就建议家长少用错误的价值观(如拜金主义、恃强凌弱等)影响孩子。对于家长袒护孩子错误的行为要予以批评，并指出其后果。孩子惹出事端，要让家长负担其该负的责任。

(四)管制型家庭

有许多问题生来源于管制型家庭。管制是我国传统的家教思路，此法如今已渐渐行不通，但仍有不少家长迷恋于它，因为他们不熟悉别的方法而习惯于管、卡、压。迷信管制和权威的家长不信任自己的孩子，看不到孩子的优点、积极性和自觉性，他们认为孩子天生爱闯祸，天生不会自觉，所以他们以不犯错误作为衡量好孩子的标准，以防止孩子犯错为自己的根本任务，以制定各种禁令为具体方法。

用管制的方法常常能“迅速见效”，这是许多家长喜欢用这种方法的一个原因。比如孩子不爱做作业，家长一声令下，孩子无奈，只好每天晚上摆出一副用功的样子。令行禁止，雷厉风行，家长很高兴。但孩子脑子里想什么，家长管得了吗？所以管制的作用是有限的，它只能使孩子被动服从，不能使孩子主动进取。苏霍姆林斯基有一句话说得非常好：“在实际生活中，可以强迫孩子做某种事情，然而迫使他‘做个好孩子’，这是不可能的。”

也有的家长迷信管制的方法，这是把职业习惯迁移到家庭教育上的结果。例如，当干部的或军人出身的家长，就可能把单位的管理办法或部队的纪律搬到家庭中来，而忘记了家庭教育是一门独立的科学。

管制型的教育很容易导致孩子产生逆反心理。外向性格的孩子，其逆反可能表现为攻击性，内向性格的孩子则可能走向自闭和自我攻击。另外，过分的管制还可能导致孩子双重人格(两面派)、人际交往障碍和无能。管制型家教首先容易造就心理障碍型问题生，其次是厌学和行为习惯型问题生。还有，“好学生”型问题生也往往出自管制型家庭。

孩子总还是需要管的，问题是这种家长只会管，而且管得太多了。班主任指导这种家长，要做的是两件事：一件是帮他把管孩子的具体项目一条一条地列出来，和他一起商讨该砍掉哪些项目；另一件是教给家长一些“非管制”的教育方法。

(五)冷漠型家庭

冷漠型家庭的突出特点是家长对孩子冷漠或忽视甚至很少见面。有的家长只图自己享受，置孩子于不顾，甚至以孩子为累赘。另有一种家长，只知道挣钱过日子，以为多给孩子买东西就是爱孩子。他们起早贪黑地工作，连和孩子谈话的时间都有限，更不必说感情交流了。这也是一种冷漠。冷漠还可能是说也不服、压也不服、管也管不住、劝也劝不动、孩子软硬不吃时采用的最后一着：我不理你。到了这种程度，说明家长与孩子的关系已经很不妙了，比经常争吵还要糟糕。

冷漠与放任不是一回事。冷漠主要是指感情方面，放任主要是指行动方面。在行动上放任孩子的家长在感情上不一定对孩子冷漠，在感情上冷漠的家长在行动上不一定放任孩子。

孩子对冷漠的反应是什么呢？有的是以冷对冷，有的则是竭力捣乱或闯祸，以吸引家长的注意，哪怕被家长骂自己一顿也好，总比不理自己强。孩子是很难忍受冷漠的。孩子在冷漠的气氛中长大，性格会变得孤僻、不热情。或者相反，特别热衷于人际交往，离不开他人，缺乏独立性。这种孩子首先容易成为“心理障碍型的问题生”(如自闭)，其次容易成为厌学型和不良行为习惯型问题生。

指导冷漠型的家长，如果是原发型的冷漠，应该力劝他改变态度，教他一些与孩子沟通的方法(他们往往不知如何与孩子沟通)；是后发的失望型的冷漠者，要帮助他们恢复对孩子的信心，树立永不放弃的观念。

(六)高期望型家庭

对孩子怀有很高期望在我国是非常普遍的现象，即所谓“望子成龙”。家长希望孩子有出息，这本来是很正常的，问题是很多家长对孩子的期望非常主观，完全脱离实际。他们根本不承认人的智力和智力类型天生是有差别的，他们迷信“努力”“刻苦”，鼓吹只要拼命学习谁都能实现自己的目标，其实这是没有科学依据的。

对孩子怀有很高期望的家长，有的是让孩子为家长争脸面，有的是为了光宗耀祖，有的是为了补偿自己当年没有实现的理想。他们不分析孩子的特点，不了解孩子的需要，不尊重孩子的感情，一厢情愿地制定一个个目标，强迫孩子去落实。这种做法开头可能还算顺利，孩子到了一定年龄，就会消极怠工、逆反、厌学，或者自卑、自我攻击。问题生中的厌学生、不良行为习惯型学生、心理障碍型学生，多数是高期望家庭造就的。

对怀有高期望的家长，仅笼统地劝他们降低期望值是不够的，比较好的办法是对孩子进行检测，找到孩子的真正潜能、优势和弱项，帮孩子选定一个切实可行的目标，如此才能说服家长。单纯让家长降低期望值，他们不服气，因为这种家长一般都有很重的虚荣心，特别爱面子。

(七)垂直型家庭

所谓垂直型家庭，是指孩子极其缺乏同龄人横向交往的家庭。独生子女家庭本来就具有垂直性质，孩子的人际关系仅限于垂直向上与长辈联系，有些家长变本加厉，不让孩子与邻居小孩交往，不给孩子与同龄人玩耍的机会，甚至以为，家长陪孩子玩可以减少孩子之间的矛盾，可让自己的孩子少吃亏。如此下去，这个家庭就成了垂直家庭。这种家庭培养的孩子极其缺乏与同龄人交往的经验，一旦上学，大家就会发现他有点傻，幼稚，不懂事，长不大，行为习惯毛病多，人际交往有障碍。

长大以后，或者孤僻、自闭，或者疯狂交友、早恋。许多不良行为习惯型问题生和心理障碍型问题生都产生于垂直家庭。

怎样指导垂直家庭呢？如果孩子还在上小学，那比较好办，劝说家长多创造一些机会让孩子接触同龄人就行了（比如几个家庭结成小组，建立“模拟多子女家庭”）。当然，这要有梯度，而且要有技巧，不可突然把孩子放到小朋友家里去，否则孩子会不知所措，大受挫折，以后再也不愿去了。如果孩子已经上了中学，就比较麻烦了。对于孤僻、自闭的孩子，要更谨慎地引导他接触同龄人（先帮他找一两个朋友）；对于疯狂交友的孩子，则需要适当限制，同时引导他们树立正确的交友观。这种工作很不容易做，必要时要请教专家。

（八）矛盾型家庭

矛盾型家庭指的是家长之间存在激烈冲突的家庭，它们有的是生活上的矛盾，有的是教育孩子上的矛盾，如夫妻不和、夫妻长期闹离婚、婆媳矛盾、祖辈与父母在教育孩子问题上意见严重分歧等。这些矛盾搞得家庭火药味十足，鸡犬不宁。即使孩子不支持任何一方，也会情绪低落，经常烦躁不安，很难静下心来学习。有的孩子加入某个阵营，帮助妈妈反对爸爸，帮助奶奶反对妈妈，或者谁的话对我有利我就听谁的，搅在成人的矛盾里，纵横捭阖，对健康成长更加不利。所以我们说，矛盾型家庭有时比单亲家庭对孩子害处更大。单亲家庭有很多孩子还是很优秀、健康的，而矛盾型家庭的孩子，即便学习成绩优秀，一般也会留下心理创伤。矛盾型家庭的孩子容易出现情感危机、厌学、早恋、自闭、两面派，有的则会提前走向社会。矛盾型家庭能造就各种类型的问题学生。

班主任诊疗问题生的时候，若遇到矛盾型家庭则比较难办，因为我们无权介入人家的家庭矛盾，涉及隐私的事情更不能乱打听，然而这种矛盾又确实影响着孩子。怎么办呢？比较妥当的办法是在涉及孩子教育的部分给家长提些建议，比如不要当着孩子的面争吵，不要拿孩子当控制对方的武器和与对方讨价还价的筹码等。如果家长对教师非常信任，拿教师当朋友，也可以提一点缓和家庭矛盾的建议。还有一个办法是，教育孩子在家长的矛盾中严守中立，告诉孩子，大人的事是他们之间的事，小孩不要插嘴，小孩要做的事情是考虑自己的前途。

（九）特权家庭

特权家庭指的是官员家庭或当地有实力者的家庭。如果这类家庭的家长头脑不清醒，他们的孩子容易成为问题生。道理很简单，特权是腐蚀人的。如果孩子闯了祸家长总能替他“摆平”，使他逃避惩罚；如果因为家长的势力，孩子的老师总是“照顾”他，同学也总是抬举他；如果他无论学业成绩怎样家长总能帮他去一个好学校；如果他知道家长的存款足够他以后花的；如果他总是穿名牌衣服、用名牌手机、坐名牌汽车，很有派头……请问这样的孩子好得了吗？我想稍有生活常识的人都知道，他们难免成为只会吃喝玩乐的“花花公子”，或者骄横霸道的“恶少”，或者百无一能、依赖家长的“肉虫子”。

班主任遇到这样的家长，绝对不可低三下四，否则就失去了教育者的尊严。但也不必改做“不畏权贵”状，只要平心静气地指出他们做法的错误和危险就是了。我们应该提醒这种家长，当他们有某种地位的时候，指望别人不以讨好他们的孩子的方式来谋私是不现实的，关键在于他们自己要清醒。至于该怎样做，想必他们多数人心里其实是明白的。

很少有家庭是单纯属于某一类的。比如很多溺爱型家庭同时是高期望型家庭，很多矛盾型家庭同时是溺爱型家庭，很多溺爱型家庭同时是管制型家庭，甚至很多冷漠型家庭同时是溺爱型家庭，特权家庭则常常是溺爱、管制、冷漠、高期望的奇妙混合物。真实的家庭多是复合型的，形形色色，所以“治疗”的时候，开“药方”需要针对具体情况灵活把握。

第三节　与同事沟通与合作的技能

一、正确认识同事关系

现代教育是一个分工协作的系统工程，要求每所学校、每个教师群体内部必须建立起一种团结协作、互相帮助的新型道德关系，这样才能优势互补，形成强大的教育合力，共同完成好教书育人的任务。教师的职业道德规范提倡教师之间相互尊重与合作。教师与同事彼此沟通具有“心理支持、思维创新、合作示范、集体智慧、减负增效、鞭策激励、变革动力”等重要作用。

(一)坦诚相见，赞美欣赏

对待自己的同事，能够不存疑虑，坦诚相见，是同事之间值得信赖的法宝；能够看到同事身上的优点，并及时给予赞美、肯定，对一些不足给予积极的鼓励，这是良好沟通的基础。

(二)少争多让，善于倾听

不要过多地和同事争抢荣誉，伤害他人。以大度和谦让之心帮助同事获得荣誉，则更增添了教师的人格魅力。善于倾听是增加亲和力的重要因素。当同事向你倾诉时，要成为最真诚的倾听者，这样才会加深同事之间的情感。

(三)容忍异己，理解宽容

容许每个人有自己独立的思维和行为方式，不要妄图改变任何人，要认识到改变只能靠他自己，劝其改变是徒劳的。作为同事，在发生误解和争执的时候，要换个角度，站在对方的立场上考虑问题，千万别情绪化。

(四)巧用语言，珍惜情谊

沟通中的语言至关重要，应以不伤害他人为原则，要用委婉的语言，不用伤害性的语言；要用鼓励的语言，不用斥责的语言；要用幽默的语言，不用呆板的语言，等等。珍惜情谊，利莫当头。教师集体当中有很多比金钱更宝贵的东西，这就是人与人的情谊和每个人做人的人格和尊严。

二、与同事建立学习共同体

(一)谦虚为怀，自省自知

每位教师首先要做到谦虚为怀、戒骄戒躁。所谓谦虚为怀，就是要有一种时时谦虚的胸怀，坚持实事求是，一分为二地认识问题、对待问题；所谓自省自知，就是要正确地认识自己的长处和短处，有自知之明。如果教师都能正确地认识自己的优缺点，真正做到知己之不足，知人之所长，就会更多地发现别人的长处，虚心学习别人的长处，认识自己的不足，取人之长补己之短，既有利于搞好沟通协作，又能尽快地提高自己的业务素质。

(二)严于律己，以诚待人

教师要做到善于与人沟通合作，必须严于律己，以诚待人。严于律己指的是教师严格要求自己，言行一致，表里一致，对人要有宽广的胸怀。这是社会主义的人民教师忠诚积极、实事求是、光明磊落的崇高品德。教师要时时处处为人师表。教师在与人交往中常会碰到一些不如意的事情或矛盾。这时特别要求教师要做到以诚待人，化干戈为玉帛，变“敌人”为朋友；以谅解、宽容的态度，多为别人着想，以心换心、换位考虑，笃信一个“诚”字，开诚布公，以诚相见，以诚立身。只有这样，才能做到以诚待人。

(三)相互帮助，通力合作

相互帮助、通力合作是从教师之间相互关系的角度提出的要求，是团结协作这一总要求的中心一环。教师们为了搞好教育和教学工作，应该做到相互尊重，密切配合，互相帮助，相互交流，取长补短，共同提高。要提倡同行相亲，同行相助，追求教育教学的整体效果，在集体奋斗的成功中实现个人的价值。要反对“同行是冤家”“教会了徒弟，饿死了师傅”和“文人相轻”的错误观念，反对有些教师把自己的知识和经验当成私有财产，有对其他教师搞资料封锁、搞专题保密、自私保守、故步自封的不良倾向。

(四)学习先进，共同提高

教师群体中的优秀教师、模范班主任和先进工作者，是教师的光荣和骄傲，教育同行应该学习他们的劳动态度和宝贵的经验，将这些精神财富发扬光大，使之成为集体的共同财富。这既是教师职业道德规范的要求，也是教师提高自身素质的有效途径。同时，还应向身边的一般同事学习，学习他们的长处和闪光点。先进、优秀的教师更要严格要求自己，广泛团结同事，虚心学习大家的优点和长处。学校群体中，还有不同学科的教师，不同年龄的教师，领导、管理和后勤工作人员，教师要见先进就学、见后进就帮，大家互相学习，相互帮助，共同提高。这是做好沟通交流、团结协作的重要基础。

案例5-3 靠集体力量提升教师专业能力

对学校来说，教师团队从大处来说指整个学校的教师队伍，从小处来说指一个备课组。而本文说的教师团队主要指一个年级一门学科的备课组。因为在日常的教学活动中，一个备课组教师之间的联系更为密切，对学科教学水平的影响也更大。如何提高备课组教师团队的专业素养，对于提高课堂教学效果至关重要。集体备课是提高教师团队专业素养的有效途径。

教师专业素养的提高除了外出学习更多的是靠校本教研。校本教研主要有三种形式：自我反思、同伴互助、专家引领。而"同伴互助"最经常的形式就是集体备课。备课、上课是教师的常规工作，一个人的备课是"自我反思"，但往往"独学而无友"，缺乏交流，智慧有限，资源有限，孤掌难鸣，而通过集体备课可以有效地解决这些问题。

集体备课的好处主要表现在如下几个方面。

有助于资源共享。同一年级同一学科的备课组内每个人占有的资源是不一样的，特别是在信息时代，除了课本以外，每个人看到的参考资料不同，阅读的书籍不同，占有的网络资源不同。过去那种封闭式的个人备课，不能做到资源共享，甚至明明知道别人手里有资料也不好意思借用，担心显得自己"水平低"。另外，在电子课件的制作方面备课组内教师的水平也参差不齐，一般青年教师在制作多媒体课件方面都优于年龄大的教师，而老教师也碍于颜面，不好意思向青年教师求助。而通过集体备课就可以做到资源共享，好的资源大家共享，好的课件大家共用。从学校层面上一定要注重转变教师的观念，提倡教学资源和电子课件的共享，共同提高教学质量。

有助于智慧共享。在备课的过程中，由于每个人对教材的理解不同，教学方式不同，专业能力不同，对同一节课的教学设计也就不同。虽然从整体上来说教师之间有差距，但并不是说优秀教师的每个教案都好，每个环节都好。每个人都有自己的聪明智慧，都有自己的闪光点。有的可能在总体教学思路和基本教学环节方面比较合理，有的可能在某一个教学环节的处理上更为精彩，甚至一个好的创意，都可能成为一节课的闪光点。如同样是导入新课，有的"创设情境"导入新课，有的"提出问题"导入新课，有的"开门见山"导入新课。每个人从别人的思路中都可以受到启发：自己认为很平常的一个教学环节，可能别人会有新的创意；自己认为是一个比较得意的做法，可能别人比自己想得更精彩。人的精力有限，但智慧无限，通过集体备课可以做到智慧共享。如天津市北辰区普育学校在课堂教学中实行小组合作学习，学生每四人一组。但各班分组的方法不同，对小组记分的方法不同。一位姓郎的初中数学老师把每组学生按照学习成绩分为A、B、C、D四个层次，在课堂上做同一张试卷，答同一个问题，四个学生的得分是不一样的：A学生答对了得0.1分，B学生答对了得0.2分，C学生答对了得0.3分，D学生答对了得0.4分，四个学生的得分加起来正好是1分，鼓励差生多回答问题。所以各组在汇报成绩时老师能准确地知道哪个学生错了。如二组得分0.7分，老师马上就说："请二组的C同学起来说一下，你错在什么地方?"因为少了一个0.3分，肯定是C同学错了。这样就能使老师关注到每一个学生。这一做法在集体备课中得到大家的认同，很快在学校中传播开来。现在全校的小学和初中各科教学都运用这一小组合作记分法，校长也把这一方法命名为"郎氏小组合作记分法"。

有助于优势互补。这种优势互补既包括新老教师之间的优势互补，也包括水平不一的教师之间的优势互补。一般说来，老教师有多年的教学经验，教材熟，方法熟，轻车熟路；而青年教师则需要多年的磨炼才能达到这个程度。但如果不是集体备课，老教师也不好意思把自己的做法告诉青年教师，怕被人说"不谦虚"；青年教师也不好意思直接看老教师的教案，怕被人说"不劳而获"。而现在通过集体备课，担心消除了，老教师可以毫无保留地谈出自己对教材处理的思路和方法，青年教师也可以提出自己的一些新的创意。老教师虽然经验丰富，但往往思想比较僵化，不太容易创新。而青年教师由于没有既定的条条框框，敢想敢做。即使水平相当的老师也有优势互补的问题，每个人的教学风格不同，特长不同，正好可以相互借鉴，共同提高。没有哪个教师敢说我是最好的，没有最好，只有更好。

有助于同事之间的合作与团结。常言说"同行是冤家"，由于每个人都有好胜心，都想比别人做得更好，所以竞争是客观存在的，甚至有人对别人有戒备心：有好的想法不告诉别人，有好的资料不愿意让别人看到，总想胜人一筹。而通过集体备课，大家资源共享，智慧共享，共同提高，同事之间的关系就好处了。遇到难题大家共同想办法，如转化差生的问题，提高教学成绩的问题，大家都可以共同商量。学校在集体备课的制度上要强化合作的机制和氛围，鼓励合作，对教师的评价也要由对个人的评价变为对备课组集体的评价，不鼓励教师个人之间的恶性竞争，鼓励竞争对手变为合作的伙伴。

有助于减少重复性的劳动。随着课程改革的发展，虽然教材会有新的变化，教学方法也在不断创新，但一些常规性的东西还是变化不大。一些老教师多年积累的教学经验可以直接提供给青年教师，让青年教师站在老教师的肩膀上发展，不要让每个人都从头开始。现在有的学校把集体备课的成果存档电子教案，减少不必要的重复性劳动。教师在教学的过程中如有新的创意，在集体备课时又补充到新电子教案中存档。这样每年的教案都不断完善创新，这个教案经过反复的修改就成了精品，凝聚了几任教师的心血与成果，用不着每个人都从头去做一些重复性的劳动。

虽然说教师在课堂上的劳动是别人无法取代的，但在课前的备课环节和课后的反思环节可以借助集体的力量与智慧，提高自己，帮助他人，使教师团队的专业能力得到提升，从而提高课堂教学的效率和教学质量，所以我们提倡集体备课。

（王敏勤《中国教育报》2012—08—05[4]）

本章小结

作为小学教师应该首先认识和了解自己的教育对象，了解小学生身心发展的特征，并针对这些特征积极转变自身角色，成为期待者、倾听者和平等者中的首席。在教育过程中争取获得学生家长和同事的合作，实现家庭教育和学校教育、班主任与任课教师的协调配合，形成一种教育的合力。

关键术语

小学生身心特征；家校合作；问题家庭；教师共同体

思考与练习

1. 班里有一名与你对立的学生，你准备和他沟通一下，请设想一下应该如何与这位学生进行有效沟通。

2. 你初次当班主任，如何在第一次家长会上赢得家长们的信任？请写一份在家长会上的发言稿。

拓展阅读

1. 魏书生．班主任工作漫谈．杭州：漓江出版社，2008

2. 窦桂梅．教育随笔：玫瑰与教育．上海：华东师范大学出版社，2006

3. 王晓春．做一个专业的班主任．上海：华东师范大学出版社，2008

4. 王晓春．问题学生诊疗手册．上海：华东师范大学出版社，2006

第六章　反思与发展能力

学习目标▶

1. 掌握说课、听课和评课的基本技能。
2. 学会运用教育科学研究的一般程序和方法进行教育科学研究。

问题导入

苏霍姆林斯基

苏霍姆林斯基是在苏联教育界有巨大影响的人物。他是乌克兰人，七年制学校毕业后，参加了一年师资训练班，17 岁起担任农村小学教师，开始了教育生涯。他一边读书，一边以函授方式学完了波尔塔瓦师范学院语言文学系的课程，于 1939 年取得中学教师合格证书。此后，曾担任中学语文教师、教导主任、中学校长、区教育局长。从 1948 年起，他被任命为乌克兰一所农村十年制中学——巴普雷什中学的校长，一直到 1970 年去世时止，始终没有离开这所学校的实际工作。他的全部教龄长达 35 年。

苏霍姆林斯基一边从事实际工作，一边坚持进行教育科学研究。他一生中写了 40 多本书，600 多篇论文，1000 多篇供儿童阅读的童话、故事和短篇小说。他的创作源泉就是学校生活。他深入观察，细致记录教学和教育工作中的事实，认真地进行思考，不断地做理论上的概括。他每天 5 点至 8 点从事写作，白天则亲自上课、听课和当班主任，晚上整理笔记，思考一天工作中遇到的问题，几十年如一日。因此，他的教育著作中，既有大量生动活泼的事例，又有深思熟虑的理论概括。他的书被人誉为“活的教育学”“学校生活的百科全书”。

苏霍姆林斯基是教育现象的细致而敏锐的观察者，持之以恒的研究者。例如，他身为校长，始终兼教一门语文课，几十年不断地研究几门课的教学问题。又如，他曾试办 6 岁儿童的预备班；接着又从一年级到十年级，连续担任这个班的班主任，在 10 年内跟踪观察和研究了学生的童年、少年和青年期的各种表现。他先后曾为 3700 名左右的学生做了观察记录；他能指名道姓地说出 25 年中 178 名“最难教育的”学生的曲折的成长过程。作为学校领导人，他有一个小本子，里面记录了全校的各种各样的统计数字，以致上级需要了解的任何数据，他都能随时做出准确无误的答复。他的教育科学研究，始终是建立在积累大量事实的坚实基础上的。

第一节　说课的技能

说课，是 20 世纪 80 年代诞生在我国的一项教学研究活动。说课对促进教师专业发展，提高课堂教学效率，帮助师范类学生提高教学技能，实现教学理论、学科知识、教学实践有效结合等方面发挥了重要作用。

一、说课的内涵

说课是指执教者在特定的场合，在精心备课的基础上，面对同行或教研人员讲述对某节课或某单元的教学设想及其理论依据，然后由听者评议，说者答辩，相互切磋，从而使教学设计趋于完善的一种教研活动。

说课主要包括如下四个要素。

1. 说课的目的

听说双方围绕一节课(或一个主题)的教学设计和教学理论，通过展开专业的对话和探讨，提高课堂教学效果，提升教师专业发展水平。

2. 说课的内容

说课应该说清楚三方面的问题：一是说明要教什么，应说明教学目标、教学内容与教学的难点和重点；二是说明要怎么教，应详细阐述教学环节设计、板书设计等；三是说明为什么这样教，应分析学情、阐述教学环节设计的理念和教学方法选用的理论依据等。

3. 说课的形式

说课是以“说”为主要形式的，要在说课的过程中突出“说”，而不是“读”，更不是用多媒体展示，多媒体可以使用，但只是辅助手段。

4. 说课的对象

说课的对象是同行或科研人员，说课的重点是说明如何教，而不是如何学。说课的时间一般短于上课的时间，一般为 15～20 分钟。

二、说课的基本环节

不管何种类型的说课，一般主要涉及以下几个方面：分析教材(包括教学内容分析、教学目标确立、重点和难点分析)、分析学情、说明教学方法、说明学习方法、说明教学程序(包括教学环节、时间安排、板书设计、教学评价等)。概括起来，就是说教材、说学情、说教法、说学法、说程序。

(一)说教材

说教材主要围绕如下四个问题展开。

1. 说明教材版本及章节

我国 2001 年正式开始实施的基础教育课程改革中对于课程方面比较大的一个政策变化是将原来的“一纲一本”(一本教学大纲，一种版本教材)变为了“一纲多本”(一本课程标准，多种版本教材)，这为不同地区的学校和教师在教材选择上提供了更大的自主权。因此，说课首先需要说明的是所教内容是哪个版本的教材和具体的章节，以便听者对说课内容有一个整体的把握。

2. 分析教学内容

首先，教材中任何章节的内容都是教材的一个有机组成部分，它必然与前后内容在结构上、认知上、学理上有着内在逻辑关系，加之每本教材都有其独特的编写思想和体系，因此分析教学内容首先应该分析该内容在这本教材或学段教材体系中的位置与作用。其次，说明教材处理的设想，以及修改、增减、调整的理由和依据。

3. 确立教学目标

教学目标是教学的核心要素，一般来说，教学目标制定的依据主要包括三个方面：第一，课程标准中的内容标准；第二，教学内容及知识点的作用与地位、能力与情感要求；第三，学生的认知发展水平和心理特征。

在 2001 年实施基础教育课程改革之后，教学目标从原来的“一维”(双基目标，即基础知识和基本能力)扩展到了“三维”，即“知识与能力目标”“过程与方法目标”和“情感态度与价值观目标”。知识与技能这一维度的教学目标表述最好采用“行为目标的 ABCD 表述方法”，说明学习者、行为、条件和程度四个要素。例如，“小学二年级学生能正确写出所学的 5 个生字，5 个字中写对 4 个为合格”，“给出两个不同分母的分数，其中一个分母能被另一个分母整除(如 5/6 和 2/3)”，“小学四年级学生能通分并求出两个分数的和，15 道题中 12 道题正确为及格”。

相关链接6-1

教学目标的 ABCD 表述法

美国学者马杰在他的《程序教学目标的编写》中提出：教学目标应该包括行为、条件、标准三个基本要素。在教学目标的表述中首先应明确教学对象，如“小学一年级学生”“参加在职教育技术培训的教师”，接下来要说明这些学习者通过一定的学习后，应获得怎样的能力，这种关于行为的表述是一定教学目标中最基本的成分。

教学目标的实现在很大程度上有赖于行为目标，因此在教案设计中编写行为目标时应避免使用“知道”“理解”“掌握”“欣赏”等含义较广的动词，教案中的行为目标设计的参考动词可参照表 6-1。

表 6-1　描写行为目标的参考动词(按照布卢姆的分类)

学习目标层次	特征	可参考选用的动词
识记	对信息的回忆。	为……下定义、列举、说出(写出)……的名称、复述、排列、背诵、辨认、回忆、选择、描述、标明、指明
理解	用自己的语言解释信息。	分类、叙述、解释、鉴别、选择、转换、区别、估计、引申、归纳、举例说明、猜测、摘要、改写

续表

学习目标层次	特征	可参考选用的动词
应用	将知识运用到新的情境中。	运用、计算、示范、改变、阐述、解释、说明、修改、订计划、制订……方案、解答
分析	将知识分解，找出各部分之间的联系。	分析、分类、比较、对照、图示、区别、检查、指出、评析
综合	将知识各部分重新组合，形成一个新的整体。	编写、写作、创造、设计、提出、组织、计划、综合、归纳、总结
评价	根据一定标准进行判断。	鉴别、比较、评定、判断、总结、证明、说出……价值

行为目标的优点是它的清晰性，它清楚地告诉教师和学生，这里所指的分析能力的含义以及如何观察和测量这种能力。因此，行为目标强调学习之后的行为变化和变化的条件。在一个好的行为目标中实际上已蕴含了学习结果的检测方式和评价标准。

在编写教学目标时，有学者建议在马杰的教学目标三要素基础上再增加"教学对象"这一要素，这样可以从"教学对象(Audience)、行为(Behaviour)、条件(Condition)和标准(Degree)"四个要素来说明教学目标，这一方法也被称为ABCD法。

4. 确立教学重点和难点

教学重点是指在教学目标中起决定性作用的内容，从知识的角度看，是该教学内容的知识结构体系中的关键节点；从过程与方法角度看，是获得知识最关键的方法与技能；从情感态度看，是该内容中最核心的思想与价值观。教学难点是指该教学内容中学生难以理解和掌握的内容。教学重点的确立主要依据知识内容在教学目标中的地位和作用，而教学难点确立的主要依据则是教学目标与学生现有水平的关系。

(二)说学情

同样的教学内容，若授课对象不同，选择的教学方法、学习方法、教学程序和教学评价等也会出现一定的差异。说学情就是向说课对象说明"学生学习该课程内容需要什么样的知识基础""将会面临哪些困难""该年龄段的学生身心发展的特征"等。

学情可以围绕以下四个方面的问题展开：

①学生学习该教学内容需要具备哪些知识和技能基础？已经具备了哪些？

②授课对象有怎样的智力特征和思维水平？

③学生学习该教学内容面临着怎样的困难？

④授课班级有怎样的班级文化和学科学习特征？

相关链接6-2

如何分析学情？

以下是两段有关《小石潭记》一课学情分析的说课稿。

片段1：

我所任教的两个班，人数均在55人以上，且学生语文素质参差不齐，有一部分学生在课堂上乐于表达自己的阅读体会，而另一部分学生则习惯于在课堂上保持言语沉默，甚至思维“休眠”，因此不断激发其学习兴趣使他们获得成就感尤为重要。

片段2：

我所任教的八年级学生通过近两年的文言文学习，初步掌握了学习文言文的方法，已基本养成查阅数据、圈点勾画、归纳整理的良好习惯，也具有一定的分析、概括、赏析能力，自主、自立、自学的意识逐渐增强，但学生的这种习惯、能力参差不齐，部分学生对学习文言文的兴趣不浓，学生理解、欣赏、迁移能力有待进一步提高。

这两个片段分别从哪些方面分析了学情？你有何体会？

(三)说教法

教学方法是师生为了实现教学目标，在共同完成教学任务的过程中运用的方式和手段。一般来说，教学中一定要采用教学方法，但是选择教学方法又没有固定的模式，教学方法的选择需要考虑很多因素，比如授课对象身心发展阶段的特点、教师自身的素养、教学硬件条件等。也就是说“教学有法，但无定法”。在说课中，一般说学法是告诉说课对象“选择哪种教学方法”和“为什么要选择这种教学方法”。

1. 说明教学方法及依据

我国中小学经常使用的教学方法有讲授法、讨论法、演示法等，选择教学方法的依据是教学目标、教学对象、教学内容、教师自身素质和教学环境与条件等。说课时，应该阐明每种教学方法使用的目的，以及选择该教学方法的依据。

2. 说明教学方法的优化组合及依据

教学活动的复杂性和多样性为教学方法的优化组合提出了实践上的需要。特别是突破教学的难点和重点时，常常会运用多种教学方法和手段的组合，以达到教育效果最优化的目的。

(四)说学法

学习方法是教学方法的一部分，但学习方法不是教学方法，两者的主体不一样。学习方法是学生在完成学习目标时特有的学习方式和手段的总和，有其自身的内在特征。在说课中，说学法就是向说课对象说明学生“这样学”和“为什么要这样学”。

(五)说程序

说教学程序是说课的核心部分。主要包括两个部分，即说教学思路和说教学环节。

1. 说教学思路

教学思路是一节课的教学构想，在教材分析、学情分析、教法和学法分析的基础上，对一节课的教学做出统筹安排，能清楚地反映说课人的教学能力与教学智慧。教学思路中最为关键的是教学的逻辑线索，它直接决定了一节课的教学品质和课堂效率，这在说课时必须清晰地向听众说明。除此之外，说课者必须向听众说明教学思路确立的依据，这些依据主要是说课人对教材、学情、课程标准、相关教学理论的理解。而这些依据在前面的说课环节都有详细分析，因此，本环节只要“点到为止”即可。

2. 说教学环节

说教学环节主要围绕以下八个问题展开：教学环节的导入；该教学环节解决什么问题，即设计意图；该教学环节主要采用什么教学方法和学习方法；该教学环节师生的双边活动安排；该教学环节所需时间；如何知道该教学环节的教学目标实现了；各教学环节间的逻辑关系；各教学环节如何指向知识体系的构建。

此外，说程序的部分，也可以说一说如何布置课后作业，包括介绍课后作业(教学评价)设计的原则、课后作业设计的依据以及课后作业的时间、内容、形式和反馈处理等情况。还可以说板书设计，说课人需要向听众介绍板书的结构、形式、版面设计等，特别需要说明的是板书的意图、板书与其他教学手段的配合、学生板书的安排。

总之，说课没有一个固定的模式，在说课实践活动中，也未必需要完全照搬五个环节进行，只要说课内容是围绕着以上五个方面展开，按照需要和自身特点，对五个方面进行灵活的组合也是可以的。

3. 说课的要求

(1)明确“说课”与“上课”不同

说课与上课相互联系，但又有明显的区别。

第一，面对的观众对象不同。上课面向的是学生，说课面向同行、专家或评委。

第二，说课稿与教案要求的内容不同。教案主要说明在教学过程中如何“做”，而说课是对教学过程的介绍，特别是详细阐述理论依据，强调“为什么”。说课稿是教案的延伸和扩展。

第三，目的要求不同。上课的关键是组织学生进行教学活动，引领学生达成教学目标。说课的目的是说明自己的教学思路及其依据，重点向听众展示自己的教学思想和教学思路。

(2)注意“说”的技巧

第一，准确把握“说”的含义。说课不是背课，不能一字不漏地向听众背诵事先准备好的说课稿；说课不是读课，不能拿着教案或说课稿照本宣科地读。

第二，语气得体，简明扼要。说课的语言应该简练、干脆，声音洪亮、激昂，体态自然、大方，能够感染听众，激发听众的兴趣，引起听众的共鸣。说课时，借助适度的肢体语言，会让听众受到感染，与听众保持目光接触，向听众传递自信和坦诚的信息。

第三，说课应该详略得当，突出重点。说课应该对所说内容作详略取舍，不可平均用力、面面俱到。对教学重点、教学难点、教学步骤及理论依据等要详细说，对一般问题要略讲。

第四，说课时间不宜过长。时间一般控制在10～15分钟。当然，具体时间要根据说课的目的和情况灵活把握。

说课中要把握内容连贯、层次清楚、思路清晰、重点突出、详略得当、时间控制准确。

③说课可以有必要的辅助手段。教学内容的丰富性和复杂性决定了许多专业问题很难仅靠口头语言就表达清楚，在这种情况下，采取一些有效的辅助手段帮助说课是必要的。常见的辅助手段有书面材料(教案、学案)、课件、图片、模型、自制教具等。此外，为了提高听众的接受效果，在说课时要适当配合板书。

④凸显特色。说课者应避免内容上的随意性和形式上的机械化，力求规范性和灵活性的统一，把课“说”活，突出特色。教师的个人素养与特色是说课特色的基础。有的教师口齿流利，可以充分发挥语言优势，通过精彩的口头语言、严密的逻辑语言、得体的身体语言向听众阐述，调动听众的参与热情，激活听众的思维。有的教师善于运用多媒体，有较高的图片处理、动画设计、声像呈现等多媒体制作技术，可以充分发挥媒体的形象直观、多感官刺激的优势；有的教师善于理论研究，则应在教材处理的理论依据、教和学的方法的介绍上多突出一些；有的教师善于教学实践，则可在教学环节的设计与处理、教学双边活动的设计中发挥自己的专长。

相关链接6-3

因势利导，把握说课

一、以下是一些说课评委关于说课的评价

1. 某老师的说课听起来更像是上课流程简介，始终没有向我们介绍这样上课的依据是什么，或者说，我们没有听出这节课是怎么设计出来的。看来，他需要去补习一下说课的基本方法与技巧。

2. 我计算了一下这位教师在各环节上所花的时间：“说教材”3分钟，“说学情”1.5分钟，“说教法”与“说学法”合计3分钟，“说流程”6分钟，一共13.5分钟。总体来说，他在时间方面把握得较好，各个环节的时间分配也比较合理，听起来，感觉他都说清楚了，很不错。

二、说课技能训练

1. 针对下面题目的教学，分别设计一篇微型说课稿。

(1)数学：小玲家、小丽家与学校在同一条路上，小玲家距学校7.5千米，小丽家距学校4.5千米，小玲家与小丽家相距多少千米？

(2)科学：农村地区常有用地窖储藏农作物的习惯。由于植物进行呼吸，地窖内会不断地积蓄二氧化碳气体，浓度过高时将威胁到人的安全。为试探二氧化碳的浓度，人们常将点燃的蜡烛带到地窖里。如果蜡烛熄灭说明二氧化碳浓度过高；如果蜡烛没有熄灭，说明浓度不高。其实，你也可以用别的方法来解决这个问题。现在给你一只轻小的气球，说一说你的实验方法和理由。

2. 自选一节小学教材内容，独立撰写说课稿，并说给同学听。

第二节　听课的技能

一、听课的内涵

听课是一种多向互动的交流，它能使教师从备课、上课的单向、单调的工作中跳出来，换一个环境和角度对自己的工作产生新的想法，唤醒新的思路，重新点燃工作的热情。

二、听课的类型

听课的目的决定了听课的类型，但在实际的听课过程中，有些听课类型是交叉的，听一节课可能达到几个听课的目的。

(一)检查型听课

检查型听课就是教育行政主管部门为了了解所属学校教育教学工作开展的情况而进行的听课活动。

(二)评比型听课

评比型听课主要是为了对教师做出定性评价而进行的听课活动，为了评出各个级别的优质课及清楚各个级别的优秀学科等所开展的听课活动即属于这一范畴。

(三)观摩型听课

观摩型听课是为了总结、推广、交流相关学校或相关教师教学经验和方法等而进行的听课活动，包括公开课、示范课、展示课等。

(四)调研型听课

调研型听课是为了研究、探索有关教育教学问题或了解教学改革实验进展情况而进行的听课活动。

三、听课的一般程序

(一)听课的准备

听课前教师除了要明确听课目的、了解听课内容外，还要对开课教师的特点有所了解。对新手教师来说，最好是争取自己先模拟备课，进行教学设计，以做到听课时“心中有数”，提高听课的针对性。在听课过程中，最好将自己的设计思路与开课教师的进行比较，思考同一个教学内容，他为什么这样设计，他是怎样分析和理解教材的，他的教学风格是什么？只有与开课教师在思路和认知上产生冲突，才能辨析差异，寻找差距，提高听课的效果和效率。

1. 专业准备

(1)了解教材结构和学科教学的前沿

不管听课者是否与授课教师从事同一学科的教学，听课者都要事先熟悉该课程的课程标准和教学内容，了解这堂课所教的内容在整个教材体系中的地位及前后知识的联系等。

(2)了解执教教师的相关情况

在进入课堂之前，听课者应该适当了解授课教师的有关情况，如教师的教龄、文化程度、业务水平、教学经历等。

(3)了解学生的实际状况

听课者应事先了解学生的学习水平、学习态度和学习能力，以及学生对将要学习的内容的准备情况。

2. 物质准备

听课教师需要做好物质数据方面的准备：要携带听课的笔记本和笔、自备教科书、参考书和纸张等。如果准备使用一些定量的方法来观察课堂教学，则要准备好观察量表、录音机、录音笔、摄像机等。听课的物质准备也包括听课者的仪容仪表，着装整洁端庄、得体大方。

3. 心理准备

心理准备是指听课者在进入课堂之前做好情绪上和态度上的准备。一般来说，听课教师要避免居高临下的姿态，而应该抱着虚心学习、沟通交流、研究探讨的心态去听课。在听课过程中，无论课堂教学中出现任何“突发事件”，听课教师都不能高声评论或相互讨论，影响课堂秩序，更不可出现中途退场的现象，尊重授课教师的劳动。

(二)听课的内容

1. 看教学功底

教学是一门语言的艺术，教师教学语言运用得是否得当是关系到一节课成败的关键。教师的教学语言主要体现在准、精、活、美四个方面。“准”是准确清晰，“精”是精当简练，“活”是生动形象，“美”是教学语言是一件艺术品，给人以审美感受。教学语言语调要高低适宜、抑扬顿挫、富于变化。课堂上教师精神面貌要饱满，富有感染力，仪表端庄，举止从容、热情，教学过程中体现出师生情感的交融。

2. 听教学关键

听课时要聆听授课教师是怎样通过多种教学方法、教学策略突出重点、突破难点的。

3. 听教学策略

教学有法，但无定法。教学是一种复杂多变的系统工程，不可能有一套固定不变的模式和程序。教学方法选择要尽量量体裁衣、灵活多变。听课时，教师要特别注意对开课教师处理教学过程进行记录、体会和揣摩，而不能像学生那样放在对知识的汲取上。有的教师将听课重点放在像学生那样记笔记上，全是对教学内容、知识点和板书等的记录，就完全失去了听课的意义。

4. 看课堂情境

听课教师不仅要关注开课教师以及课堂教学本身，更要观察学生在课堂上的反应。比如，教师是通过何种方式让学生维持一种积极的学习状态的？是以激情感染学生，还是用亲切的语言鼓舞学生？这些都是在听课时需要特别注意的。

听课后还要将自己的收获、感受进行整理，写成“听课后记”或“听课手记”等。主要包括如下几个方面：教学设计的理念如何？教学目标的达成度如何？教学环节设计的意图是否明确？这节课的成功之处在哪里？教学中有什么遗憾或欠缺？并在这个后记的基础上对自己的教学进行反思和审视，改进自己的教学行为。

四、听课技能的训练

按照以下听课的要求、观察的要求、记录的要求和思考的要求等环节，针对一位教师的课进行听课技能练习。

(一)听课的要求

①教学是否体现新课程的理念、方法和要求；

②教学过程设计是否科学、合理；

③教学内容是否重点突出，详略得当；

④教师语言是否准确流畅、富有逻辑、条理清晰；

⑤教师的思维是否具有启发性。

(二)观察的要求

①看教师上课的情绪是否饱满；

②看教学环节的设计及实施是否圆满；

③看重点和难点的处理方法；

④看教学方法和教学手段。

(三)记录的要求

①记教学环节；

②记重点教学细节；

③记板书设计；

④记点评批语。

(四)思考的要求

①对教材处理的思考；

②对教学过程的思考；

③对教学理念的思考。

第三节 评课的技能

评课，是指参与听课的人员对其所听的一节(或几节)课给予评议，对组成该节课的各构成要素及其相互之间的关系、效果等方面进行较为全面的考查、分析，从而作出价值判断，并通过反馈，进而改进教学的一种教学研究活动的过程。《基础教育改革纲要(试行)》中明确指出："建立促进教师不断提高的评价体系。强调教师对自己教学行为的分析与反思，建立以教师自评为主，校长、教师、学生、家长共同参与的评价制度，使教师从多种渠道获得信息，不断提高教学水平。"评课是中小学教师研究活动中的一种重要的常规活动。

一、评课的内涵和作用

美国著名的教育评论学者斯皮尔伯格(Spielberg. Jil)就教育评价说过一句话：评价的目的不是为了证明，而是为了改进。评课作为教育评价的一个重要组成部分，一般有三种情况：一是对课堂教学的优劣做出鉴定；二是对课堂教学成败的原因做出评析，总结经验教训，提高教学认识；三是对课堂教学亮点进行交流，相互学习，相互促进。评课可以优化教师教育思想和课堂教学理念，有利于激励教师加快知识更新、优化教学艺术；有利于教师深入研究学科课程，优化教学目标和教学内容；有利于教师创造性地吸收优秀的教学模式，优化教学方法和教学手段；有利于调动教师的教学积极性和主动性，优化教学过程、优化教学设计；有利于教师增强自我管理意识，帮助和指导教师不断地总结教学经验，提高教育教学水平，从而促使教师在教学过程中追求课堂教学的艺术境界，并逐渐形成自己独特的教学风格。

二、评课的要求

(一)认真听课，做好记录

听课的过程中，首先要认真观察。观察教师的精神是否饱满，教态是否亲切自然，板书是否规范，教学目标是否明确，教学方法选择是否得当，课堂教学中出现的各种问题的处理是否巧妙；观察整个课堂的气氛是否热烈，教学对象是否情绪饱满、精神振奋，学生参与教学活动是否积极、思维是否活跃，学生分析问题和解决问题的能力如何，师生之间的交流与互动等。

在观察的过程中，还要将所观察的内容记录下来，以便在教学结束后能够在评课时有所依据。总体来说，听课记录包括两个方面的内容，一是课堂教学实录，二是课堂教学评价。课堂教学实录中，一是要记录教学的基本信息，包括听课的时间、学科、班级、评价对象、第几课时等；二是要记录教学过程，包括教学环节、板书设计、学生活动情况、教学环节的时间安排、教学效果等。可以采取简录的方式，即简要记录教学步骤、方法、板书等；也可以采取详录的方式，即比较详细地把教学步骤都记录下来；还可以采取实录，即把教师开始讲课、师生活动直到下课的所有情况都记录下来的方式。评课记录表见表 6-2。

表 6-2 评课记录表

<table>
<tr><td>听课
教师</td><td></td><td>授课
教师</td><td></td><td>课题</td><td></td></tr>
<tr><td>时间</td><td colspan="3">年 月 日 第 周
星期 第 节</td><td>学科</td><td></td></tr>
<tr><td>教学过程</td><td colspan="5"></td></tr>
<tr><td>评课记录</td><td colspan="5"></td></tr>
<tr><td>听课反思</td><td colspan="5"></td></tr>
</table>

(二)一分为二，实事求是

评课时要采取实事求是的态度，不能主观臆断或掺杂个人的感情色彩。评课时要褒贬得当，既不用过多而不切实际的方式加以肯定，对于缺点和不足也要坦率诚恳地指出。评课要尊重被评价教师的劳动，考虑教师的心理承受力，一般应以商量和提建议的口吻与执教者交换意见。对缺点问题要抓住要害，予以分析；对细小失误可轻描淡写，留给执教者自己去斟酌。

三、评课的内容

《基础教育课程改革纲要(试行)》对教师的课堂教学行为做出了以下两个方面的界定：

一是“教师在教学过程中应与学生积极互动、共同发展，要处理好知识传授与培养能力的关系，注重培养学生的独立性和自主性，引导学生质疑、调查、探究，在实践中学习，促进学生在教师指导下主动地、富有个性地学习。教师应尊重学生的人格，关注个体差异，满足不同学生的学习需要，创设能引导学生主动参与的教育环境，激发学生的学习积极性，培养学生掌握和运用知识的态度和能力，使每个学生都能得到充分的发展”。

二是“大力推进信息技术在教学过程中的普遍应用，促进信息技术与学科课程的整合，逐步实现教学内容的呈现方式、学生的学习方式、教师的教学方式和师生互动方式的变革，充分发挥信息技术的优势，为学生的学习和发展提供丰富多彩的教育环境和有力的学习工具”。

从这个角度来说，评课内容主要有这样几个方面：

(一)评教学目标

教学目标既要符合课程标准的要求，又要符合学生的具体实际，既要遵循教材的内容，又要适应社会的发展，既要有统一要求，又要能体现差别，进而使学生能以不同方式在不同程度上达到目标。

1. 教学目标要“三维一体”

评课时，要看教师是否有全局性观念，能否对新课标提出的三维目标进行总体思考和设计。

2. 教学目标要体现个体差异

评课时，要考查教师是否关注到教学目标的层次性，看教师如何在教学活动中照顾学生的个体差异，对不同水平的学生如何区别对待。

3. 教学目标表述要规范准确

评课时，要考虑教师是否能够把握长期、中期、短期目标，分清什么是总体目标、单元目标和课堂教学目标，并对三者关系了如指掌。评价教学目标时，还要考虑其陈述是否明确、具体，是否可以观察和测量。

(二)评教材处理

评教师对教材的处理，要看教师对教材的理解和领会，教师以什么样的思路去“创造”教材，教师在处理教材时是否突出了教学难点和重点，对教材的增减是否有道理，各环节时间和内容安排是否衔接得当。

1. 评教材处理是否通盘考虑

教师对教材进行处理要首先把握教材的编写意图，以及本教学内容在教材中所处的地位和作用，整体上把握教材的知识体系。要尽量避免出现一种错误倾向：为追求一堂公开课的效果而忽视了单元教学的整体设计。

2. 评教材处理是否符合学生的认知规律

评教材处理要看教师是否能够根据学生原有的知识基础处理教材，能否考虑学生的能力水平、认知特点、兴趣爱好、学习风格等对教材进行处理。

(三)评课堂结构

课堂结构是教师在一定的教育思想指导下，为完成既定的教学目标，对构成教学的诸要素(教学内容、学生、教师、教学环境)所设计的比较固定的、简约化的组合方式及运作流程。课堂结构在教材和学生之间发挥了桥梁和纽带作用。

一堂好课通常是结构严谨、环环相扣、过渡自然、时间分配合理、张弛有度的。在评课时，应考虑教学环节的时间分配，看教学环节的衔接是否恰当，有无前松后紧和前紧后松的现象等。

(四)评教学方法

评教师运用的教法是否合适，教师能否灵活运用教学方法来驾驭课堂，教师是否根据自身特色、教学目标、教学内容、教学对象的特点、学校的客观条件等来选取最为适宜的教学方法，是否收到良好的教学效果。

(五)评教师基本功

教师基本功是指教师完成教学工作所必需的技能和技巧。

1. 课堂语言

教师的课堂语言首先要准确，做到用词得当、逻辑缜密、观点明确、表达清晰，准确地使用导入语、过渡语、讲授语等不同语体。课堂语言要规范，具有高度的科学性、思想性、逻辑性和条理性。课堂语言还要简洁，教学是在计划的时间内完成规定的教学任务，这就要求教师在课堂讲授过程中，语言适当简练，语气和语调能根据需要给人以明显的轻重缓急和抑扬顿挫之感。

2. 板书设计

板书设计要能依纲扣本，反映教学的难点和重点，并勾勒出知识与知识之间的内在逻辑。板书设计应当内容精当，提纲挈领，字体大小适中，字迹工整美观，书写规范清晰，布局合理。除此之外，评课还要考虑教师对多媒体的运用，突出多媒体图文并茂、声像俱佳、动静皆宜的表现形式，将抽象和概括的知识直观化和具体化，但是应尽量避免“喧宾夺主”，形式压过内容，用花哨的图片和形式分散和转移学生注意力的情况。评课还要考虑学生参与的广度、多样性、参与质量以及效果等。

四、评课的标准

叶澜教授认为，一堂好课没有绝对的标准，但有一些基本的要求。就她倡导的“新基础教育”而言，大致表现在五个方面。

1. 有意义

在一节课中，学生的学习首先必须是有意义的。初步的意义是他学到了新的知识；进一步是锻炼了他的能力；往前发展是在这个过程中有良好的、积极的情感体验，产生进一步学习的强烈要求；再发展一步，是他越来越主动地投入到学习中去。

2. 有效率

有效率表现在两个方面。一是从面上而言，这节课下来，对全班学生中的多少学生是有效的，包括好的、中间的、学习困难的。二是效率的高低。有的高一些，有的低一些，但如果没有效率或者只是对少数学生有效率，那么这节课就不能算是比较好的课。

3. 生成性

一节课不应该完全是预先设计好的，在课堂中应有教师和学生情感、智慧、思维和精力的投入，有互动的过程，气氛相当活跃。在这个过程中，既有资源的生成，又有过程状态生成，这样的课可称为丰实的课。

4. 常态性

容易出现的毛病是准备过度。教师课前很辛苦，学生很兴奋，到了课堂上就拿着准备好的东西来表演，再没有新的东西呈现。不管是谁坐在你的教室里，哪怕是部长、市长，你都要旁若无人，你是为孩子、为学生上课，不是给听课的人听的，要“无他人”。

5. 有待完善

课不能十全十美，十全十美的课造假的可能性最大。只要是真实的就会有缺憾。公开课、观摩课要上得没有一点点问题，这个预设的目标本身就是错误的，这样的预设给教师增加很多心理压力，然后做大量的准备，最后的效果往往是出不了“彩”。

案例　《葡萄沟》教学目标设计(窦桂梅)

——感受特级教师、北京市光明小学校长刘永胜的评课艺术

课堂实录

(记者听的是北京市崇文区光明小学一年级的语文课——《我们的田野》。)上课开始，主讲老师赵欣问学生："你心目中的田野是什么样子的?"——问答之后，赵欣板书"我们的田野"，让学生齐读。接着，老师让学生自读课文，并找出生字、生词。板书生字、生词，注拼音，并分析字的结构。去掉拼音，让第三小组"开火车"——小组成员按先后顺序读完生词。第二小组再读，老师予以鼓励。

老师要求学生集体朗读课文，并要求学生带着问题(田野里有什么?)自读课文第一小节。点一名学生朗读第一小节，并回答问题。学生回答，田野里有稻田。老师问："文中为什么说稻田像大海。"(多媒体展示稻田照片。)生答"大海和稻田都很大"，"稻田的起伏像大海的波涛"等。师问："河水中有什么?"生答"荷花"、"鲤鱼"、"野鸭"等。(幻灯片出示相关照片)老师引导学生观察荷花是什么样的。(幻灯出示句式——有的……有的……还有的……)生1答：有的是红色的，有的是白色的；生2答：有的没有开，有的开了一半儿，还有的完全开了。老师没有给予即 时评价，让其他学生补充荷花颜色。

老师让学生组成小组，讨论野鸭是什么样的？它们都在做什么？讨论结束。生答：有的在散步，有的在捉鱼，有的在休息，还有的在聊天。师："你们说她回答得好不好?"生齐声："好!"师："用自己的方式评价一下!"生齐声："好!"分组朗读课文，每读完一节，老师请一名学生分别唱出来，然后要求同学背诵课文，背不下去时可以看黑板。齐声背诵。通过幻灯片展示课文的另外三部分，与学生一起赏读。复习生字、词。老师布置作业，之后宣布下课。

刘永胜点评

在评价中，刘永胜从正反两方面入手。在成绩方面他指出，在老师的引领下，学生在课堂上基本掌握了应掌握的知识，达到了预期的学习效果。而且，赵欣注意结合低年级学生的年龄特点，从学生的实际生活体验出发，创造了良好的语言学习环境，并充分运用手势形象地表现生词 的内在含义，这一点是值得其他老师借鉴的。

另一方面，在课堂练习中，赵欣讲解了生字的疏通笔顺和部首结构，使学生加深了对字词的记忆，而这往往是一些老师容易忽略的细节。"新课程要求教师，要处理好基础与创新的关系。也就是说，课堂是否轰轰烈烈并不重要，关键是给学生留下了什么。此外，赵欣在讲课过程中，对课程资源运用得比较好。在新课程背景下，老师一定要有资源意识。其实，不仅教材是资源，学生、听课者、教

室里的所有静物都可以作为课堂资源，甚至课外的东西也可以引入，而运用是否恰切从根本上体现了一个教师的意识和水平。"至于不足之处，刘永胜认为，赵欣使用多媒体的方式虽然总体比较成功，但在表现稻田的起伏上，所用的幻灯片显然没有达到预想的效果。这时候，用手势表达稻田起伏的状态，效果也可以很好。从中应该看出，多媒体是用来为教学服务的，用与不用关键在于其是否有效。如果不能有效地辅助教学，还不如不用。

"对于新课程的理解，赵欣还有一些陈旧的观念，课堂有时还是在为教案服务。"刘永胜说，之所以这样说，是因为在提问学生"河里的荷花是什么样的?"这一细节时，第一名学生说了颜色，第二名学生说了形状，说得都很好。但是，老师没有即时评价，又将学生导向颜色，在学生说出紫色之后，才予以了肯定回答。事实上，这种反复无助于对学生思维的开发，是完全没有必要的。也就是说，课堂应允许学生有各自不同的感悟和体验。一定要认清课堂的预设与生成谁主谁辅，毕竟任何课堂都是在为学生的发展服务。

记者感悟

听刘永胜的评课，笔者想到一个故事：有一个技术高超的修理师，什么问题都难不倒他，不过他的收费也比较高。有一次，他去一家工厂修理机器。问了情况之后，他在机器旁这看看、那听听，然后在一个地方画了一个圈，并告诉厂长，问题就出在这里。厂长修理了画圈的地方之后，机器果然没问题了。作为报酬，厂长给了修理师 1000 美元。有人感到不服气，对他说：你画个圈就能赚了 1000 美元，太不公平了吧。修理师说：画一个圈其实只需要 1 美元，而找到需要画圈的地方则需要 999 美元。

应该说，任何课堂教学都有优点和不足。找出课堂的不足也许并不难，但在具有普遍性的问题"下手"，找出问题的根源所在，才更显评课者的"功力"。在这一点上，刘永胜很像前面提到的修理师，看似随随便便的几句点评，其实都是新课改老师需要注意和加深理解的地方，即现代教学理念的关键之处。经过巧妙的一点一拨，使被评课者对自身的认识更到位，甚至有种醍醐灌顶 的感觉。而点评一旦达到了这种层次，评课也就实现了效果的最大化。给别人一杯水，自己要有一碗水。在做校长的 16 年中，刘永胜教了十多年的课。正因于此，一些老师出现"常规性"问题时，他才能马上指出来，使评课成为减少教学失误的最直接、最有效的手段。在刘校长的心里，始终有把尺子，那就是课堂教学要让学生具有终身学习的愿望和习惯，具有发现、研究和解决问题的兴趣与能力，具有收集、处理和使用信息的意识与技巧，为他们日后走向社会、融入社会，打下了坚实的基础。事实上，这也是衡量评课优劣的无二法则。

（资料来源：张贵勇《中国教育报》2005—7—5 第 8 版）

五、评课的形式

(一)个别交谈式

评价者及时给予执教者反馈。个别交谈时最好先让执教者有足够的时间表达自己的感受和体会，让执教者先作自我评价，谈谈自己的优点和存在的问题，此时评价者应该仔细聆听对方的发言，做适当的记录。在反馈评价信息时，评价者应引导对方一起回顾上课时的情景，评价要实事求是，评语与建议要中肯。允许执教者对评语提出意见，发表不同的看法。

(二)集中讨论式

学校集中讨论式评价，视规模大小，可分别由校长、教导主任或教研组长主持。若由教研组长或教导主任主持，则校长应以学校中普通一员的身份参加评课活动。首先由执教者作10～15分钟的说课，介绍自己的教学设计方案、教材处理、教学流程、教法选择以及教学设计的理论依据等。第二步，评价者根据听课记录以及执教者的介绍，发表各自的看法，并进行讨论。第三步，由主持人结合众人的意见，对公开课做综合的评价。

(三)书面评议式

在听课之后，给听课人员发放表格式评价表或问答式评价表，并按时收回，书面评议式的最大优势是可以让评价者有充分的时间，用可靠的理论作指导，结合自己的教学经验写出较有质量的评价意见。

六、评课技能的训练

针对第二节听课记录的内容，运用这一节有关评课的相关内容，评价一门课。

第四节　教育科学研究技能

如果你想让教师的劳动能够给教师带来乐趣，使天天上课不致变成一种单调乏味的义务，那你就应当引导每一位教师走到从事研究这条幸福的道路上来。

——(苏联)苏霍姆林斯基

一、教育科学研究技能的内涵

科学是特定范围内反映客观事物的规律和本质的知识体系。科学研究是探讨前人所未知的知识，解决前人没有解决或尚未完全解决的问题，是一种有计划、有意图的活动。它以发现事物的规律性，解决新问题或改进某种实际情境为目的，为了达到目的，是按步骤、分阶段进行的。教育科学研究是人们为了适应教育实践的需要，为了获得对教育理论和实践问题的深入认识，用科学态度和方法来研究教育问题，提炼教育经验、探索教育规律的一种实践活动。

(一)教育科学研究的意义

1. 教育科学研究可以促进教育改革，提高教育质量

(1)教育科学研究对教育改革发展具有引领作用

教育科学研究对教育改革与发展的引领作用是不言而喻的。首先，搞好教育科学研究，可以促进学校改革。针对学校教育教学及管理中的问题，根据教育规律，寻求解决的办法，以促进学校深化改革。其次，搞好教育科学研究，可以发展教育理论。在以往的教育实践活动中，我们的先辈探索、积累了很多宝贵的经验，发现了很多教育规律。这些成果是指导我们今天教育实践活动的宝贵财富。当前我们面临的诸如教育思想、体制、结构、内容和方法等，亟须从理论与实践的结合上给予正确的回答和提出有效的解决措施。最后，教育科学研究是促进学校改革与发展的重要驱动力。学校的工作千头万绪，只有采取科学、规范的管理，才能创造出良好的规范秩序，学校才会稳定，教育教学质量才能得到保证；而开展教育科学研究，既可以使学校各项工作增强活力，促进管理，又可使学校健康、有序地发展。

(2)教育科学研究对教育教学质量提高具有促进作用

学校的中心工作是教育教学工作，所以一切工作都紧紧围绕这个中心而展开。教师参加教育科学研究，就是通过传播与学习现代教育理论，采用现代教育技术和方法，借鉴先进的教改经验，深化教育改革，提高教育质量。

2. 教育科学研究的过程是教师学习提高的过程

(1)教师的专业成长离不开教育科学研究

教育科学研究能力是教师的核心专业能力，但又是当前教师最薄弱的专业能力。当代教师存在三大问题：不读书、不研究、不合作。教育科学研究能使教师从极其平凡的、司空见惯的事件中看出新的办法、新的特征、新的细节。

教师进行科学研究，能使教师发现一个更新的更广阔的教学教育天地，促进教学效率的提高，同时还能收获看得见的科研成果。另外，在研究过程中还可获得意志的增强、胸怀的拓展、学识的增长等许多潜移默化的效果。

(2)教育科学研究是促使教师走向丰富精神生活的重要途径

教育科学研究能使教师的教学由经验型的简单重复性职业活动，转变为创造性的教育活动。教师只有在从事教学工作的同时对教育进行研究，才不会使自己成为一支燃烧之后便什么也没有了蜡烛。

从普通教师成长起来的特级教师魏书生在教育实践中积极开展教育科学研究，成果累累。他对教育科学研究情有独钟，深有体会。为什么同样是教师，于漪、钱梦龙等许多优秀教师却感觉幸福快乐，充满了新奇感，工作充满了创造性？重要原因之一，在于他们总是从科学研究的角度看待教育教学工作。

其实研究过程本身就充满着乐趣。当老师们为自己研究的课题查找理论根据，重新学习教育科学知识的时候；当老师们为自己研究的课题观察、了解学生的时候；当老师们有一点体会，便自然、流畅地写入科研日记的时候，这本身就已经使老师们站到了一个更高、更新的层次来看待自己的工作。他已经在自新，已经品尝到了科研的乐趣。

(二)教师教育科学研究技能的内涵

教师教育科学研究技能即教师在教育教学中逐渐具备教育科学研究的意识，从学习选定研究课题开始，掌握的选择研究对象的技能、制订研究计划(方案)的技能、搜集研究资料的技能、选择变量的技能、运用观察法的技能、运用调查法的技能、运用实验法的技能、运用行动研究法的技能、统计分析研究数据的技能和写作教育科研成果的技能等。

二、教育科学研究的一般步骤

(一)研究课题的选定

1. 选择问题

所谓选题正确，是指应当选择有意义的，并且问题提法原则上是正确的、因而有可能实现的科学问题来进行研究。尤其对于教育科学研究，选题是否正确，意义十分重大。

科学研究始于问题。爱因斯坦曾经说过，“提出一个问题往往比解决一个问题更重要、更困难”，“因为解决一个问题也许仅是一个数学上的或经验上的技能而已。而提出新的问题、新的可能性，从新的角度去看待旧的问题，都需要有创造性的想象力，而且标志着科学的真正进步”。

研究问题的类型包括如下一些。

(1)永恒的问题

在教育研究中，教育到底是什么本身就是一个悬而未决的问题之一。苏格拉底引用菲尔德神庙上的话“认识你自己”来解释教育。西方的很多教育学家认为，“人的灵魂之中潜藏着美善知识的种子，教育就是把这种种子引发出来”。雅斯贝尔斯则认为，“教育乃是灵魂的教育，而非理智知识和认识的堆积”。爱因斯坦认为，“如果一个人忘掉了他在学校里学到的每一样东西，那么留下来的就是教育”。而我国现当代的教育学者林格则在他的专著《教育是没有用的》中指出，“教育是没有用的，教是为了不教”，“真正的教育乃是深入我们的心灵，长久地留存在我们的记忆之中，并且催人向善的事物”。可以说教育是什么的问题会一直困扰着人类，它是一个永恒的问题。

(2)新的问题

例如，留守儿童是社会的一个特殊群体，他们的成长、教育已成为家庭、学校、社会共同关注的问题。如果没有一个健康、和谐的环境，势必影响他们的每一步成长。据教育部统计，2014 年义务教育阶段农村留守儿童数量达 2075.42 万，这一庞大的弱势群体已成为我国社会转型代价的承受者之一。他们在成长过程中面临父母缺席的困境，出现了许多问题，引起社会广泛关注。

(3)工作中的问题

教师在平时的工作中能够遇到各种问题，有的是针对学科教学的，比如如何提高某门学科的教学质量、如何调节课堂氛围等；有的是针对一般教育教学的，比如如何处理师生关系、如何转化后进生、如何调节学生的心理等。

2. 研究问题课题化

研究问题的课题化，是指把研究问题纳入专业的、规范的程序进行研究。

3. 研究课题选择的基本要求

(1)研究者需要具备的前提条件

①研究者要对问题有兴趣。

②研究者对问题的自我涉入度，即研究者是否了解该问题以及该问题对研究者的意义和价值。例如，研究者正好也面临着教师职业倦怠的问题，那么他对这个问题的自我涉入度就比较高。

③对问题的可驾驭度的高低。不同能力类型的研究者将对问题表现出不同的适应性。

(2)一个整体的研究问题的视阈

作为教育研究者，必须具备广泛的学术视野，这对于思考和选择研究课题都是必不可少的。

(3)思考明确的研究问题

①研究问题的价值。例如该研究是否能改善教育实践、增进教育理论领域的某一部分知识以及该问题是否会改善教师或学生的生存状况等。

②研究问题的独特性。选择的问题最好从前人没有解决或尚未完全解决的问题入手。

③拟定一个明确的研究题目。这个过程就是“聚焦”，即拟定的题目不能过于开放，以至于要囊括所有问题；但也不能太过狭窄，以至于把很多可能的研究问题都排除在外。

(4)研究的可行性与伦理考虑

①研究的可行性，主要包括两大条件，即客观条件和主观条件。客观条件主要包括完成课题所必备的数据、设备、经费、时间、技术、人力、理论准备以及有关部门的支持与配合等；主观条件主要包括研究者本人为完成课题所必备的知识、能力、经验以及对有关研究方法的掌握与运用程度等。

②研究的伦理考虑。例如，天性和教育对人到底产生怎样的影响？要弄清楚这

一点，基因几乎完全相同的同卵双胞胎无疑是研究者最好的实验材料。科学家提前招募怀有双胞胎的母亲；研究人员需要为双胞胎建造实验家园，保证婴儿从出生起有着两个完全不同的生活环境，从饮食、教育甚至气候等条件，检视和控制孩子成长过程中的方方面面。伯纳德实验是一项有关先天重要还是后天重要的科学研究。科学家为了进行这项研究，将双胞胎分离，以跟踪观察。

相关链接6-4

科学实验的伦理代价：一对双胞胎姐妹分离

在过去的36年里，葆拉-伯恩斯坦(Paula Bernstein)有关自己最初的印象，始终停留在父亲办公桌上的那幅照片上。

照片上的婴儿裹在一床旧得起球的毛毯里，瘦弱得好比“纳粹集中营的幸存者”。

不仅如此，她鞋底还沾满了污垢，据说使用刀片都难以清除。

这幅照片拍摄于1969年。当时的葆拉只有5个月大。据收养机构的医生介绍，这孩子生下来便营养不良，体重只有4.25斤。

除此之外，葆拉几乎再没有自己被收养前有关亲生父母的任何信息。这么多年来，她的身份只是会计伯恩斯坦家的养女。这个家还有祖母、爸妈和哥哥。一家人定居在纽约的布鲁克林地区。

葆拉早已习惯了自己被领养的身份。她甚至忘记了第一次被告知真实身份的时间。不经意的一次，电视中的雪儿(Cher)深深吸引住了她，这让她隐约觉得自己和这位明星有某种关联。不错，这位奥斯卡影后和葆拉一样，同样拥有一双迷人的深棕色眼睛。

有谁不对自己的身世好奇呢？或许葆拉的过去，与另一名陌生人有关。在地球上的某个角落，他或者她，或者他们，正从皱巴巴的笔记本、褪色的同学录照片、大学的图书馆，以及浩瀚的网络资源中苦苦寻觅。

寻亲

有关葆拉被收养前的一切，除了那张照片外，就是路易斯·韦斯收养之家(Louise Wise Services)的档案了。正是这家收养机构，于数十年前将小葆拉交给了伯恩斯坦夫妇。

作为美国最早的分类收养机构，该福利院成立于1916年。创办人路易斯·韦斯是个德高望重的犹太人。他希望借此为本民族的孤儿寻找家庭。

与普通人不同，被领养子女一般拥有两套出生证明，分别是亲生父母、领养父母的姓名和领养时间。然而，并不是每个被领养子女都可以随意查看这套证明的。随着第二次世界大战后收养高潮的到来，美国大部分地区密封了这些原始资料。在路易斯·韦斯收养之家的所在地纽约州，被收养子女必须向法院提出申请，获准后才能得到相关信息。

2002年秋天，艾莉斯·莎因(Elyse Schein)就面临这样的问题。这位居住在法国的作家兼电影制片人，也来自路易斯·韦斯收养之家。在出生9个月后，她被来自俄克拉荷马州的莎因夫妇领养。

与远在纽约的葆拉一样，艾莉斯本来并不为自己养女的身份烦心、孤独、迷惑或痛苦。在她眼里，养母林恩·莎因(Lynn Schein)才是"真正的母亲"。

时至今日，艾莉斯还能记得养母坐在梳妆台前，涂上灰色睫毛，准备和父亲外出的样子。空气中到处弥漫着诱人的香奈尔5号香水的味道。

"她在我6岁时就去世了，"艾莉斯提及此事依然十分惆怅，"但我觉得她永远像白雪公主，在镜子里面默默注视着我。"

死亡的阴影自始至终笼罩着艾莉斯。尤其当年龄逼近33岁——养母林恩就是在这个年龄去世的——一种莫名的紧迫感促使艾莉斯渴望知道自己从哪里来。她从养父马蒂·莎因(Marty Schein)那里得知了收养机构的名称，并向纽约州立收养信息申请处(New York State Adoption Information Registry)提出申请。他们是早就等着上门寻找呢，还是压根儿不愿相见？艾莉斯设想着各种可能，直到半年后得到答复。答复中除了表示路易斯·韦斯之家将尽快处理此事外，还多了张生母基本情况的表格。在国籍和年龄的地方，分别填写着美国和28的字样。

艾莉斯记得自己的第一反应是算出生母大约65岁的年龄，然后便排除了几名候选人。其中包括1960年的潮流偶像伊迪·塞吉维克(Edie Sedgwick)。1967年，伊迪和摇滚歌手鲍勃·迪伦(Bob Sedgwick)传出发生关系的绯闻。第二年的9月，艾莉斯正好出生了。

巧合的是，艾莉斯本人也在28岁那年首次怀孕。当时她正在布拉格电影电视学院读书。几经平衡，这位单身女性在家庭和学业之间选择了后者。

"我眼前浮现出一个怀孕少女，挣扎在纽约的下层社会，不得不放弃了自己的孩子。"艾莉斯一下子原谅了生母的无奈之举。

至此，这个寻亲的故事也就结束了。从那张语焉不详的表格中，艾莉斯推测出生母并不愿意和自己相认。她搁下这事，回到自己在巴黎闹市区那间10平方米的公寓里，继续过着"波希米亚式"的随性生活。

只有极少情况下，这个36岁的女人，坐在漆黑的电影院里，会幻想自己变成童话里的小鸟。当小鸟奋力钻出蛋壳后，眼前会出现一位面带笑容的母亲。

"你是我妈妈吗？"小鸟问。

"当然，我的宝贝。"鸟妈妈回答。

姐妹

第一次收到回复后半年，2003年2月，艾莉斯又收到来自路易斯·韦斯收养之家的信函。莫非生母改变了心意？她按捺住激动，在灌了杯啤酒后点燃香烟，这才拆开信封。

艾莉斯首先注意到第三句话中的“双胞胎”字眼。一个自称凯瑟琳·鲍洛斯(Katherine Boros)的女士告诉她：“你出生于中午12时51分，是双胞胎姐妹中年幼的那个。你们的母亲是个28岁的单身犹太人。”

“这些话看上去太不真实了，好像把我的过去和未来都打乱了一样。”艾莉斯呼吸急促地拨通好友让·克劳德(Jean Claude)的手机。

“她只是兴奋地尖叫，不停地说什么我曾经以为自己会一辈子孤单。”克劳德形容女友的异常，“我直起鸡皮疙瘩。”55岁的克劳德向来成熟、稳重，即便在街边小摊，他也照样一身西服革履，绅士般地细细品味着比利时特色啤酒。

这回他像孩童般地睁大眼睛。在楼下的酒吧里，俩人把信摊开在木桌上，大声朗读着其中的内容。空荡荡的房间里，时不时传来毫无克制的欢笑。

“上面说，哦，我们的亲生母亲——好奇怪说‘我们’这个词儿——是个高智商的优秀学生，在一所名牌高中里读书。”艾莉斯大声念道。

“她是高智商?”克劳德兴奋地响应道，“这并不奇怪，看看你就知道了!”

“她获得了一所大学的奖学金，却由于情绪不稳定而未能入学。”艾莉斯继续说，“她被诊断出综合性精神分裂症。”

艾莉斯再次被震惊了。因为在纽约州立大学石溪分校读书时，她自己也有过一段情绪低落期。当时读大一的她，不知为何终日无精打采，躺在床上，一动不动。

“我的双胞胎姐姐那时在干吗？她会不会也觉得孤独无助?”带着一连串的问号，艾莉斯于2004年4月飞往美国，决定到路易斯·韦斯收养之家问个究竟。

就在艾莉斯情绪异常低落的1987年，身处波士顿的大二学生葆拉也感到浑身不舒服。她整夜给朋友打电话，诉说着无尽的空虚。当诉说也不管用后，她便开始暴饮暴食：一大勺土豆泥、好几碗麦片外加数碟炸薯片，这仅仅是一顿午餐。到了晚上，她不断用手指抠着喉咙，吐得到处都是。

这在旁人看来简直不可思议。这位优等生本该享受人生才对。作为韦尔斯利女子学院的学生，葆拉各个方面都出类拔萃。她不仅担任班长，还是校报的主力记者。

“我自己也不知道为什么，只是觉得前所未有的孤独。”葆拉事后回忆说。

她不由得想起了生母，或许这位从未谋面的女人能够解释一切。根据1983年纽约州出台的法律，收养机构必须向收养人和成年的收养子女提供医疗信息，其中包括遗传疾病、孕期是否吸毒或者服药等。

一周后，来自路易斯·韦斯收养之家的回信说："数据显示，你的母亲是个28岁的单身犹太女性。她是二流大学的高才生，读了一年便辍学回家。"负责接待的人猜测，这些异常举动可能是出于青春期的叛逆。

但这段叛逆插曲，并没影响葆拉大学顺利毕业。接下来，她又获得纽约大学电影学硕士学位，并且结婚生子。

重逢

当这位巴黎电影人，也就是艾莉斯的飞机在纽约降落时，葆拉正在位于布鲁克林东村(East Village)的公寓里收拾房间。作为一名自由撰稿人和电影批评家，葆拉小部分时间是在家照顾2岁的女儿杰希(Jesse)。2004年4月13日早晨，葆拉陪着杰希上完体操课，接到一个陌生电话。

"我并不想这样贸然告诉你，"对方说，"但你有个双胞胎姐妹。"

出于当过10多年记者的职业习惯，葆拉下意识地拿出纸笔："你是谁?"

"凯瑟琳·鲍罗斯。"这位路易斯·韦斯收养之家的收养服务部主任，终于帮助艾莉斯联系上了葆拉。由于葆拉10多年前曾与她们联络过，使得这次寻找无比顺利。

此时，窗外下起了倾盆大雨。葆拉觉得"心口好像压了块木板"，"完全无法呼吸"。她觉得自己这辈子只有过两次这种感觉。另一次是大学二年级的报到日，她从地铁的楼梯摔了下来，头重重地砸在水泥地板上。当急救人员把她放在担架上时，她疼得几乎无法呼吸。

看着记事本上"艾莉斯·莎因"和"巴黎"的字样，葆拉拨通了凯瑟琳的电话。

"你好!"电话里传出和自己几乎相同的声音。

"艾莉斯?"葆拉这才意识到拨错了号码。

经过长达35年的分离，这对从牙牙学语时就没说过话的姐妹，现在开始煲起了电话粥。她们彼此相约第二天在一家具有中东风格的咖啡馆见面。

毫无疑问，双方都紧张极了。

葆拉表示向来不习惯照镜子，尤其是进入发育期脸上长出粉刺后。大多数时候，她只是瞥一眼橱窗玻璃，确定头发是否零乱。但自从知道有个双胞胎妹妹，她无论是刷牙还是抹口红，都要认真打量一番。

"或许我看到艾莉斯就像照镜子一样。"葆拉笑着说。

另一边的艾莉斯则开始观察街上的行人，并根据长相将他们搭配成双胞胎。"我不断告诉自己要镇静，但还是止不住地兴奋。我有个双胞胎姐姐。"

在咖啡馆的圆桌前，几乎是同一个版本的两个人相遇了。

"你一定是艾莉斯。"姐姐首先打招呼，"我是葆拉。"

没有眼泪，也没有拥抱，这对骨肉只是拘谨地握了握手。

"我不知道该怎么开始，我们有35年需要弥补。你如何问某人'我们离开共同居住的子宫后，你做了什么？'”葆拉这样形容初次见面时的尴尬。

她们互相打量着：深棕色的大眼睛，带点俏皮的鼻子，薄薄的嘴唇，纤细的手指——她们的长相完全一样，除了头发颜色和长短不同。

“我们的确是同卵双胞胎。”艾莉斯打破了僵局。她们拥有太多的相同之处：说话时挑动眉毛，喜欢高挑的男生，习惯吮吸中指和食指，对同一种药物过敏，在大学里是女权主义者，爱听乡村女歌手的民谣，甚至童年和同一款名叫“布奇”的棕色泰迪熊睡觉……

在这家咖啡馆里，葆拉经历过无数次重大时刻：和朋友庆祝考上研究生，与丈夫第一次约会，为女儿举办满月派对……

如今，喝着西班牙里奥哈葡萄酒，她和自己失散多年的妹妹在这里重逢。

调查

她们为什么被活活拆开？

她们的养父母都表示并不知情。克劳德开玩笑说是神秘王室的下一代，姐妹俩猜测是生母的无意之举。但凯瑟琳的一句话让俩人惊呆了：“有关先天重要还是后天重要的科学研究。”

当今天回忆起最初得知真相的情景时，葆拉说：“就像电影中的情节一样，我当时眼泪夺眶而出。”

一周后，她在互联网上试图用“路易斯·韦斯收养之家”和“双胞胎”进行搜索。一篇刊登于《纽约日报》的“医生原来知道”的文章映入眼帘。与此同时，艾莉斯也搜索到了内容相同的文字，题为《实验室里的小老鼠》。

与她们姐妹的命运略微不同，这次实验室里的“小老鼠”，是个三胞胎的故事。

1980年秋天，当19岁的罗伯特·沙夫兰(Robert Shafran)走进纽约一家专科学校时，意外地发现很多人向他打招呼，称他为艾迪(Eddy)。

最初他以为这可能是恶作剧，直到艾迪·格兰德(Eddy Galland)出现。他们出生于同一天、同一个地方，都来自路易斯·韦斯收养之家。更奇怪的是，兄弟俩都是摔跤手，常抽万宝路牌香烟，智力水平都是148。

当这个感人的故事被媒体披露后，大学生戴维·科尔曼(David Kellman)仿佛中邪了。他从报纸上看到了一模一样的自己。原来，他是第三个孩子。

这篇发表于1997年的报道，揭出一个惊人的秘密：将这些双胞胎或多胞婴儿分开的建议，来自维奥拉·伯纳德(Viola Bernard)。这位路易斯·韦斯收养之家的精神病学顾问认为，多胞胎能够从分别收养的环境中受益。在她看来，这种做法无疑是双赢的局面：一方面，多胞胎可以各自建立属于自己的个性；另一方面，领养人也可以减轻负担。

他的支持者还包括当时的美国儿童发展中心主席彼得·纽鲍尔(Peter

Neubauer)。从20世纪中叶起，这两家机构就此展开合作，并得到美国国立精神卫生研究院的资金支持。一家澳大利亚出版的多胞胎研究刊物显示，这项研究涉及5对双胞胎和一对三胞胎，一共13个孤儿。

在伯纳德的论文目录里，葆拉发现了题为《儿童发展中心双胞胎分离的研究(1953—1997)》的文章。为了避免给当事人带来不便，这些资料被密封在耶鲁大学图书馆，直到2066年才能够公布。

“想想我们的数据竟被存在某地的文件柜里，这太可恶了。”葆拉说。

从报纸上，这对双胞胎姐妹找到了作为当事人之一的克鲁格曼(Krugman)医生。这位医生承认当时有人曾反对过伯纳德实验，但似乎并不是出于伦理考虑。一位路易斯·韦斯的员工说：“分开双胞胎——我可不干，他们之间神秘的关系非常强烈。”

“作为科学家，我究竟应该坚持什么?”克鲁格曼似乎并不为此感到羞耻。

彼得·纽鲍尔也拒绝对此发表评论。当葆拉拨通他的电话时，一个东欧口音回答：“我很忙。”然后匆匆挂断了电话。

对此，艾莉斯幽默地比喻：“好像他是个邪恶的科学家，而我们是实验室的小老鼠，现在来找他报仇似的。”

有关这项研究的秘密，一经披露立刻引起轩然大波。哥伦比亚新闻公司的《周日早间新闻》栏目以《以科学的名义将双胞胎分开》为题进行报道。美国国家公共电台则播出了题为《每个人都应得到尊重》的广播故事。

遗传学家托马斯·鲍查得(Thomas Bouchard)评价伯纳德和纽鲍尔“几乎可以说是魔鬼”。同样作为双胞胎研究专家，他只是将孩子们带到实验室。在一周的时间内，安排他们住在不同的房间里，回答上万个同样的问题。通过对比分析，然后得出结论。

“没有人有资格，无论用什么借口，剥夺别人的幸福。”托马斯补充道。

斯本斯·查平收养之家的退休主席也表示：“我们从不这样做。”这是美国最大的收养机构之一。

获得普利策图书奖《双胞胎：谁能告诉我们，我们是谁》一书的作者劳伦斯·赖特(Lawrence Wright)统计，全世界大约有不到300对失散的双胞胎最终重逢。与葆拉姐妹不同，他们大多数被亲戚分别收养，并知道对方的存在。

据了解，如今大多数收养机构被禁止分离双胞胎。

分歧

消息很快传开了。

周围的许多朋友恭喜姐妹俩终于重逢。“这可比彩票中大奖还幸运。”葆拉的侄子也是个养子，他嫉妒地说，“真不公平，我也想有个双胞胎。”

相比之下，伯恩斯坦夫妇和莎因夫妇反应更大。2004年9月，当他们在葆拉的公寓相见时，好比失散多年的亲戚，一下子拥抱在一起。葆拉的母亲开始号啕大哭。

“我的天啊，”艾莉斯的父亲盯着葆拉惊呼道，“你看起来和艾莉斯高中的时候一模一样。这真是不可思议！”他还开玩笑说，如果当初领养了葆拉，或许现在已经荣升外公了。

在各式各样的假设中，最多的假设莫过于“如果你的家庭收养了我，我会变成你吗？”答案最终是否定的，因为姐妹俩逐渐发现了彼此的分歧：一个喜欢自由，一个向往稳定；一个抱定独身主义，一个拥有幸福的家庭。

最激烈的一次矛盾爆发源于约见律师。当艾莉斯与葆拉商量咨询内容时，葆拉的回答让她大吃一惊。

“我想知道凯瑟琳未经我允许，就帮助你联系亲属，这种行为是否合法？”

“什么？难道不应该是路易斯·韦斯之家私自把我们分开是否合法吗？”

“我很生气凯瑟琳告诉我你的存在。”“难道你希望我从未找过你？”

葆拉迟疑了，轻轻地说：“不管怎样，那都是过去了。”

葆拉事后坦言，自己并不喜欢沉溺于往事。在丈夫入睡后，她在日记里写道：“如果我和艾莉斯从小共同长大，我肯定不会那么孤独无助。但我还是有些难以接受，这个世界上还有另一个我的存在。”

艾莉斯联想起 7 岁那年全家到海滨度假。一个大浪把她卷入海中，吞下好多水，以至于无法呼吸。“当时我的心情就是那样，十分痛苦。”

但毕竟血浓于水。姐妹俩最终在一部电影中达成和解。通过艾莉斯导演的这部电影，葆拉意识到妹妹的生活方式并非难以接受。现在，她深深为艾莉斯的才华感到自豪。

当记者致信葆拉，询问两姐妹是否依然存在争执时，她给了“几乎没有”的答案。

“当我们相遇时，我的头发短些，颜色浅些。现在变长了，也重新染了色。与此同时，艾莉斯的头发又剪短了。所以我们的头发变得一模一样了。”葆拉解释说，“我们不像最初见面时那么介意一些东西了。”

母亲

眼下，这个拼图游戏上最大的空白就是母亲了。通过一位路易斯·韦斯之家的老员工，葆拉找到了她们出生 28 天后，在麦格太太家的档案记录。其中的葆拉被称为让，艾莉斯叫玛里安(Marian)。

档案记录中写道：“麦格太太显然在悉心照料这对双胞胎。她甚至能辨认出两者的区别，体重、面部表情和胎记等各个方面。她还注意到让比玛里安更为活泼，醒得早，哭得声更大、时间更长。虽然她更喜欢让，但她尽量平等对待每个孩子。”

麦格太太现在在哪儿？她是否知道路易斯·韦斯之家无权泄漏她的真实姓名？这对双胞胎姐妹不由地叹息：居住在纽约的麦格太太何止成千上万，哪一个才是她们要找的麦格太太？她们抱着最后的希望发出最后一封信，试图探询有关生母的点滴信息。

2006年5月，在葆拉生下第二个女儿不久，姐妹俩收到以下回复：

“当你们出生时，你们的母亲在一家州立精神病院住院。在之前的1968年6月24日，她有过一次自杀行为。随后被诊断出精神病性疾病，开始服用治疗药物奋乃静。据说她是个膀大腰圆的女人，拥有棕色的头发和眼睛，牙齿不是很好。由于她当时精神错乱，并不知道你们的父亲是谁。”

这和姐妹俩的猜想完全吻合。“我一直觉得她肯定是个大个头。”葆拉笑着说，“现在听起来好像是个狼外婆。”

下一步就是查询母亲的名字了。通过犹太家庭及儿童服务局(Jewish Board of Family and Children's Services)，这对双胞胎了解到有两个选择。

其一是哥伦比亚大学的健康科学图书馆。1998年伯纳德去世后，她把个人信件和文档捐到这里。有关儿童发展中心的双胞胎研究，被放在3个128.5升容量的盒子里。然而只有等到2021年1月1日才能对外开放。

还有一个办法是到纽约市公共图书馆。在位于地下的宗谱室里，有两大本1968年纽约新生儿的全部记录。

这对姐妹选择了后者。葆拉从字母A查起，艾莉斯寻找9月13日在长岛出生的所有女婴。可惜5个小时过去了，她们一无所获。

一周后，两人再度来到图书馆，终于在厚达1076页的记录里，找到了母亲的名字：让·维特(Jean Witt)。坐在图书馆的台阶上，艾莉斯含着泪说：“我找了妈妈两年，现在终于找到了。”

葆拉望着只有一街之隔的林肯大厦说：“我爸爸曾经在那里工作，我去看过他无数次。谁能想到我曾经这样接近身世。”

真相

幸福似乎就在眼前。通过互联网，葆拉开始查找维特家族。鉴于路易斯·韦斯之家曾透露母亲的父兄都担任律师，她们将目标锁定为戴维·维特(David Witt)。

这个犹太人出生于1936年，比生母大3岁，同时还有个律师父亲。不过数据显示他是家中的独子。难道维特家族不愿意承认未婚先孕的女儿，还是那个女儿早已离开人世？

这些疑问并没有得到戴维·维特的解答。他在电话里冷冷地回答：“对你我没什么可说的。”

姐妹俩揣测：他究竟是不是舅舅？如果是的话，为什么这种态度？如果不是的话，为什么不直接说打错了？他是不是有什么难言之隐？

“我认为如此。”葆拉说。艾莉斯也同意：“这极有可能。”

她们开始行动。先是给戴维·维特写了封信，再三表示决无恶意。接着她们找了名私家侦探，开始打探有关生母的消息。

葆拉坦言并不打算约见生母，只是希望了解她的现状，“无论她在20年里搬过47次家，还是永远住在同一间房子里；无论她从未结婚，还是生过其他孩子”。

私家侦探首先有了消息。让·维特的真实姓名叫丽达·维特(Leda Witt)，已于1978年去世。此外还找到一张丽达高中时的毕业照片：一个留着厚厚卷发的女孩儿，活泼开朗地笑着。

有关生母模糊的形象逐渐清晰起来，尤其在2006年年底维特舅舅的到访之后。他并没有多言自己的态度为何转变，只是相约在曼哈顿阿姆斯特丹大道的第77街见面。据说，这是丽达·维特出生的地方。

维特舅舅彬彬有礼，却有些紧张。他的臂膀在颤抖，而且一言不发。

他领着外甥女在街角打转，依旧一言不发。

终于，这位身穿条纹牛津衬衫的老人指着一栋楼房说：“这是丽达生长的地方。”他停顿了一下补充道，“也是她度过最后岁月的地方。”

在这位哥哥的描述中，妹妹丽达生病前是个活泼、开朗和聪明的好学生。她的爱好是绘画，虽然水平一般。身为犹太人，她很少参加犹太教的聚会。同样的，她也没有告诉戴维孩子的生父是谁。

告别之前，这个舅舅喊住了转身走远的双胞胎姐妹，高声说：“她是个好人。”

就像不断更新的计算机技术，葆拉有关过去的印象似乎一下子从一张照片，扩展到无数个故事。2007年，她和艾莉斯把这些经历集结成书，取名为《最熟悉的陌生人——一对双胞胎分离又重聚的回忆》。

这本书先后登上《读者文摘》《联机》等杂志的推荐书目，并被冠以“又酸又甜的回忆”和“令人震撼的故事”等评语。据出版商介绍，这本自述体书籍已经翻译成法语和荷兰语，还在加拿大、澳大利亚和新西兰发行。

如今，这对姐妹住在纽约布鲁克林的同一条街道上。当艾莉斯坐在阳台上读书时，抬眼便可以看到葆拉和女儿在草坪上玩捉迷藏游戏。有时候夜晚，两人穿上宽大的睡衣，喝着草本饮料，坐在露台上聊天。

“很难说我们的未来如何，那确实是未知领域。”艾莉斯说，“自从找到了葆拉，我觉得失去的所有又回来了。”

几天前，姐妹俩正在美国、荷兰和比利时旅行。她们计划把无辜失去的35

年光阴一点一滴补回来。

住在一家乡村旅店里，葆拉给记者回信说："我现在深切领会到姐妹的含义。希望远在天国的妈妈能够知道，你的女儿们相处得很好。"

（摘自 杨芳《中国青年报》2011 年 9 月 6 日）

又比如 20 世纪心理学上一个著名的"华生的小艾尔伯特实验"。

相关链接6-5

华生的小艾尔伯特实验

小艾尔伯特是一名孤儿，一出生就被遗弃在医院中。在小艾尔伯特 9 个月大的时候，他被两个人挑选了出来，他们叫约翰·华生(John Watson)和罗莎莉·雷纳(Rosalie Rayner)。华生当时是约翰·霍普金斯大学的心理学教授，而雷纳是他的研究生兼助手。整个实验是在约翰·霍普金斯大学医院里进行的。在实验之前，研究者详细检查了小艾尔伯特的情况，拿给他白鼠、白兔、猴子、狗、毛绒玩具等。小艾尔伯特很喜欢这些东西，不时地去触撞它们。和大多数孩子一样，这些东西不会让他恐惧。然后，研究者呈现给小艾尔伯特一只白鼠。他像往常一样很喜欢，正准备去触摸时，情况发生了变化，突然一声巨响把小艾尔伯特吓哭了。原来研究者准备了一根 1.2 米长的特棒，巨响是敲击特棒的声音。小艾尔伯特尝试了三次去接触白鼠，每次靠近时都伴随着一声巨响，每次都被吓得大哭。然后，研究者拿走了白鼠，小艾尔伯特回到以前的生活中。一周后，研究者重新把白鼠拿给小艾尔伯特。他尝试像往常一样准备触摸白鼠时，该死的巨响又把他吓哭了。这种情况重复了七次之后，小艾尔伯特再也不敢靠近白鼠。再隔一周后，当研究者将白鼠呈现在小艾尔伯特面前时，他露出了恐惧的情绪，开始躲避白鼠。随后，研究者把白鼠换成了白兔、猴子、狗等其他动物，用同样的方式让小艾尔伯特分别对它们产生了恐惧。然后将动物换成了圣诞老人面具、白色毛皮大衣等，也用同样的方式让小艾尔伯特对这些东西产生了恐惧。需要说明的是，在进行实验之前，小艾尔伯特对这些动物与东西是喜欢的。在实验结束一个月后，把这些实验中的动物与东西呈现在小艾尔伯特面前时，他仍然对它们十分惊恐。

实验的结果发表在 1920 年 2 月的《实验心理学期刊》(Journal of Experimental Psychology)上。该实验引起了极大的反响，主要表现在三个方面：实验的方法、研究发现以及实验的伦理。

小艾尔伯特的实验发现了这样的事实：人对事物的特殊情绪反应是可以后天习得的。在那个时代，这可是一个革命性的观点，因为当时的主流心理学被弗洛伊德理论所统治着，人们普遍认为，人的情绪源于无意识的本能和童年期被压抑的内心冲突。小艾尔伯特实验的发现还从结论上挑战了当时的心理学权威，影响深远。

华生与雷纳共同进行的小艾尔伯特实验在伦理学上引起极大的争议。按如今的伦理标准，这样的实验是无论如何不能进行的，当然，在 20 世纪初的时候还没有我们如今的实验伦理限制。实验结束后，华生与雷纳本计划对小艾尔伯特进行干预，以消除他对这些事物的恐惧。遗憾的是，实验结束后不久，小艾尔伯特就被人领养了，相应的消除程序并未实施。后来的调查发现，小艾尔伯特于 6 岁时死于脑水肿。

继小艾尔伯特实验之后，相关的研究将实验伦理问题推到了公众面前。1979 年，美国一个保护参加生物医学和行为学研究人体实验对象的全国委员会，推出了著名的贝尔蒙特报告(Belmont Report)，确立了人体对象研究的道德三原则，即尊重、有益及正义。按照贝尔蒙特报告的原则，小艾尔伯特实验是不符合伦理的。

研究过程中还要注意具体伦理规范。第一，研究设计之初，审慎考虑人性尊严；第二，研究实施的过程，遵守个人自愿、安全、私密、诚信的原则；第三，研究者要客观、正确地报道研究结果；第四，尊重智慧财产，分享智慧财产。

4. *教育研究课题的类型及来源*

研究者可以从社会发展需要出发提出课题，如学科建设中需要研究的问题、教育实践中提出的实际问题，尤其是在教育改革中反映出来的种种矛盾、从日常观察中发现的问题、从不同学科之间的交接点找到的问题、从当前国内外教育信息的分析总结中提出的课题、从国家领导机关制定的课题指南或规划中选择的课题等。

相关链接6-6

全国教育科学“十二五”规划 2012 年度课题指南

一、重点课题

1. 社会主义核心价值体系融入国民教育全过程研究
2. 国家教育体制改革试点研究
3. 中华优秀传统文化教育研究
4. 高校创新能力国际比较研究
5. 工业化、城镇化、农业现代化同步推进下的农村教育发展与改革研究

6. 高中阶段的教育发展战略研究

7. 信息化促进优质教育资源共享研究

8. 中小学语文教育改革研究

9. 中小学理科教材国际比较研究

10. 学校质量评价标准研究

二、一般课题

1. 教育基本理论

素质教育实践的理论建构研究；改革开放以来的中国教育改革经验研究；党的中央领导集体教育思想研究；教育在文化传承与创新中的基础作用研究；教育法制理论研究；当代社会教育两大功能关系研究；教育学科建设的研究，等等。

2. 教育史研究

中国教师史研究；中国学生史研究；中国城市学校与城市教育史研究；中国教育研究史研究；中国专业学位教育发展研究；世界主要国家现代学校教育制度的演进研究；欧美职业技术教育史研究，等等。

3. 教育发展战略研究

重大教育热点问题研究；民办教育发展战略研究；人力资源强国建设相关教育指标体系研究；基本公共教育服务体系建设研究；统筹城乡教育综合改革试验研究；省(自治区、直辖市)教育发展战略研究；县域内推进义务教育均衡发展研究；高等学校产学研协同创新机制研究；高等教育资源优化与结构布局战略研究；西部地区实施教育现代化的战略研究；终身教育体制与机制建设研究；学习型社会、学习型城市、学习型社区指标体系研究，等等。

4. 教育经济与管理研究

重大教育决策评估研究；教育经费使用效益研究；统筹城乡发展的基础教育资源配置研究；教育管理体制“管办评”分离改革研究；教育督导管理模式和运行机制研究；高考社会化可行性及实施途径研究；促进民办教育发展的公共财政扶持政策研究；教育扶贫开发的有效途径研究；教育中介组织的功能及管理研究；教育法律纠纷的特点与应对机制研究；教育行政执法的手段与效能研究等。

现代教师教育体系构建研究；农村教师专业发展与队伍建设研究；免费师范生培养和使用机制研究；促进义务教育均衡发展的教师流动机制研究，等等。

5. 基础教育研究

新课程改革实施与评价监控研究；学生学习和创新能力培养研究；高质量的课堂教学模式研究；大城市义务教育阶段择校问题现状和对策研究；义务教育阶段学生课业负担监测与公告制度研究；流动人口子女在流入地义务教育后

升学考试研究；留守儿童关爱机制研究；学生校外学习状况研究；学前教育规律研究；不同发展地区普及学前教育的模式研究；特殊教育师资队伍培养和培训机制研究；随班就读工作机制和保障体系研究；学校教育、家庭教育与社会教育协调配合研究，等等。

6. 高等教育研究

高校分类标准及评价体系研究；构建教育强国的高等教育国际化能力与评价体系研究；提高高校绩效的理论与方法研究；高校人才培养模式改革与质量提升研究；普通高校本科教学质量国家标准研究；学科专业管理制度研究；高校中青年教师教学能力现状及提高办法研究；研究生招生制度改革研究；研究生教育质量监督保障机制研究；完善中国特色学位制度研究；高校毕业生就业状况统计及监测研究；开放大学的功能定位与管理体制机制研究等。

7. 职业技术教育研究

职业教育质量标准研究；职业教育招生模式改革研究；高等职业教育专业设置管理与预警机制研究；职业学校教师培养与补充机制研究；职业教育现代学徒制研究；校企合作长效机制研究；职业教育制度执行监管机制研究；面向农村的职业教育定位和功能研究；地方政府职业教育政绩评价指标体系研究；中高职有机衔接的机制研究，等等。

8. 德育研究

网络环境下促进青少年健康成长策略研究；大、中、小学德育课程教学改革研究；道德文化的当代困境及其教育应对方法研究；时代精神与道德教育改革研究；传统德育思想资源现代转化研究；学生公民教育研究；中小学生命教育研究；师德建设与考核研究；大学生社会责任感现状及其培养研究；高校学风建设与学术规范教育研究；学术诚信建设中的法律问题研究；教育引导学生正确认识和对待宗教问题的策略研究，等等。

9. 教育心理研究

网络对学生心理发展的影响研究；学生高效率学习的心理学研究；学习困难学生心理发展特点及教育矫正研究；教师心理健康素质的研究；大、中、小学校心理健康教育的衔接与贯通研究；中小学生心理健康标准与测评系统研究；儿童青少年人格评价体系构建与健全人格培育研究；创造性思维的培育策略研究；学生心理危机干预系统的构建研究；留守儿童和流动儿童的心理发展特点研究，等等。

10. 体育卫生艺术教育研究

学校体育理论创新与发展研究；学校体育质量标准及评估体系研究；中小学“体育与健康课程标准”实施难点及改进研究；大、中、小学体育目标衔接、体育课程与教学改革研究；学校体育设施、场馆建设与器材配备现状及标准研究；学生审美品质和能力培养研究；与素质教育相适应的艺术教育有效模式研究；在职中小学艺术教师专业发展研究；开发利用优秀民间艺术资源研究；学校突发公共卫生事件防控体系建设研究；学生健康素养评价指标体系研究；青少年肥胖干预研究，等等。

11. 教育信息技术研究

教育信息化标准研究；惠及全民的教育信息化支撑体系应用示范研究；基于云计算的区域教育资源公共服务模式研究；面向学习创新的数字化教育装备开发与应用研究；信息化学习方式的变革及影响因素研究；在线学习分析模式与工具研究；农村中小学现代远程教育工程应用效益评估研究；教育信息技术促进继续教育的创新与发展研究，等等。

12. 成人教育研究

信息化环境下学习型社会的内涵建设研究；学校和社区互动与合作研究；继续教育的制度建设与资源整合研究；新农村建设与城镇化、农业现代化进程中的新农民、新市民教育研究；农民工培训的现状、问题与对策研究；教师继续教育创新研究；“国培与省培计划”实施的模式创新及有效性研究；闲暇教育研究；成人教育的质量保障研究，等等。

13. 民族教育研究

民族团结教育实践模式研究；民族地区教育文化适应与就业问题研究；中国特色民族地区双语教育政策研究；民族地区中小学幼儿园双语教师队伍建设研究；西部民族地区学前教育发展现状调查及对策；民族地区职业教育研究，等等。

14. 比较教育研究

中国教育在世界教育发展格局中的地位研究；创新型国家发展过程中教育改革的比较研究；合作办学模式比较研究；高校考试招生制度的比较研究；大学通识教育模式的比较研究；高中多样化发展的比较研究；普通高中课程方案与课程管理制度国际比较研究；科普教育的国际比较研究；中外医学教育课程设置比较研究；中外学校体育教育比较研究；中小学校车制度的比较研究；国际教育援助的比较研究；中外杰出人才群体比较研究，等等。

(二)文献的查阅与利用

1. 文献及文献检索

文献是把人类知识用文字、图形、符号、音像等手段记录下来用于保存和传递信息的各种数据。包括各种手稿、书籍、报刊、文物、影片、录音、录像、磁带、幻灯片及微缩胶片等。文献检索是从文献中迅速、准确地查找出所需情报的一种方法和程序。

2. 文献检索在教育研究中的作用

(1)节省研究人员的时间，获取新知识快捷通过查阅文献、搜集现有的与这一特定研究领域的有关信息，对所要研究的问题做系统的评判性的分析，内容包括：该课题前人或他人的主要研究成果；已经达到的研究水平；研究的重点；研究的方法、经验和问题；要了解哪些问题已基本解决，哪些问题有待于进一步修正和补充，在此问题上争论的焦点是什么，从而进一步明确研究课题的科学价值，找准自己研究的突破点。

(2)避免重复劳动或少走弯路，提高科学研究的效益

任何研究课题的确立，都要充分考虑到现有的研究基础、存在的问题和不足、研究的趋势已经在现有的基础上继续深入的可能性。通过对文献的检索、梳理与分析，可以全面了解相关领域的研究现状、问题和不足以及发展趋势等。通过检索文献，可以在掌握现有研究现状的基础上寻找研究的切入点和突破点，使自己的研究“站在巨人的肩上”。“科学工作者应把人类历史上尚未提出的或尚未解决的问题作为科研的选题。从事这种研究才是真正有意义的科学研究。”文献检索的作用就在于避免重复前人已经解决的问题，重做前人已有的研究，重犯前人已经犯过的错误。

3. 教育文献的主要分布

(1)书籍

包括名著要籍、教育专著、教科书、资料性工具书(如教育辞书和百科全书)及科普通俗读物。它是教育科学文献中品种最多、数量最大、历史最长的一种情报源。

(2)报纸

报纸是以刊登新闻和评论为主的定期连续出版物，如《教师报》《中国教育报》，还有《光明日报》《文汇报》等大报的教育科学版等。报纸发行广泛、传播信息迅速，但材料分散，不系统且不易保存。

(3)期刊

期刊是定期或不定期的出版物，有周刊、月刊、双月刊、季刊等。教育科学范围内的期刊主要有三类：一类是杂志，刊载有关科学论文、研究报告、文摘、综述、评述与动态，兼容性强；一类是汇报、集刊、丛刊、汇刊以及高校的学报；一类是文摘及复印数据。

期刊拥有庞大的写作队伍和读者群，出版周期短，内容新颖，论述深入，发行量大，常反映有关学科领域研究的最新动态和最高水平，是教育科研工作者查阅最有效且简便的主要信息载体。

(4)教育档案类

教育档案包括教育年鉴、教育法令集、教育统计、教育调查报告、学术会议文件、资料汇编、名录、表谱以及地方志、墓志、碑刻等。

(5)非文字数据

包括校舍、遗迹、绘画、出土文物、歌谣等，在教育科学研究资料分布中主要指以声音、图像等方式记录有知识的载体，通过视听觉传递知识，更直接、精练、

形象。

教育资料分布是极其广泛的，搜集的管道也是多种多样的。要会找数据、会储存数据、会用数据。除充分利用图书馆、情报数据中心外，还要很好地利用其他途径，还要有自己丰富的藏书供自己研究之用。检阅时应主要搜集一级文献，特别是有较高的学术价值，在本学科领域中有一定的权威性，信息量大，使用率高，被公认为必备的或常用的书籍。

4. 文献检索的过程、途径和方法

(1)文献的初步检索

文献的初步检索就是从上述的文献来源中查找并获取所需的文献，一般可以通过各种检索工作来完成，如文献索引、网络或期刊数据库等。常用的检索方法有直接法，包括顺查法、倒查法、抽查法，追溯法和综合法等。

(2)文献的筛选

文献筛选主要考虑三个因素。一是文献的真实性，可以从文献的内容、来源渠道、出版单位、作者身份和引用率高低来判断。二是文献的先进性，是指其在观点、方法等方面有所创造，可以从文献发表的来源、发表的时间、文献的影响、文献的引用率等来判断。三是文献的适用性，文献与研究者选题的相关程度，可以通过阅读摘要、关键词等来判断。

5. 文献综述

文献综述是研究者对某一学科、专业或专题的大量文献进行整理筛选、分析研究和综合提炼而成的，是对某一方面问题的历史背景、前人工作、争论焦点、研究现状和发展前景等内容进行评论的科学性论文，它反映当前某分支学科、某研究领域或某研究问题的历史现状、最新进展、学术见解，反映出有关研究问题的新动态、新趋势、新水平、新原理和新技术等。“综”是指对文献资料进行综合分析、归纳整理，使材料更精练明确、更有逻辑层次。“述”是指对综合整理后的文献进行比较专门的、全面的、深入的、系统的论述。

要认真阅读搜集到的文献资料，进行分类和整理，并对不同来源的资料进行比较和筛选。最重要的是要通过对文献的阅读和学习提炼出自己的观点。一般格式如下。

①前人在这个领域已经做过哪些研究？

②我的研究在这个领域里处于什么样的位置？

③通过此项研究我可以做出什么新的贡献？

④如果此研究前人没有涉及，我的研究可以如何填补这一空白？

⑤如果此研究前人已经讨论过了，我的研究可以如何提供新的角度和看法？

⑥如果前人的研究中存在明显的漏洞和错误，我的研究可以如何对这些谬误进行纠正？

（三）教育研究的设计

1. 研究取样

为了揭示教育现象与过程的发展规律，选取的研究对象必须是具有典型代表意义的，这样才能保证研究结果的可靠性。如何选择有代表性的研究对象，即取样问题。

为了更好地理解和运用取样，首先需要了解和取样有关的三个概念，即总体、样本和取样。所谓总体，即研究对象的全体。是一定时空范围内研究对象的全部总和。样本，是从总体中抽取的、对总体有一定代表性的一部分个体，也称为样组。取样，是遵循一定的规则，从一个总体中抽取有代表性的一定数量的个体进行研究的过程。取样的目的在于用一个样本去得到关于这个总体的信息及一般性结论，从样本的特征推断总体，从而对相应的研究做出结论。

(1)选取样本的基本要求

①明确规定总体。要从内涵和外延两方面明确总体界限。例如，“大学生学习现状调查与学习指导的研究”这项研究中，总体是“全国所有大学生”；而“初中学习困难学生教育的研究”中，总体是“城乡初中学习困难的学生”。

②取样的随机性。要尽可能地使每个被抽取的个体具有均等的机会，也就是说使被抽取的任何个体与个体之间是彼此独立的，在选择上没有联系。

③取样的代表性。要尽可能使抽取的样本能代表全体。只有样本具有代表性，那么由样本特征推断的总体特征才有一般性，样本的代表性正是由部分推断整体做法的理论依据。

④合理的样本容量。样本容量与样本代表性呈正相关，大的样本更具有代表性，研究结果可能更有一般性。

相关链接6-7

样本参考值

①描述研究、调查研究：总体的10%

（除少数情况，调查研究的样本容量一般不能少于100）

②相关、比较研究：每组至少30个。

③实验研究：条件控制较严密的研究，如心理学实验，每组15人；条件控制不严密的教育实验，最好是一个自然班，不少于30人。

(2)取样的基本方法

①简单随机取样。简单随机取样时可用抽签法，即把总体的每个观测单位依次编上号码并做成签，放进一个器皿中加以充分混合后，每次从中抽取一个，记下号码，然后把抽取的签再放回器皿中，再次摇动和抽取。如此反复，直到取够样本所

需数为止。

②系统随机抽样(等距抽样)。抽样比率的计算公式为：$k=\frac{N}{n}$（k：抽样比例；N：总体数；n：样本数）

例如：某一研究要从1000名学生中抽取100人作为样本，则抽样比率为：$k=1000/100=10$。按学生名册或学号，从1至10中选出第一个样本单位，比如这个号码是5，然后作等距抽样，即5、15、25……直到选够100个号为止。

③分层随机取样。将总体按一定标准，即单位属性特征分成若干层次或类别，然后再根据事先确定的样本大小及其各层或各类在总体中所占的比例提取一定数目的样本单位。

④整群随机取样。把一个个整体，如学校或班级编号后用随机取样、机械取样或类型取样的方法进行抽取，它不是从整体中逐个地抽取对象，而是抽取一个或几个单位整群作为样本。

2. 研究材料和工具的准备

①采用社会上已有的现成的材料和工具，如各种测验、量表、评定表、仪器和工具等；选用这些现成的材料和工具，一定要注意它们的使用背景和条件，弄清在什么样的范围里可以运用。

②采用自制的研究材料和工具，如自编问卷、测验等。自制的材料和工具应达到一定的信度和效度的要求，保证材料和工具的科学性和适用性。

3. 研究计划

研究计划是在研究设计基础上对整个研究过程的全面规划，对研究的各项主要工作进行合理的安排。研究工作计划的完成，标志着研究的构思阶段基本结束。

研究计划的基本内容如下：

①课题名称；

②课题研究的目的和意义；

③本课题国内外研究的历史和现状；

④课题研究的目标和基本内容；

⑤课题研究的方法；

⑥课题研究的步骤；

⑦课题研究的成果形式；

⑧课题研究的组织机构和人员分工；

⑨其他有关问题或保障机制。

第五节 教育科学研究的常用方法

一、观察法

(一)观察法的含义

观察法是人们在自然(不加控制)的条件下有目的、有计划地对自然现象或社会现象进行考察的一种方法。观察不仅仅是用眼睛“看”(用电子设备“录”发生的一切),更重要的是,“看”应具有明确的意向性特征。你能看见多少(广度与深度),很大程度上取决于研究者的理论水平与理论自觉。

教育学领域许多著名的教育家都采用了观察法来进行教育科学研究。例如,我国著名的学前教育专家、“中国儿童教育之父”陈鹤琴。

相关链接6-8

陈鹤琴:儿子就是儿童教育的“试验品”

1920年12月26日凌晨,29岁的年轻教授陈鹤琴初为人父,他的儿子出生后2秒就开始大哭,延续了10分钟,以后就是间接地哭,45分钟后哭声停止,儿子连续打了6次呵欠,渐渐睡着了。10个小时后,这个新生的男孩流出了自己人生的第一泡尿……望着自己的“杰作”,初为人父的陈鹤琴来不及兴奋,他拿着照相机,镜头对着襁褓中已经熟睡的婴儿连连拍照,然后用钢笔在本子上记录下婴儿从出生那刻起的每一个反应。在他的记录中,儿子的哭声停止后,大约是疲倦了,便开始打呵欠,一连数次。他轻轻地伸手接触到儿子的身体……尽管时值严冬,窗外一片凋零,而陈鹤琴的心中却是春光一片,幸福无比。他知道,自己正在做的工作在中国尚无先例,他与新生儿子一道正在完成一项具有开创性意义的实验。他为儿子起了一个响亮的名字一鸣,不仅对儿子寄予期望,同时预示着他的这项实验将被载入史册。

一、把儿子作为实验对象 深入观察808天

作为南京高等师范学校心理学教授,陈鹤琴对自己儿子的成长发育过程作了长达808天的连续观察,并用文字和拍照的方式详细地记录下来。他天天亲自给儿子洗澡;他的实验室就是他的家;他的妻子和母亲是他的两位最得力的助手;他的儿子则是他的工作“对象”“成果”与“实验中心”。他将观察和实验的结果分类记载,文字和照片积累了十余本。他的观察与实验工作进行得既专心致志,又情

趣盎然。他将自己的观察、记录与研究心得编成讲义，在课堂上开设儿童心理学(微博)课程。有时，他还会将活泼可爱的儿子抱来课堂作示范，使单调的心理学课程生动有趣。

在中国，陈鹤琴是最早将观察实验方法运用于研究儿童身心发展规律之中的教育家。他所做的文字、摄影记录阐明了幼儿的动作、好奇心、模仿力、游戏、言语能力、记忆力、想象力和知识、能力、思维发展的特征及其意义，作为第一手资料，成为他日后对儿童心理、儿童教育、儿童游戏和玩具、道德教育、家庭教育等方面研究、论述的重要佐证。他的朋友教育家陶行知评价说："陈先生得了这个实验中心，于是可以把别人的学说在一鸣身上印证，自己的学说在一鸣身上归纳。"1925年，他的专著《儿童心理之研究》出版，这是中国第一本儿童心理学研究专著。

陈鹤琴的另一本传世名作《家庭教育》是《儿童心理学研究》的姊妹书，书中记载了陈鹤琴对于自己儿子一鸣和女儿秀霞进行教育的心得。他以自己的观察、实验结果和亲身经历、体会为例，对儿童心理特点进行归纳，提出共计101条教导原则。他主张，家庭教育必须根据儿童生理与心理发展规律才能取得成效；要教育好儿童，首先要学会怎样做父母。

他指出："幼稚期(自出生至7岁)是人生最重要的一个时期，什么习惯、言语、技能、思想、态度、情绪都要在此时期打下一个基础，若基础打得不稳固，那健全的人格就不容易形成了。"父母对小孩子有"从小教起"以形成健全人格的责任。成年人不仅应该以身作则，还要为儿童营造良好的环境，包括游戏的环境、劳动的环境、科学的环境、艺术的环境、阅读的环境。

有一天，陈鹤琴看到一个儿童总习惯于用左手写字，老师要他改用右手写，一直没做到。陈鹤琴就对这个孩子说："你会用左手写字，大家都不及你，真了不起！但是大家能够用右手写字，而你不会，那你就不如人家了。假如你也会用右手写，两手都会写，那你就是第一个大好佬了！"不久，这个孩子就会用右手写字了。又有一次，一个青年请求陈鹤琴介绍他做小学教师。陈鹤琴给了他一支铅笔和一张纸，叫他写下自己的姓名和履历。这个青年刚拿起笔，习惯性地把铅笔尖在舌头上蘸湿。陈鹤琴摇摇头，他认为，这样不讲卫生的习惯会将孩子带坏的。

二、客厅里开办幼稚园 开展教育实验

1923年，陈鹤琴在自己住宅的客厅里开办了一所实验幼稚园，自己亲任园长，聘请了两位教师，招收了12名儿童，开展儿童教育实验。他有三大计划：建筑中国化的幼稚园园舍；改造西洋的玩具使之中国化；创造中国幼稚园的全部活动。他为这所幼稚园起了名字——南京鼓楼幼稚园。

两年后，新园舍落成。陈鹤琴和他的学生、助手张宗麟等一道开展幼稚园课程、教材、教学法、设备和儿童习惯培养等实验。幼稚园附近的草地、山坡和农村成为儿童们欢乐的课堂，也是陈鹤琴、张宗麟等人开展新课程研究与试验的“实验室”。他们总结、整理的实验成果，成为若干年后我国首部《幼稚园课程暂行标准》中的核心内容。当时，中国大多数幼稚园为外国传教士所办；中国幼儿教育的三种大病，即“外国病”“花钱病”“富贵病”使陶行知、陈鹤琴等新教育的倡导者们深有感慨。他们痛陈中国幼稚教育的封闭、停滞、落后现状，大声疾呼革除流弊，实行改革。将幼稚园课程逐渐从日本和欧美国家幼稚教育的模式中解放出来，创造符合中国儿童特点和国情的教育和课程，是他们希望达到的目标。

1926 年 2 月，陈鹤琴与张宗麟发表《我们的主张》一文，提出适合中国国情和幼儿心理、教育原理、社会现状的 15 条主张，成为中国现代幼儿园教育的最早纲领与宣言。

陈鹤琴是中国儿童心理学、家庭教育和幼儿园的开创者，被誉为“中国现代儿童教育之父”和 20 世纪中国最杰出的教育家。

（摘自网易教育频道 2011-11-04）

（二）观察法的类型

1. 参与型观察与非参与型观察

按照观察者是否参与观察对象的活动进行分类，观察法可分为参与型观察与非参与型观察。参与型观察是观察者深入到被观察者的生活与工作当中，在密切的相互接触和直接体验中了解他们的言行，以获得第一手研究资料。非参与型观察的观察者仅仅是作为旁观者进行客观的观察，以不介入观察对象的日常生活为原则。

2. 结构型观察、开放型观察与半结构型观察

根据观察研究本身设计的标准化与过程的程式化程度，观察法可分为结构型观察、开放型观察和半结构型观察。结构型观察是一种标准化和程式化程度都比较高的观察活动，研究者按照预先研制的观察工具与观察要求，设计统一的观察指标与记录标准，对所有的观察对象都实施同样的观察。开放型观察没有结构性假设，也没有结构式测量手段，它在一个自然场所里实施，而且不追求资料的量化。半结构型观察，是介于结构型观察与开放型观察之间的一种观察类型。这种观察既能获得结构型观察所提供的严密性和用数量表示的资料，又可以在自然场所里（如课堂、学校等）展开研究。半结构型观察主要应用于幼儿园或小学阶段的研究。

3. 隐蔽型观察与公开型观察

根据观察研究行为的公开程度，观察法可以分为隐蔽型观察与公开型观察。隐蔽型观察是指被观察者不知道有人在对自己进行观察，不知道观察者的真实身份。公开型观察是指被观察者知道有人在对自己进行观察，研究者事先向他们说明了自己的身份与研究意图，并在征得同意之后进行观察。参与型观察可能是隐蔽型观察，也可能是公开型观察。

4. 直接型观察与间接型观察

根据研究者与观察对象的接触程度，观察法可以分为直接型观察和间接型观察。直接型观察是指直接观察研究对象及其行为。例如，观察者直接观察教师的课外阅读状态。间接型观察是指通过对与观察对象有关的物化了的社会现象进行观察，并通过推论从而获得关于研究对象的信息。例如，通过分析，观察教师的某几本书的磨损程度，大致可以推论哪些书是该教师经常阅读的，哪些是偶尔翻阅的。如果教师的书架上灰尘厚重，则可以推论教师可能很少阅读。

(三)观察的实施步骤

1. 确定观察问题

观察的问题是研究者采用观察的方法，根据观察需要而设计、需要通过观察活动来回答的问题。

2. 编制观察提纲或确定观察变量

在观察的问题确定后，为使观察内容进一步具体化，需要编制具体的观察提纲，主要包括如下内容。

①谁：有谁在观察现场、有多少人在场、谁是群体的负责人等。

②什么：发生了什么事、在场的人有什么行为表现、他们说话/做事使用了什么样的语调和身体动作等。

③何时：有关行为和事件是什么时候发生的、持续了多久、出现的频率是多少等。

④何地：行为或事件在哪里发生、这个地方有什么特色等。

⑤如何：事件如何发生、事件的各个方面相互之间有什么样的联系。

⑥为什么：为什么这些事情会发生、促使这些事情发生的原因是什么等。

3. 进入现场环境

观察研究首先应该取得获准进入被研究群体的资格。上述只是获得了形式上的合法性，实质上要真正走进被研究群体，还有很多工作。

①研究者究竟应该以一种什么样的角色进入现场，才能获得有用的研究资料。

②应努力与被研究者建立友善关系，争取被认同、被接受。

4. 记录观察内容

①描述记录法。包括日记描述法、逸事记录法和连续记录法。日记描述法是一种记录连续变化、新的发展或新的行为的观察方法。主要用于对儿童成长和发展所做的传记式记录。最早使用这种方法的是瑞士哲学家、教育家裴斯泰洛齐，他于1774年出版了第一部婴儿日记《一个父亲的日记》，是第一本记述婴儿日记的书。我国最早记录婴儿行为的儿童心理学家陈鹤琴，根据日记著有《儿童心理之研究》。这种方法样本太小，观察时间长，比较费时费力。逸事记录法着重记录某种有价值的行为及研究者感兴趣的事例，可以有主题，也可以没有主题，不受时间条件限制，

简单易行。连续记录法指对自然发生的顺序事件或行为在一定时间内作连续不断的记录。

②取样记录法，包括时间取样法和事件取样法。时间取样法是以时间为选择标准，专门观察和记录在特定时间内发生的行为。主要记录行为呈现与否、呈现频率及其持续时间。事件取样法是以独立的事件作为选择标准。既可以个人也可以群体为单位。如对课外活动小组、对数学奥林匹克班学生学习活动的观察等。

③行为核对表。主要是用来核对重要行为呈现与否，观察者将规定观察的项目预先列出表格，当出现此行为时，就在该项上画"√"。

5. 处理观察者效应

观察者效应是指观察者在观察过程中对其收集的资料的效度或信度有负面影响的行为。例如，观察者对被观察者的影响、观察者的个人偏见和观察者不足。

(四)观察法的优势与不足

1. 优势

①观察具有直接性，能收集到事后收集不到的信息，因为教育观察是在教育现象发生的当时进行观察的。

②所获资料比较可靠。教育观察是在自然状态下进行的，所获资料能够比较全面、真实、客观地反映观察对象的实际情况。

③观察研究能够比较客观地反映教育现象的本来面目，能够在一定程度上避免研究者本人的期望效应。

2. 不足

①无法推断事件之间的因果关系，观察法只能发现事物之间的表面联系或偶然联系，无法真正揭示事物之间质的联系。

②观察所获资料琐碎、不系统。

③观察易受观察者主观因素的影响。

④观察者的介入可能会影响观察对象的心理、行为使之发生变化，影响观察资料的真实性。

⑤观察受被观察者的活动空间和时间的限制，比较被动，无法预测到全面情况，不利于全面揭示被观察者的行为。

二、调查法

(一)调查法的含义

调查法是通过对教育事实的考察、现状的了解、材料的搜集来认识教育问题或探讨教育现象之间联系而采取的有目的、有计划、有系统的研究方法。

(二)调查法的类型

(1)根据研究课题的性质，调查法可分为现状调查、发展研究和区别研究。现状调查是主要研究某一种教育现象或对象的目前状况和基本特征的方法。发展研究主要指对某一教育现象或某一类学生的某一特征如何随时间的推移而变化的调查研究，随调查对象的发展变化进行，不断追踪。例如，选择一些小学的学困生进行多年的追踪调查，就可以从中发现一些变化规律，研究出某种可行的教育转化措施。区别研究，一是因果关系比较研究，如研究小学中年级学生成绩分化的原因；二是相关研究，如研究小学生收看电视时间与视力的关系，可以选定一组学生，分别调查他们在某一段时间内看电视量与视力的变化量，然后通过计算相关系数来确定两者之间的关系。

(2)根据调查的目的，可分为描述性调查和预测性调查。描述性调查主要调查某一类教育现象目前的状况和基本特征，目的是对教育现象的真实情况进行具体描述。例如，石家庄市小学生心理健康状况的调查。预测性调查主要调查未来某一时期的教育发展趋势与动向，目的是为教育现象的发展趋势和未来状况进行预测。例如，今后十年石家庄市小学办学体制的发展前景调查。

(3)根据取样范围的不同，可分为全面调查、抽样调查和典型调查。全面调查即普查，是对调查对象全部加以调查，其优点在于可以了解全面情况，缺点是往往需要花费很大的人力和物力。抽样调查，即从调查对象的全体范围(总体)中抽取一部分有代表性的对象进行调查，并根据样本结果来推测、估计总体情况的调查。这种调查的关键取决于样本能否代表总体。典型调查，即从研究对象的总体中确定具有代表性的对象作为典型，对其进行调查并用其结果来概括全体的一种调查方法。其优点是调查方法灵活多样，容易组织又不需要太多的人力和财力，有可能对典型进行全面深入的考察从而获得典型调查的结果。其局限是结论不能轻率地推论到总体上去。

(三)问卷调查法

问卷调查是调查者用书面或通信形式收集资料的一种手段，即调查者就调查项目编制成问题或表式，分发或邮寄给有关人员，请求填写答案，然后收集、整理、统计和研究。

问卷调查法可以在同一时间内调查许多对象，比较省时、省力、省经费，而且因为问卷调查是匿名进行的，其对研究对象的行为及心理影响较小，而且问卷调查可以进行一致性的控制，结果易于统计，适于量化研究。问卷调查还可以收集到对研究对象不能进行长期直接观察或观察不到的东西，尤其是调查生活史上的一些态度、事实和体验等。问卷调查也不受时间、地点及情境的限制，可以随时进行研究，形式比较灵活。

但是在操作问卷调查法时，也要注意问卷调查的一些缺点。问卷中的问题如果稍有含糊不清，就不能得到正确的回答。调查对象常有故意说谎的情况，因此所得的结果不一定完全可靠。问卷中的问题太多，易使人产生厌倦情绪；问题太少，所得的数据又不能说明问题，问卷中问题的多少比较难把握。

1. 问卷的内容及结构

一份完整的问卷一般由标题、前言、主体和结束语等部分构成。前言是调查者写在问卷开头的一段话，以向被调查者说明调查目的与要求、调查者的身份等。前言的内容一般包括这样几方面的内容：调查的目的与意义；关于匿名的保证；对被调查者回答问题的要求；调查者的个人身份或组织名称。问卷的主体包括指导语、问题、回答方式等。指导语是用来指导被调查者填写问卷的一组说明性文字，其作用是对填表的方法、要求、时间、注意事项等作一个总的说明，有时还附有一两个例题，帮助研究对象更好地理解如何进行填写。问题和问题的回答方式是问卷的主要构成部分。结束语一般在问卷的最后，内容是对被调查者的合作表示感谢，提出不要漏填与复核的请求。有的问卷还要征询一下被调查者对问卷设计的意见和建议。

2. 问卷中问题的设计

根据问题提出方式的不同，问卷调查表可分为三种类型：封闭式、开放式和半封闭式。

封闭式是指在问卷上不仅要提问，而且要列出可供选择的答案，限制回答的方向和数量，让调查对象选择所赞同的答案。

封闭式问题有如下类型。

①是否式。把问题可能答案列出两种极端情况，从中选择一个。如“是”“否”或“同意”“不同意”。例如：

关于学生自主性情况的调查

(1)我自己决定的事情，别人很难让我改变主意

A. 是(　　) B. 否(　　)

(2)学习上我总有自己的目标和计划

A. 是(　　) B. 否(　　)

(3)生活上我能自理，从不要别人帮忙

A. 是(　　) B. 否(　　)

②选择式。从多种答案中挑选最适宜的一个或几个答案，然后做上记号。例如：

关于儿童性格特点调查

(1)对一些物体总爱观察、摆弄、拆开来玩：

A. 不这样　B. 偶尔这样　C. 有时这样　D. 常常这样　E. 总爱这样

(2)与别的孩子发生争执时经常能谦让：

A. 不能　B. 偶尔能　C. 有时能　D. 比较能　E. 常常能

③排列式。在每个问题后有多个答案，让被试依据答案的重要性评定等级并排列成序。排列的答案不要太多，一般不超过 15 项。例如：

请将下列科目按照你喜欢的程度依次编号。

(　　)语文　　(　　)生物　　(　　)历史
(　　)数学　　(　　)化学　　(　　)音乐
(　　)英语　　(　　)美术　　(　　)政治
(　　)物理　　(　　)体育　　(　　)地理

④等级式。对两个以上分成等级的答案的选择方式。等级式答案两端为对立概念，中间分成若干等级，被试根据自己的情况选择其中最适合的等级。例如：

您对目前的职业是否满意？(　　)

A. 十分满意　　B. 比较满意　　C. 一般
D. 不太满意　　E. 很不满意

⑤画记式。按照同意或不同意，在答案上分别做记号"√"或"×"。例如：

例如：关于你对考试的看法，请在你认为符合你情况的选项前画"√"，在不符合你情况的选项之前画"×"：

(　　)考试前我非常紧张，我常担心我的成绩会落后于他人。
(　　)考试可以使我发现自己在学习上的不足之处，我并不害怕考试。
(　　)我较关心名次，名次先后是促使我发奋学习的一大动力。
(　　)如果不是为应付考试，我就不想去翻教科书。

开放式是指在问卷上只提出问题，不列出答案，由被调查者自由回答。例如：

您认为在家校合作中还存在哪些问题？

____

开放式问题一般适合以下两种情况。

①对较深层次的问题的研究。

②调查初期，对所研究的问题或研究的对象有关情况还不十分清楚的情况下，可采用开放式问卷，来帮助研究人员设计封闭式问卷。

3. 问卷编制的基本步骤

第一步，建立理论框架。所谓理论框架就是根据调查研究课题，确定调查的变量或概念。例如，在"中小学生自我意识发展调查问卷"中，调查者就把自我评价、自我控制、自我体验、性意识的发展和稳定性确定为问题的五个变量。

第二步，设计问题。从各种变量或概念入手，找出与这些变量或概念相联系的行为、态度、价值概念等方面的表现，然后根据调查的需要及问卷的容量，表述为若干具体的问题。

4. 问卷问题设计的原则

①必要性原则。必须围绕课题和研究假设最必要的问题。

②可能性原则。必须符合被调查者回答问题的能力。

③自愿性原则。题目凡是涉及社会禁忌、宗教、个人隐私、敏感的道德问题、政治问题等，必须考虑被调查者是否自愿真实回答。

④清晰性原则。避免三种情况——太普遍化的问话、语意不清的措辞、包含两个或两个以上的观念与事实。

⑤具体性原则。问题的内容要具体，不要提抽象或笼统的问题。

⑥准确性原则。表达问题的语言要准确，不要用模棱两可、含混不清、容易产生歧义的语言或概念。

⑦简明性原则。问卷的设计最好能让被调查者迅速阅读并理解其内容。

⑧客观性原则。表述问题的态度要客观，不要有诱导性或倾向性语言。

⑨非否定性原则。要避免使用否定句形式表述问题。

5. 问卷答案设计的原则

①相关性原则。答案与问题具有相关关系。

②同层性原则。答案必须具有相同层次的关系。

③完整性原则。答案应该穷尽一切可能的(主要的)答案。

④互斥性原则。答案必须是互相排斥的。

⑤可能性原则。答案是被调查者能够回答也愿意回答的。

6. 问卷中的问题顺序原则

①同类组合。将性质相同的问题编排在一起。

②由浅入深。

③由大到小。概括性、背景性的问题排在前面，涉及具体细节的问题放在后面。

④一般到特殊。把被调查者感兴趣或愿意回答的问题放在前面，把容易引起被调查者情绪反应的问题放在后面。

⑤由事实到态度。

⑥由封闭型到开放型。

7. 问卷的发放与回收

一般来说，问卷的发放形式有邮寄、有组织地分配、当面填答等。邮寄的方式简便易行，省时省力，但影响回收率。有组织地分配发放迅速，回收率高。当面填答的回收率高，但取样范围数量有限。

对回收的问卷，在剔除废卷的同时，要统计有效问卷的回收率。一般来说，回收率如果仅为30%左右，资料只能作为参考；50%以上，可以采纳意见；当回收率达到70%～75%时，方可作为研究结论的依据。回收率一般不应少于70%。

(四)访谈法

访谈法是研究者寻访、访问被调查者并且与其进行交谈和询问的研究活动，收集并形成研究主题相关的第一手资料的研究方法。

1. 访谈法的适用情形

①研究内容为非行为性的意义感、价值观念或情感信仰等内在的东西，观察法、问卷测量等其他研究方法很难获得相应资料时，应采用访谈法。

②为了把握受访者过去的生活经历以及他们耳闻目睹、亲身经历过的相关事件，并且了解他们对这些事件的感受及其意义解释时，可以采用访谈法。

③对于那些习惯于口头表达而不习惯于通过书写提供资料的人的研究。

④当需要从多角度对事件的过程进行比较深入的、细致的、全面的了解时，应考虑访谈法。

⑤当某项研究需要初步了解真实的情况时需要运用访谈法。

⑥当某项研究涉及非常复杂的内容，或必须要求被研究者进行现场解释时，应该用访谈法。

⑦当某项研究的目的不仅是对教育事件进行描述，而且希望对其所承载的意义与价值做出判断时，可以采用访谈法。

2. 访谈法的类型

按访谈的内容是否标准化，可分为结构型访谈（标准化访谈）、开放型访谈、半结构型访谈。

①结构型访谈是一种标准化的访谈，其访谈内容和程序事先都已经设计成固定的访问调查表，访谈者根据访谈调查表来提问，几乎没有自由发挥的余地，受访者在回答时也只需要从已经固定和编制好的答案中做出选择。（就是一种问卷调查。）

②开放型访谈是没有固定的访谈问题和程序，对受访者的反应也没有什么限制，虽然访谈围绕一定的目的进行，但访谈的内容、顺序、语言、进程等都由访谈双方自由决定。这种访谈的目的是了解受访者自己认为重要的问题，了解他们看问题的角度、他们对意义的解释以及他们使用的概念和表达方式，从而能够使受访者充分表达自己的意见和情感，而访谈者更多的是在倾听，起到一种辅助的作用。

③半结构型访谈具有一定的结构，研究者对访谈有一定的控制，访谈之前有一个准备好的粗线条的访谈提纲。在访谈中访问者根据研究、设计的访谈提纲向受访者提问，并依据访谈提纲判断谈话是否偏离研究主题，进而做出是否要引导的决定。

按访谈的方式可分为面访、电话访问与网络访问。

①面访是采用面对面的方式与受访者进行交谈。它成本高，对访谈者的要求也比较高。

②电话访问是研究者通过电话与受访者进行交谈，并将双方的谈话内容记录下来从而获得研究资料的一种访谈形式。

③网络访谈是访谈者通过网上论坛、网上聊天室、BBS、QQ、MSN 等网络方式与受访者进行交流从而获得研究资料的一种调查方式。

3. 访谈法的步骤

第一步，确定访谈的目的、功能以及理由。提出“大问题”，即提出与研究主题相关的大问题；提炼出几个“小问题”，即将“大问题”根据性质分解成若干个小问题。

第二步，确定访谈的时间及进度。对访谈任务做出一个总体性的规划，确定各研究阶段获得何种问题的研究资料，使整个研究有条不紊地展开。

第三步，选择访谈样本。访谈的样本比问卷调查的样本要少，但配合度要求高，因此取样的程度要求更加严谨。取样的基本原则是对关键信息提供者进行访谈。

第四步，根据研究的目的、研究的性质、研究条件等方面的因素确定访谈形式。

第五步，设计问题。

第六步，训练访谈者，完成预访谈，并修正访谈指南或提纲。

第七步，实施访谈。

三、实验法

实验法是通过系统地控制某些实验变量，然后观测与这些实验操作相随现象的变化，同时对影响实验结果的无关变量加以控制，从而确定实验操作与观测现象之间因果关系的一种研究方法。

(一)实验法的特点

①干预性与控制性。

②呈现事物之间的因果关系。

③假设与重复验证。

(二)实验法的组成部分

1. 实验假设

实验必须有明确的实验假设，实验假设要求用陈述句做出有明确判断的表述。例如：教师的教学风格影响学生的学习成绩。

2. 实验被试

实验过程中，研究者根据实验的假设选择实验被试，被试应当尽可能随机选择和分配，并尽可能使被试具有代表性。如果受到教育条件限制，以现有的教学班组成实验被试，也应当尽可能使被试在主要方面是等质的。

3. 实验变量

自变量是在实验中由实验者掌握，在性质或数量上可以变化、可以操作的条件、现象或特征。因变量是实验中的反应变量。无关变量是与实验目的无关但又会影响实验结果的变量。

4. 实验控制

实验控制主要是指对无关变量的控制。实验控制的目的在于把自变量的作用分离出来。对无关变量的控制是实验控制中的关键内容，也是极为重要的技巧。

5. 实验步骤

实验研究应该有比较严密的程序。在设计实验时，要对实验的步骤做出周密的设计，包括每一步骤的具体内容，使用的工具、方法、控制措施，实验进行的时间，以及实验中可能出现的问题和处理问题的办法。

6. 实验结果

实验就是操作自变量、控制无关变量、观测因变量。实验结果的表述一般为：一是对实验数据进行统计分析，实验结果要通过对实验数据进行严格的统计分析来加以说明；二是运用文字说明加以解释，用文字的表述来说明统计分析结果的实际意义，如实验结果是证明了实验的假设还是否定了实验的假设，这个实验的结论与已有的相关研究的结论是否一致，对于教育教学的改善和进一步的研究有什么意义等。

(三)自变量操作、因变量观测和无关变量控制

1. 自变量操作的设计

在教育研究中，经常被操作的自变量有教学方法、作业的种类、学习材料、给予学生的奖励、教师的提问类型等。不能被操纵的自变量有性别、种族、年龄、宗教信仰等。

2. 因变量测定的设计

经常被研究的因变量有学习成绩、兴趣、注意范围、动机、对学校或对教师的态度等。

在教育实验中，经常是通过对作业、测量成绩的评价进行测量，还可以采用各种心理测试来测量智力水平、心理健康水平等。但不是所有的测量都有现成的测量工具，有些因变量的变化不能直接测定，需要巧妙地设计测量的方法

例如，研究者把汽车喇叭声、鸟叫声、钢琴声、哨声、自行车铃声等五种声音用录音机录下来，在上课期间按一定顺序播放，课后让学生回忆，再认听到的声音，用学生对这些声音再认的正确率来反映学生注意力集中程度的差异。不要千篇一律地认为测量就仅限于学习成绩的测量。

(四)实验效度和无关变量的控制

1. 实验的内在效度和外在效度

内在效度是自变量与因变量的因果联系的真实程度，因变量的变化在多大程度上是由自变量引起的，是对自变量进行实验操作的结果，而不是由于其他因素的影响。(因变量的变化仅仅是由于自变量的实验操作所引起的)

外在效度是研究结论的普遍性，即可以得到推广的程度。是指与实验条件相类似的情况下实验结果可以推广的范围。

内在效度与外在效度之间会有冲突。比如，在实验中控制了所有的无关变量，使得实验中只有对自变量的实验操作对因变量的变化发生作用，这样就获得了最好的内在效度，但是这样的实验却难以在现实的教育情境中得到推广运用，因此就损失了实验的外在效度。同样一个实验如果没有任何控制，它在推广方面就不会受到什么限制，这样的实验无法说明自变量和因变量之间的因果关系，该实验也失去了其内在效度。

2. 影响实验内在效度的因素

影响实验内在效度的无关变量包括历史或经历(同时事件、偶然事件)、成熟、测验、测量手段、统计回归、选择偏差、被试的流失、选择与成熟的交互作用等。

①历史或经历。例如，在一个短时间的实验过程中，一组被试因为停电或者其他偶然事件可能对实验发生影响；一项语文教学的实验可能因为其他课程比如历史课的教学中恰好学到相关的内容，使得后测的语文学习成绩得到提高。总之，后测的结果可能并不单纯是由于实验操作所引起的。实验时间越长，实验处理以外的其他事件对被试发生影响的可能性就越大。

②成熟。成熟是指在实验期间被试随着时间推移发生的生理、心理变化对实验结果产生的影响，如年龄增长、身体发育、认识能力方面的自然发展和成熟，或者疲劳、饥饿、兴趣降低等因素。例如，某教师进行一项长达一个学期的阅读教学实验，学生阅读成绩的提高可能不单纯是由于新的教学方法，被试在此期间也许由于年龄增长，或者在认识能力方面、词汇的掌握方面都可能有自然的提高。再如，在一个时间长达五十分钟的实验中，被试可能因为感到疲劳而造成实验效果下降。

③测验。是指前测对后测的影响。前测之后，被试可能会熟悉测验的技巧和内容，即使不经过实验处理，也可能因为有了前测的经验而使得后测成绩提高。

④选择偏差。选择偏差是指由于被试选择的偏差对实验结果造成的影响。在选择被试的时候，如果没有做到随机抽样和随机分配，那么所选的两组或者几组被试之间在进行实验之前，本来就可能有各方面能力的偏差。

⑤被试的流失。由于被试的流失，改变了实验组或控制组被试的构成情况，改变了被试在实验中的分布，对实验结果造成影响，在实验过程中被试的流失也可能影响对实验结果的解释。例如，在实验过程中，不少能力水平低的学生从实验组中退出，而控制组没有发生同样的流失，结果实验组成绩比控制组要好，但这不能说明是实验处理的结果，而是由于被试的流失造成了实验组和控制组之间的差异。

⑥选择与成熟的交互作用。取样差异带来的成熟程度不一致。例如，从两个地区选择一年级学生，分别作为实验组和控制组，但是控制组所在地区入学年龄是七岁，实验组所在地区入学年龄是六岁半，选择上已经有了年龄上的差异，而六岁半和七岁儿童不仅在年龄上有差异，他们之间在成熟发展方面也有差异，这两方面的差异交互作用，成为影响实验效度的新的因素。

3. 影响实验外在效度的因素

影响实验外在效度的无关变量包括选择偏差与实验处理的交互作用、实验安排的反作用效果、多重处理干扰等。

①选择偏差与实验处理的交互作用。例如，选择具有高智力水平的学生进行发现式教学和传统教学的比较。实验的结果是发现式教学优于传统教学，这个结论就不能推广到全体学生，因为被试的选择是有偏差的，而智力高的学生可能在发现式

教学中特别受益。如果把这个结果推广到智力一般或智力较低的学生就会造成结论的错误。

②实验安排的反作用效果。由于实验情境的安排，被试知道自己正在参加实验，表现出与平时不同的行为。例如，教师和学生都可能因为被选择参加一项新的教学方法的实验而表现出比平时更多的兴趣和动机，以及更大的主动性和积极性。这种情况下得到的实验结果就不能推广到日常生活情境中去。

③多重处理干扰。当被试重复接受两种或者多种实验处理的时候，前面实验处理的作用没有完全消失，并且同后面处理发生重叠作用。例如，让被试重复运用三种学习方法学习，实验结果表明第三种方法效果最好，但是我们并不能把这个结论推广到仅仅使用第三种方法的条件下，因为第三种方法效果好可能是和其他两种方法产生交互作用的结果，所以重复试验的结论不能推广到那些不重复处理的情境中去。

4. 控制无关变量的控制

在实验中，一般控制无关变量的方法有消除法、恒常法、均衡法、抵消法、随机化方法、统计处理。

①消除法。控制无关变量最有效的方法，就是简单地把它们从实验环境中消除，根本不让它在实验过程中出现。例如，在一些记忆单词的实验中，选择意义上无联系，没有相同的词根、前缀、后缀的单词就是为了消除单词在意义结构上的联系给记忆带来的影响。例如，如果认为智力因素会影响结果，可以只选择高智力的学生作为被试(或者只选中等智力、低智力学生作为被试)，或者认为性别因素对实验结果有影响，就只选单一性别的被试。

②恒常法。在实验中不能消除的无关变量可以用在整个实验过程中使之保持恒常不变的方法来控制。例如，如果教师成为影响实验效果的重要因素，可以由同一位教师担任实验组和控制组的教学任务；如果时间对实验结果有影响，可以把每次实验都安排在相同的时间进行，使实验的时间保持恒常。还可以选择同一地点、同样的设备，选择智力、性别、年龄、受教育程度相同的被试等，都是用恒常法来实现对无关变量的控制。

③均衡法。在实验组与控制组或者几个不同的实验组内使无关变量保持基本相同的状态，使它们在不同组内对实验因素的影响基本一致，这样也可以不影响自变量和因变量关系的解释。例如，对环境条件来说，我们在实验中可以为实验的各组学生安排同样的教室、上课时间、作业量等，使环境因素的影响均衡，对被试的自身因素来说，主要是怎样把被试分到各个组，使各组被试情况基本相同。通常是用随机方法或者匹配的方法来分组。

④抵消法。在有些实验中，需要使被试先后接受不同的实验操作，这样不同的实验处理出现的顺序可能会影响实验效果的解释，实验出现先后次序的不同可能引

起被试的反应也不相同。低效法就是把实验处理排列成出现的次序机会均等的组合，每一种处理虽然以不同次序出现，但是每一个处理处于某一次序的次数相同。例如，对于两个实验处理 A、B 来说，可以第一次先做 A 后做 B，第二次先做 B 后做 A，这样就形成了 ABBA 的排列，可以抵消出现的次序不同对实验结果的影响。

⑤随机化方法。随机化方法是指被试的随机选取和随机分配，从实验研究的研究对象总体中随机选取被试，可以保证选取的样本代表全体，没有选择的偏差。随机分配是指把随机选取的被试随机分配到各个实验组和控制组中去，由于被试是随机分配的，可能对被试发生影响的各种无关变量在各组的分布也随机化了。随机化是控制无关变量的最佳方法。但是，在教育实验研究中，为了不改变正常的教学秩序，实验往往只能在现有的学校、班级内进行，不能做到随机选取被试。所以随机化方法在教育实验中的应用，也受到一些条件的限制。

⑥统计处理。如果无关变量的影响无法消除，还可以运用统计方法测量，通过对数据的分析处理，计算剔除无关变量影响之后实验操作和因变量之间的关系。例如，某教师进行教学方法的实验研究，被试的智力水平是一个影响实验结果的无关变量，在无法以智力等同的被试组进行实验的时候，可以在实验前先测试被试智力水平。实验之后，用协方差分析方法推断、剔除智力水平对因变量的影响后，确定教学方法的不同水平对训练效果的影响。这样，虽然实验中并没有排除无关变量的影响，但是通过数据处理，在对结果的解释中剔除无关变量的影响，说明实验操作与因变量的关系，达到控制无效来源以提高内在效度的目的。

（五）实验设计模式

按照对实验控制的程度不同，实验设计模式可分为前实验设计、准实验设计和真实验设计。前实验设计是对无关变量不能控制，但是可以操作变化自变量。前实验设计不是严格意义上的实验，实际上只是变量关系的一种描述，所以也称为非实验设计。准实验设计也称为类似实验设计，它与真实验设计有些相似，能够在一定程度上控制一部分无效的来源，但是它不能像真实验设计那样随机选择和分配被试。真实验设计是按照随机原则选择和分配被试，有控制组进行对照比较，能够较好地控制内部、外部无效度来源，使实验设计得到比较严格的控制。

1. 前实验设计

单组后测设计是以单一实验组为研究对象，不设控制组，对单一实验组施加一次实验处理，在实验处理之前不测验，仅仅在实验处理之后进行一次测验，来推测处理的效果。

（1）单组后测设计

单组后测设计的基本模式为：

G　X　O

（注：G 表示只有一个未经随机选择和分配的实验组，X 表示只有一次实验处

理，O 表示只在处理 X 之后进行一次后测。）

例如，在某幼儿园大班（实验组 G）按小学准备状态教育大纲进行了为期 9 个月的训练（操作 X），训练活动结束后，对全班学生进行观测审定（相当于后测 O），观测审定的结果认为达到了大纲的要求，因此研究者初步认为，按照这个大纲进行的教育取得了使学龄前儿童完成入学准备状态训练的效果。

单组后测设计的局限如下。

①实验组不是随机分配的，同时也没有随机等组作为对照组进行比较，不能控制选择偏差。

②不能排除家庭教育、环境影响的作用，不能控制历史、经历等无效来源的作用。

③训练长达 9 个月，在此期间儿童自身会发生很多内部变化。

④不知道这个大纲是不是特别适合这个实验组的儿童。

（2）单组前后测设计

单组前后测设计是对单组后测设计的改造，它们之间的区别就在于引入自变量实验处理之前，先对这个实验组进行一次测验。

其基本模式为：

$$G \quad O_1 \quad X \quad O_2$$

例如，一位初中语文教师想针对所教班级的学生语文阅读能力较低、语文课程学习的兴趣不高等问题进行语文课程以外的阅读训练和辅导，她首先对所教班级的学生进行了阅读能力的测验，然后对其进行为期两个月的阅读训练和辅导，两个月之后，又针对学生的语文阅读能力进行了测验，测验结果比前测结果好。实验结果表明，两个月的阅读训练和辅导提高了学生语文阅读能力。

单组后测设计的局限是不能说明在前测和后测之间没有其他事件引起因变量的变化。例如，成熟因素、被试熟悉了测验的方式和内容。

2. 准实验设计

不对等两组前后测设计实际上是在固定组比较设计基础上对两组都加前测构成的设计模式。

其基本模式为：

$$\begin{array}{cccc} G1 & O_1 & X & O_2 \\ G2 & O_3 & — & O_4 \end{array}$$

3. 真实验设计

真实验设计有两个重要特点：第一，被试的选取与分配随机进行；第二，存在控制组。

随机等组后测设计基本模式为：

$$\begin{array}{ccc} RG_1 & X & O_1 \\ RG_2 & — & O_2 \end{array}$$

四、教育叙事研究

叙事就是讲述故事，就是陈述人、动物、宇宙空间各种生物或事物身上发生或正在发生的事情。叙事研究作为教师的研究方法运用于教育领域，是20世纪80年代由加拿大的几位课程学者倡导的。他们认为：教师从事实践性研究的最好方法，是说出和不断说出一个个“真实的故事”。教育叙事研究是指以叙事的方式开展的教育研究。它不直接定义教育是什么，也不直接规定教育应该怎么做，它只是给读者讲一个或多个教育故事，让读者从故事中体验教育是什么或应该怎么做。

（一）教育叙事研究的特征

1. 教育叙事研究是行动者直接融入并成为主体的研究

在教育叙事研究中，在研究者自身长期教育教学的实际生活体验中、在与对象的直接互动与实际交往中，发生了各种生活故事和教育教学事件，研究者们可通过对这些事件进行观察、分析、反思，从而获得一些简介或解释性的意见。

2. 教育叙事研究是一种事实性、情境性、过程性的研究

教育叙事研究是从教师教育实践出发，从校园生活出发，从真实教育事实出发，从自然教育情境出发所进行的研究。这种研究的显著特征在于“实”，它是教师在教育活动中对实事、实情、实境和实际过程所做的记录、观察和探究。

3. 教育叙事研究是一种反思性研究

教师在叙事中反思，在反思中深化对问题或事件的认识，在反思中提升原有的经验，在反思中修正行动计划，离开了反思，叙事研究就会变成为叙事而叙事，就会失去它的目的和意义。

4. 教师叙事研究的基本追求是变革自己的实践

叙事研究不仅仅是讲故事和写故事，而在于“重述和重写那些能够导致觉醒和变迁的教师与学生的故事，以引起教师实践的变革”。

（二）叙事研究被重视的背景

在教育研究领域，叙事等平民的思维和话语方式之所以开始登上研究的大雅之堂，是因为强调“科学方法”的改革在学校实践中遇到了许多尴尬。

1. 传统教师培训失败

在教师成为研究者的问题上，人们普遍认为“教师并不缺少实践，而是缺少理论”。以往的教师培训常常强调让教师“阅读”他人的教育理论，这些理论在教师接受培训时常常离开自己的日常教育生活，以“脱产进修的方式”进行，似乎只要教师接受了这些教育理论后，教师就可以将理论应用于日常教育生活中。但是，教师在接受这一培训后，仍然对理论缺乏最基本的了解，也缺乏了解的兴趣。

2. 教育实验名不副实

以往的教育研究经常使用的方法是“教育实验”。教育实验法的基本特征是强调

“控制”和“假设”等策略，但实际上中小学教师自称使用了教育实验法时，往往既没有“控制”，也少有“假设”。

3. 经验总结大同小异

在拒绝了教育实验后，人们常常愿意采纳的研究方式是经验总结。教师谈论个人的经验事实原本是容易引起读者共鸣的，因为教师所谈论的是具体的、个人化的、生活化的解决问题的方式，而不是空泛的、以教训的口气发出来的大道理。遗憾的是教师在使用经验总结法时，要么沦落为一种抄录教育理论文章的剪贴活动，要么成为一个论点配一个案例的“戴帽子”的游戏。

4. 教师的科研焦虑

教师不是不愿意接受校外研究者的教育理念，也不是不理解自己的教育实践，但教师一开始尝试着将研究者的理论应用到具体的实践中，就大量地发生行之维艰的焦虑。教师这种焦虑有点类似于小学生在接受了定理、公式后害怕做应用题的苦恼。

案例 6-1　仰望——教育叙事案例评析

“你就是王晓奕?”“是的，我是王晓奕。”永远记得那第一次的对话，记得第一次见到高高瘦瘦，背挺得不直，一说话就露出那两颗大板牙的他。

那是 1999 年的春天，是我在盛泽实验小学的开始。我是实习生，他是我的导师。第一次见面我心里小声的嘀咕。“啊？他是薛法根？薛法根就是他啊！”这是第一次听到介绍后我心里不小的问号。我不认识薛法根，也从未看到过他的照片，但这个名字我真的不陌生，这是每次上小语课时我们敬爱的小语老师津津乐道的人物之一。“他是江苏省最年轻的特级教师，他的组块教学很有前瞻性，他上的课是真正的语文课……”已经记不全小语老师是怎样激动地为同学们介绍薛老师，如何以薛老师的课堂为例向我们讲述语文教学的追求与本真，但小语老师当时发亮的眼睛依然那么清晰。

【评析：这是一篇人物叙事。作者想要通过自己和薛法根老师交往的二三事，表达自己对老师引导和培养的感激之情，表达自己如何一步步读懂了“名师的意义”，并如何在“走近”和“仰望”的过程中获得了自身的成长和发展。王老师想从和薛法根老师的第一次见面写起，从外人对薛法根老师的高度评价和第一次见面时感觉的巨大落差入手，这种“欲扬先抑”的写作手法在文学创作中经常用到，也符合这个叙事的主题，是一个很好的构思。但毕竟这只是一个切入，简单明了叙述就可以，可作者却花费了比较多的笔墨，使叙事的开头显得有些拖沓，反而淹没了作者的表达意图。】

第一次听薛老师上课，才发现语文课不是读读课文、抄抄词句这么简单。批学生的作文，写评语竟然可以写得比学生的作文还长，那一天我的下巴真的差点磕到地上。身为学校教科室主任，单元练习卷竟然还要自己在蜡纸上一笔一画地刻写……他，真的是一个力求完美的人。当我沾沾自喜地上完实习汇报课《苦柚》的时候，迎来的却是他一连串的责问，“谁让你把这句话也板书出来？”“这几个问题学生一读课文就明白还用得着你问吗？”“粉笔字，好好下功夫练练”…… 现在想想，亏得我是个“硬骨头”，如果换个人，估计看着他当时一脸严厉的表情早已泣不成声了。但那一次，我真的记住了薛老师的理念：学生已经读懂的，不必教；学生自己能读得懂的，不需要教；你教了，学生也未必能懂的，暂时不教。

【评析：这里究竟是想写“我第一次听薛老师上课”还是“对薛老师批改作文有感”，是写“他自己刻单元练习卷”还是“我上实习汇报课”？教育叙事的特点是形散而神不散，通常采用“以点带面”的叙述方法，点就是叙事中的中心事件，“点”的选取要围绕主题，具有典型性，要表达详尽，而带出的“面”应该是紧紧围绕“点”，补充说明“点”，只须一笔带过的事件无需详尽说。但可能因为想说得太多，又未能深入思考和选择，所以作者在这里没能围绕“仰望”的主题选取一件最合适的事件来详尽叙述，东一言西一语，反而让叙事显得散乱而且缺乏逻辑。】

我是幸运的，我从来没有怀疑过。当我踏出苏州教育学院的大门在盛泽实验小学正式拜薛法根老师为师。这十一年在教学之路上一路走来，迷茫与探索、成功与失败、努力与收获，都融着师傅的智慧、训斥与鼓励。

【评析：教育叙事的特点是夹叙夹议，在叙述过程中表达思考和感受。但这一段感受却显得很突兀，问题在哪呢？原因就在于这个感受与上面叙述的“实习汇报课”事件没有紧密的联系，不是“基于事件”生发的感受，因而显得突兀而生硬。所以无论是表达什么样的思考和情感，一定要紧紧围绕叙述的事件展开。】

第一篇教学论文，是师傅的限时作业。第二天，当我捧着那满是圈圈点点批注的论文稿时，真的有点愕然：案例的分析不准确，这个案例的价值应该是……文章的观点不鲜明，标题不醒目；文章缺少理论的依据、建议去读……每读到师傅的一点建议，心里就会涌动起对他的无限敬意。于是，那一次，那篇论文就这样一改再改，最后，获得了苏州市优秀论文评比一等奖，“南长杯·教海探航”论文评比二等奖。第一次拿到奖状，心里满是感动，我也第一次真正体会到：不经历风雨怎么见彩虹？以后每一次，当师傅读完一本好书，看到一篇好文章，他都会放在我的办公桌上；以后每一次，当听课时发现某个有价值的环节，他都会示意我记下来……我的老师，他就是这样率真，这样严厉。

第一次参加赛课，其实是师傅的全力以赴。一篇又一篇课文，我们从对教材的理解谈起，教学内容的选择、教学目标的定位、教学板块的架构，一次又一次试教，推翻了重来，否定了再试。当比赛那天，我的课赢得了评委老师的一致好评，我获得了苏州市赛课一等奖时才知道：公开课不是做秀，没有哪个人，没有哪堂课是一次就成功的。以后每一次，听完师傅的课，他都会让我谈谈体会和收获；以后每一次，师傅听完我的课，他都会仔细地分析我的成功与不足……我的老师，他就是这样睿智，这样执着。

是的，他真的是个睿智的人。每一次，无论是何种文体，怎样的文本，他一解读我们就会豁然开朗，他一设计我们就会眼前一亮，一听他上课我们就觉得没人可以上得更好。我们总想，他的脑袋里装的到底是什么，敲开他的脑子是不是会看到和常人不一样的构造。从《我应该感到自豪才对》、《螳螂捕蝉》，到《爱如茉莉》、《我和祖父的园子》，到《真理诞生于一百个问号之后》、《哪吒闹海》，透过师傅一堂堂精彩的课例，我似乎也能触摸到他对语文教学的深度思考——"从'教课文'到'学语文'：语文教学的华丽转身"，"从'教语文'到'育智能'：语文教学的本真回归"。

2010 年开始，在师傅的提点和帮助下，我开始有了到校外上课、历练的机会。第一次站在舞台上上课，第一次在聚光灯下执教，第一次有近千个老师听我上课……真的会紧张，真的会不安：整堂课我在做的就是背教案，我开始为备课时的沾沾自喜而懊恼，面对那些预设之外的学生的答案我无言以对……那一刻，我觉得自己就是一个跑龙套的，在舞台上来回穿梭，最终却什么都没有留下。这时，师傅告诉我课堂上每个教学环节应该是简化自然的，每个教学环节所设计的学生的学习活动当有鲜明的针对性，聚焦核心目标，集中教学内容，宁愿教得少一些，务必教得透一些；有效的评价、适时的点拨正是一根学生可以在课堂上自由行走的"拐杖"。从"全国小学语文'挑战名师—同课异构'课堂教学研讨会"到"'睿智大讲坛'全国中小学学科名师教学观摩会"，从"海峡两岸小学语文名师课堂教学观摩研讨活动"到"特级教师徐长青工作室成立二周年成果展示暨全国著名特级教师观摩课研讨会"……一次、两次、三次，师傅从一开始听课时一脸的凝重到偶尔的点头微笑，我知道那是因为我小小的进步、慢慢的成长。

【评析：这三段作者想要围绕"师傅为自己修改论文"和"指导上课"来描述自己每一次都在师傅的帮助和点拨下，获得了新的启示和进步，逐步成长起来。可为什么读来却觉得印象不深，仰望之情不浓呢？原因在于作者没能运用"深描"的写作方法。"写第一篇教学论文"和"第一次参加赛课"这两件事情，都写得不够具体，尤其是缺少细节的描写。如写第一次上公开课，可从师父是如何帮我争取机会、认真准备的；在准备的过程中我在他的严格要求下有什么感受；我在上公开课时心情如何，怎么表现的，出现了什么问题；他给予了我什么鼓励，他的表情动作如何？课上完后师父如何点评，我是如何反思的……紧紧围绕这件具体事情发生的过程深度描述，并在其中穿插一些细节描绘，如人物的表情、动作、语言，当时的环境、气氛等，更能帮助读者与作者一起，经历了这个"痛并成长"的过程，从中感受薛法根老师精湛的教学艺术和培养青年教师的良苦用心。如此，"仰望"

之情也就自然而然在读者和作者心目中生发了。】

有人说，如此扶着走路你又怎能成长？但我总会骄傲地抬起头，自豪地说："我就是这样成长的。"在吴江市、苏州市的2000届小学语文教师评优课活动中我均获得了一等奖；2009年我参加"小学语文优质课评比"，经过层层选拔，分别获得了吴江市、苏州市、江苏省的一等奖；2009年，我参加了江苏省中小学"杏坛杯"优质课评比，获得了一等奖；2009年，我参加了吴江市第二届AA级优质课评比，获得了AA级教师称号；2011年我被评为吴江市名教师；2011年，我的论文获得了江苏省"教海探航"征文一等奖……是的，我就是这样成长的，看着薛老师一路辛勤地耕耘、智慧地播洒，跟着他一步一个脚印地前行，我知道教学之路没有止境，唯有边走边欣赏窗外的风景；唯有坚定教育的执着，边学边积淀厚实生命的力量。

薛法根，我的老师，一个牵着我稚嫩的手，带着我在语文教学的跑道上起步的人；薛法根，我的老师，一个语文教学的星空中，让我仰望的人……

【评析：叙事的结尾处作者对自己所获奖项的描述可以简略些，应该更多的描述师傅究竟在哪些方面给了自己启示和引领，师傅的精神和情怀带给自己什么感受和思考，等等，让读者寻找到"仰望的理由"，体会到作者"仰望的心情"，也由这篇叙事生发出更多关于"我和我的老师"的感悟和思考。我以为如果去掉最后一段略显直白的抒情，就止于"是的，我就是这样成长的……积淀厚实生命的力量。"全文反而会更有回味空间，更有时空的延展感和开阔感。】

（资料来源：王晓奕、颜莹．仰望——教育叙事案例评析．江苏教育研究，2012【1B】）

五、教育行动研究

行动研究就是实践者为了改进工作质量，将研究者和实践者、研究过程与实践过程结合起来，在现实情境中通过自主的反思性探索，解决实际问题的一种研究活动。教育行动研究是有计划、有步骤地对教学实践中产生的问题由教师或研究人员共同合作，边研究边行动，以解决实际问题为目的的一种科学研究方法，其目的不在于建立理论、归纳规律，而是针对教育活动和教育实践中的问题，在行动研究中不断地探索、改进和加以解决。

案例 6-2　江老师精选数学作业，提高教学质量的行动研究

江老师去年秋任某年级两个班的数学课，其中一个班的数学平均分在全年级倒数第一。江老师决心改变这个班数学成绩差的现状，一方面改进课堂教学，另一方面加大作业量，除了课本的习题一律全做以外，还要做其他的练习。一学期结束后，这个班数学成绩仍是倒数第一。江老师深感这个成绩与学生做作业所付出的心力相比，相差甚远。于是他打算在现有教学条件下对作业加以改进。

他阅读有关学习理论及数学作业改革实验的文献资料，请教科所研究人员指导，经认真研究，确定以改进数学作业的质和量，提高练习效果作为研究主题。

确定研究主题后，他广泛、深入地收集有关改进数学作业练习的各种资料，从中获知数学作业的目的、形式、数量与练习效果的关系等理论。根据文献及对问题的分析，确定以这个班为实验班，采用观察法、实验法和测验法进行改进数学作业的研究。

他根据研究设计，收集和整理学生对数学作业的意见，发现学生对数学作业兴趣低落的原因是重复练习多，缺乏有一定难度的习题，题型单调。根据分析研究，他推出行动假设——对数学作业题进行结构调整，即每次作业模仿性练习和创造性练习的比例为 7∶3 或 8∶2，以提高作业的练习效果。

根据行动方案，江老师开始进行数学作业的实验，及时观察并记录学生作业正确率。发现中等以下学生完成创造性练习有一定困难，就及时调整作业题的难度。

在实验过程中，通过各章单元测验，发现该班数学成绩逐渐上升，第二学期期末年级统一测试，实验班平均分超过其他班 7 分多，位于年级第二。这表明实验确有成效。江老师决定在今后的数学教学中扩大实验成果，精选作业，减轻学生学习负担，不断提高教学效率。

（一）教育行动研究的特点

1. 从研究的目的看，是"为行动而研究"

行动研究的根本目的不是构建新的理论和发现新的规律，而是行动的改进、实践的改进。

2. 从研究对象看，是"对行动进行研究"

行动研究关注学生行为的改进，但它是通过关注教师或其他学校教育人员行动的改进来实现学生行为的改进。它要分析问题之所在，提出解决问题的策略、方法，最后能够解决问题。

3. 从研究环境看，是"在行动中研究"

行动研究的环境是教师工作于其中的实际环境。教师在自身的教育教学行动中

发现问题、分析和研究问题、解决问题，从而改进自身工作。即把教育研究和教育行动结合起来。

4. 从研究人员看，是“行动者进行研究”

开展行动研究的人就是学校的广大教师，他们一边工作、一边研究，研究的结果又用于改进自己的工作，从而把探索研究和运用研究结合起来了。

案例 6-3　李老师改善教学方式，提高教学质量的行动研究

任某小学五年级自然课的李老师，开学两个月以来组织了两次小测验，发现所任班级同学的学习效果不佳。因此，他想通过对自己教学的研究来了解问题所在，从而改善学生的学习状况。

李老师发现问题后，开始查阅有关书籍，了解有关影响学生学习效果的因素。结果发现教师自身的知识水平、人格、期望等因素和学生的学习态度、动机，以及教学方法、教学设备、教学时数的多寡等都会影响到学习的效果。

李老师与同年级的其他两位自然课老师合作，通过多次商讨，确定了研究的计划，即通过对彼此课堂教学进行观察来发现问题。

三位老师运用他们自己设计的观察表并结合田野笔记的方式对彼此的课堂进行观察，并在观察之后对记录进行比较和讨论。同时，李老师还设计了问卷对学生进行了调查。综合观察和调查的结果，合作小组将李老师所任课的班学习效果不佳的原因初步归结为教学方法单一。

两位老师帮助李老师一起制订了行动计划，即每周至少进行一次实验，开展一节课堂讨论，每两周带领学生进行一次户外活动。

依照上述计划，李老师开始进行新的自然课教学活动。一个月后通过测验，了解学生的学习效果是否有改进。如果结果有效，则继续实施行动方案，否则必须再与合作者一同分析与诊断产生问题的原因，以修正行动方案。

(二)教育行动研究的主要环节

除去选题和撰写研究报告两个步骤外，教育行动研究环节的共同要素是计划、行动、观察、反思。

1. 计划

计划环节主要思考如下问题：

①总体设想和目的是什么？预期的成果及其表现形式是什么？

②实现研究目标或目的的方式方法、策略、手段是什么？

③有哪些理论可以为本项研究提供依据？有哪些好的方法可以借鉴？

④采取何种形式开展研究？是个体研究还是和同事组成研究小组？行动的进度及时间的安排如何？

⑤收集资料和数据的方法和途径有哪些？如何对行动研究的过程和效果进行检测和评估？

2. 行动

行动环节所要进行的内容包括：

①将拟订的行动计划付诸实施；

②时刻监控行动的进展，观察新的行动产生的效果和影响；

③收集数据资料，反思、发现研究过程中的新问题；

④根据实际情况的变化对计划进行修订，调整行动。

3. 考察

考察环节的工作内容包括：

①监控行动的全过程；

②搜集研究资料和数据。

4. 反思

反思环节的工作内容有如下几点。

①归纳、整理和描述工作；

②评估与解释工作。主要是对行动研究的过程和结果进行判断和评价，对有关现象与原因进行分析和解释。如有必要，可提出下一步行动研究的基本设想或建议。

本章小结

作为优秀的小学教师，不仅能够进行教学设计和实施，更应该具有反思意识。反思包括说课、听课和评课，还包括教师应该将自己和自己的教学活动作为研究对象，不断地提升教学能力。教师进行教育科学研究不仅能够促进专业发展，而且能够扩展知识、开阔视野、锻炼意志，为自己单调、乏味的生活增加一丝味道。

关键术语

说课；听课；评课；教育科学研究；研究方法；教师科研意识

思考与练习

1. 选定教育教学领域的一个问题，对该问题进行文献综述。

2. 以目前中学生或小学生的学习负担问题，设计一份调查问卷(问卷题目的类型包括开放式和封闭式两种)。

3. 针对教育教学领域的问题，设计一个教育实验。

拓展阅读

1. 宁虹．教育研究导论．北京：北京师范大学出版社，2010

2. 欧群慧，刘瑾．小学教育研究方法．北京：北京师范大学出版社，2013

3. 裴娣娜．教育研究方法导论．合肥：安徽教育出版社，2000

4. 祝智庭，闫寒冰．如何评课．上海：华东师范大学出版社，2009

5. 方贤忠．教师专业发展的4项基本技能——备课、说课、观课、评课．上海：华东师范大学出版社，2013

第七章　班级管理能力

学习目标▶

1. 认识新时期班主任的角色，了解班主任工作。
2. 掌握班级管理的相关技能。

问题导入

任小艾的班主任工作艺术(节选)

任小艾的班主任工作艺术，主要在于“一则”“二感”“三言”“四通”“五心”“六法”。下面是详细内容，是以任小艾老师的口气说的。

一则：一条教育原则。教育家爱默森说过一句话：教育成功的秘密在于尊重学生。谁掌握了这把钥匙，谁将获得教育上巨大的成功。以爱动其心，以言导其行。严格的要求不仅仅就是训斥，不是说指的就是训斥，因为严格所以我就板着面孔。严格，一样可以温柔地去表达，可以用尊重、民主、平等、信任的方式来表达。这是一条教育原则。

二感：教育的责任感和使命感。就是对于你的本职工作你要有责任感，对教育的事业你要有使命感。所谓责任感就是你的良心。我们教师的这份活儿是良心活儿呀。你做了好事没人看见、没人表扬你自己就觉得高兴；你做了坏事没人批评、没人看见你自己就觉得不舒服。这说明什么，这个无形的法律，时时在警醒、鞭策和褒奖你。

三言：就是三句话。第一，对班主任工作，我要求自己做到“没有不合格的学生，只有不合格的教师”。“没有不合格的学生，只有不合格的教师”这就是一条教育理念，我们有了这种理念的话，我们当班主任的时候就不会把问题推卸给家长，把责任推卸给学生。我们就会想方设法地，从自身的改变做起。然后创造出教育的奇迹。这是对班主任工作。第二，那么对你的学科教学呢？我要求自己做到：“没有教不会的学生，只有不会教的老师”。这句话说起来也很苛刻。那就是说，教师也要有这种理念，在你的学科教学中，尽可能地想方设法培养出适合学生的教育。第三，借用陶行知先生的一句话：教师最大的成功与快乐是培养出值得自己崇拜的学生。把能培养出值得我崇拜的学生当成我教师最大的成功与快乐。

四通：第一，通晓班主任工作。干一行通一行，你对你所从事的班主任工作要通晓。第二，通晓学科教学。学生不会因为你班带得好而课教得差而原谅你；也不会因为你课教得好班带得差而迁就你。教书、育人两者缺一不可。第三，通晓相关学科。除了教育教学以外与做人相关的，你都要有所了解。你这样站在讲台上，才会触类旁通，你的语言才会永远富有魅力，吸引着学生，感召他的心灵。第四，通晓教育科研。

五心：第一，爱心。没有爱就没有教育。教师要有爱心。第二，信心。我有一个公式：信心＋实干＝成功。第三，专心。专心致志地做一件事。一个人如果在一个岗位上专心致志地做上几年、十几年、几十年一定会取得成功。第四，恒心。教师必须持之以恒地做你的工作，不能够半途而废。第五，虚心。在什么情况下都要保持一个向别人学习的心态。那么你就能够永远地不落伍。

六法：即六个教育的技巧。六个教育技巧的第一个技巧：“优良环境的感召法”。第二个教育的技巧：“虚功实做的导行法”。第三个教育的技巧：“捕捉兴奋点的磁性法”。第四个教育技巧：抓住教育时机的功倍法。第五个教育技巧：“三位一体的互促法”。第六个教育技巧：“自我教育的内驱法”。

我和学生共同设计了充满七彩阳光的中学时代的生活。

星期一，师生对话日。

星期二，家长系统讲座日。

星期三，英语日。

星期四，音乐欣赏日。

星期五，无批评日。

星期六，外出活动参观日。

星期日，小组劳动日。

今天这个社会和这个时代，我们需要的是一种什么样的教育？就是，有着快乐心态的老师引领着学生奔向快乐幸福的终点。希望每一个老师能够在今后的班主任工作中，创造出快乐和谐的教育来，让我们每一个学生真正在他的学生时代感受到人生最大的幸福。

16 世纪，一些欧洲国家创办的古典中学里出现了课堂教学的尝试，并由夸美纽斯进行了理论上的论证。班级管理是随着班级授课制的出现而产生的。所谓班级是指学生在学校共同学习、共同生活的一种教学组织形式，是学生成长的集体环境；也是学校全面实施管理、进行系统教育教学活动的基层单位。班级管理就是班主任和任课教师通过对班级教育条件的协调，运用教育学、心理学、管理学理论，采取适当的方法，从而有效地推进有计划的教育行为的过程。班级管理是学校管理的重要组成部分，班级的直接领导者、教育者、组织者和协调者是班主任。

第一节　班主任工作概述

一、班级管理概述

在引导学生做人的过程中，最具挑战性的工作就是班级管理。马卡连柯曾经说过：“即使是最好的儿童，如果生活在组织不好的集体里，也会很快变成一群小野兽。”教师在班级管理的过程中，不仅能够锻炼领导和管理能力，与学生、家长、学校沟通的能力，创造班级文化的能力，更主要的是培养教师沉着地应对突发事件的综合性组织管理能力。

二、班主任角色定位

班主任是班集体的组织者、教育者和指导者，是学校领导进行管理工作、完成教学任务的得力助手，是对学生进行思想品德教育的骨干，是教师之间、师生之间相互联系的纽带，是沟通学校、家庭、社会的桥梁。

(一)班主任是学科教育专家

作为一个班主任，首先要在学科教学或者专业技能上征服学生。这也是取得学生尊重、信任的前提。所以，班主任不能以班主自居，靠行政命令发号施令，要做终身学习的教学能手。

(二)班主任是学生的平等对话者

要想建立“民主、平等、和谐”的师生关系，班主任应以挚爱的情感、平等的交流实现跟学生的心灵沟通，与学生形成亦师亦友的关系。学生需要的不是声色俱厉的威胁、喋喋不休的说教，他们需要的是能够理解他们、信任他们，与他们平等对话、陪伴他们成长的引路者、解惑人。平等是做好教育工作的前提，对话是做好教育工作的手段。平等对话的结果是整合，是求同存异，而不一定是统一思想，更不能是“汇报思想”或“承认错误”。

(三)班主任是学生学习的促进者

班主任首先要抓良好学风建设，在班级中形成一种催人向上的强大的舆论力量。此外，班主任还应该教给学生科学的学习方法，积极配合各个学科的任课教师，加强与家长的联系和沟通，提高和巩固教育成效。

相关链接7-1

小学让班主任搬到教室办公成学生：促进学习(节选)

去年9月1日一开学，义乌市义亭小学就进行了一项教育探索，撤掉教室讲台，把班主任的办公桌搬进了教室。这种课堂形式的变革，已经实施了一个学期。近期，学校也给学生、老师和家长发放了调查问卷。昨天，《钱江晚报》记者也再次走进义亭小学，查看调查结果的同时，也实地观察“班主任进教室办公”带来的变化。

调查显示，还是有10%的家长认为这项措施“会约束孩子的课堂行为”，其中6.7%的家长更是直接对这项举措表示了反对。支持这种做法的家长认为，“班主任经常在教室办公，能更加了解学生的状态”。而不支持这种做法的家长则认为

“会约束孩子的课堂行为”。不过，据校方介绍，在持反对或无所谓观点的家长中，许多人到学校听课后，想法也发生了改变。

发放给学生的问卷中，80%的学生认为“老师在教室里改作业、听课”对自己有帮助；91%的学生认为“上课时，有老师坐在后面听课，不会影响学习”；也有孩子说“老师，您在后面我都不敢吵了，会更加认真地上课，但也怕回答问题答错，被您批评”。

在这次的调查问卷中，55%的教师认为“这项教学改革对业务提升有帮助”，在“教学上更加认真备课；行为上要更加注意言行，不能体罚、辱骂孩子；了解孩子上会更加全面”，多方面有突出作用。

义乌市教育研修院小学部主任认为这个做法能让老师更了解孩子，但建议不要作为硬性规定。义乌市教育研修院小学部主任叶立新对义亭小学这一改革持赞同态度。他认为，班主任初到教室办公需要一个适应过程，但班主任在教室办公，可以规范上课老师的教学行为，促进年轻教师专业成长。班主任和学生相处时间长，可以更全面地了解学生，融洽师生关系，开展更有针对性的教学。不过，他也建议，当这一课堂改革模式得到老师认可后，班主任在教室办公的规定可以进行弹性调整，变成班主任的自主行为，而非学校的硬性规定。

在义亭小学教导处，记者看到了厚厚一叠课堂观察笔记，这些都是班主任进教室办公后，对每周旁听的客观记录和内心感悟。

（摘自《钱江晚报》2015-03-27）

班主任与任课教师的积极合作，会给班级管理增加活力。如果班主任与任课教师各自为政，甚至互相拆台，班级则会变得人心涣散。那么，班主任如何与任课教师合作呢？

案例 7-1　越组代庖的结果

快要期末考试了，王老师为了让自己班上的前十名冲到年级的前列，自信满满的她，干脆不管自己的数学课，而是开始督促班级学生背诵史、地、生。史地生教师表面上虽然没说什么，但是内心却是不怎么高兴。期末考试时，史、地、生果然考得还不错，但是没有一位老师感谢王老师。相反，历史老师与地理老师在年级主任面前讥讽说：“我们这些副科老师没有多大用，早点下岗回家算了！因为，王老师是全才。”

在这个案例中，王老师没有得到任课教师的感激，主要原因就是身为班主任越组代庖，让任课教师成为多余的人，这自然会引起他们的不满。所以，任课教师如果不向班主任求助，班主任就尽量不插手他们的工作，尊重他们的独立性，相信他们的能力。除此之外，班主任也不要在学生面前贬低任课教师，要积极协助任课教师维持课堂纪律，树立班级良好的学风。

（四）班主任是家校沟通的桥梁

班主任要主动与家长联系，在与家长沟通的时候要善于倾听，并要讲究语言艺术，要采用多元的沟通方式。

（五）班主任是家庭教育的指导者

家庭教育、学校教育和社会教育共同构成现代教育的三大支柱。班主任必须懂得和掌握家庭教育的心理规律，并善于运用各种方式，给予家长家庭教育方面的指导，帮助家长提高教子水平，只有学校教育和家庭教育形成合力，教育才会收到事半功倍的效果，班主任工作才会迸发出更多的光彩。班主任要做好学生的摸底工作，要登记好学生父母外出打工的地址和联系电话、家庭成员情况和学生临时监护人的姓名及联系方式等，多方位了解学生的心理动态，以及他们的生活、学习情况，以便及时地发现问题并解决问题。此外，班主任还应该帮助家长树立正确的家教思想，针对不同情况的家庭采取不同的指导方法，提醒家长注意培养孩子的思想品德，提醒家长以身作则，提醒家长对孩子和期望值要适中，提醒家长信任孩子、尊重孩子等。

（六）班主任是学生的心理咨询师

心理健康是学生智力活动的基础和前提，帮助学生调节好心理，是班主任义不容辞的责任。

相关链接7-2

中小学生心理健康标准

北京师范大学林崇德教授认为，对于中小学心理健康在每个方面的具体标准，大体可从下面三个方面加以概括：一是敬业，二是乐群，三是自我修养。

1. 敬业

①体现为学习的主体。

②从学习中获得满足感。

③从学习中增进体脑发展。

④从学习中保持与现实环境的接触。

⑤从学习中排除不必要的恐惧。

⑥从学习中形成良好的学习习惯。

2. 乐群

①能了解彼此的权利和义务。

②能客观地了解他人。

③关心他人的需要。

④诚心地赞美和善意地批评。

⑤积极地沟通。

⑥保持自身人格的完整性。

3. 自我修养

①善于正确地评价自我。

②通过别人来认识自己。

③及时正确地归因。

④扩展自己的生活经验。

⑤根据自身实际情况确立抱负水平。

⑥具有自制力。

总之，班主任是班级的一位领导人物，是一个班级的核心和灵魂，他们的作用就是尽可能调动一切积极因素，更好地管理班级，让学生健康地成长。

第二节　常规班级管理技能

一、班级组织管理

(一)班干部的选拔

班委会中心成员包括班长、副班长、学习委员、文娱委员、纪律委员、卫生委员、体育委员和中队长等。

班干部当然是民主选举的好。但对于一个新教师、新班级而言，彼此都缺乏必要的了解，立即进行民主选举的条件还不具备。在班干部的产生过程中，班主任的包办代替，必定使班干部失去群众基础，给日后的工作带来不必要的困难。而单纯的“民主”，让学生完全“自决”，同样不足。比较好的办法是先民主后集中。班干部的选拔要遵循公平竞争、民主选举原则。可采取的方式包括班主任指定、民主选举制、自由竞选制、聘任制、班干部轮换制等。

魏书生老师选拔班干部就很有一套，他接手一个新班级后，就先注意发现上学或放学时身后都有一些学生跟着的“孩子王”，这样的学生一般都有组织能力，所以才成为“领袖人物”。再注意从发现的几名“领袖人物”中，寻找心地善良、胸怀开阔的学生。在心地善良的领袖人物中再对比一下谁的头脑聪明、思维敏捷。所以，他选择班干部一是看组织能力，二是心地善良、胸怀开阔，三是头脑聪明、思维敏捷。

在班级工作中，有很多细节是能够反映学生管理水平和领导素质的。你要有一双慧眼，在学生参与的各种活动中观察学生，从中发现品行好、能力强、有号召力和影响力的学生。

（二）班干部的培养和使用

班主任应该经常教育班干部树立为集体服务的责任感和荣誉感，要求他们努力学习、团结同学、以身作则，鼓励他们既要大胆工作，又要严格要求，注意工作方法。

1. 大胆放手，小心扶植

班主任要充分信任班干部，在学生中树立他们的威信，放手让他们工作，他们的能力一定会得到提高。班主任要学会授权、善于授权，当好学生干部的顾问或导演，多给他们指点工作方法，他们就一定能把班级管理好，形成一个充满生机和活力、团结向上的集体。

2. 更新思想，转变观念

从"重使用"转变到"重发展"。选出的班干部毕竟不是完人，因此对他们不能过分苛求、指责，特别是在工作出现失误的时候。班主任应该定期召开班干部会议，组织他们学会制订计划及具体措施，检查落实情况，总结得失，并加以改进，而对于班干部在班级中的不良行为，绝不姑息，鼓励他们以身作则并带动其他同学。从"助手型"转变到"主体型"。为了更好地培养班干部的能力，班主任在某些事情上要适度放手，让班干部去组织管理同学。从"服从型"转变到"创造型"。让班干部在协助班主任管理班级的过程中，从仅仅服从班主任老师的命令，到自己动脑筋、想办法创造性地完成好班级管理的工作。

3. 明确职责，合理分工

班干部具有日常管理、落实班规班纪、组织班级活动、关心班内同学、做好班级同学评价等基本职责。除此之外，班主任还要对班干部进行合理分工，各自承担起自己的责任。例如，劳动委员每天要定时检查室内外卫生，提醒值日生及时完成值日等。民主社会的一个重要特征就是权力分散和权力制衡，如果教师凡事不论大小，全交由班长一人负责，还美其名曰"重用"的话，殊不知让班长"独揽大权"的做法不仅使班长不堪重负，而且也容易导致不公和"腐败"，无法使集体走上健康发展的道路。

4. 能上能下，锻炼成长

班干部有了成绩要及时表扬，但犯了错误，就应该严肃批评，使他们了解到这是老师对自己的爱护，而且在班级内也能形成人人平等、没有"特殊学生"的环境气氛。对班干部的要求应更加严格，同时对班干部注意引导，因材施教，这样才能使班干部健康地成长起来。

二、班级文化管理

朱永新曾说过，"完美教室是一根扁担，一头挑着课程，一头挑着生命。因为学校教育中，师生生活基本是由课程连着课程实现的。在一间教室里，如果老师和学生的生命都得到丰富的滋养和最美的呈现，那就是教室中的幸福之泉悄然喷涌的时刻。”教室是什么？四面墙壁，加上几张桌椅、一块黑板、一个讲台。但有的老师会说，教室是家，是自己的王国，是幸福的源泉。只要教师懂得营造教室文化，那么不只是教师，学生也会感受到幸福。

(一)班级物质文化建设

教室的每一个空间，都由师生共同创造。教室的布置要有切合孩子生命的美学风格，比如在班级里摆放一些绿色植物，或者小金鱼等动物。教室里的色彩也可以丰富多彩，低年级考虑偏近粉红色系用绘本童话场景和角色来装饰；高年级偏近蓝色系，或者回归黑白，装饰以成熟的字画作品；而中段则考虑选择介于二者之间的绿色系列，配以东方风格的清新插画等。

(二)班级制度文化建设

实行民主，建立一个人人负责的班集体，第一步是能够为班级制定一套学生能够理解遵守、简洁明了的规范。一个学校有很多班级，各个班级的情况不同，班级规范就是对校规的进一步分解和细化，使之有较强的描述性和可操作性。

1. 充分尊重学生，广泛征集全班意见

教师在与学生讨论和协商的基础上，广泛征集全班学生的意见，将班规和行为定型化，就能将“遵守课堂纪律”的条款具体化为可操作、明确的班规，如“课堂上应该认真听讲，积极参与。不允许有任何妨碍课堂纪律的行为，如嬉笑聊天、追逐打闹、玩游戏、听音乐、看小说等，违者将视情节轻重受到班内警告、罚劳动和听课反省、通知家长的处罚”。

班规不能以强迫的方式加在学生身上，而是要取得学生的共识，这样他们才可能心甘情愿地遵从。制定班规的过程是学生表达自己利益诉求的过程，只有让学生明白一切规定的制定都是为了学生着想，学生才能理解和执行，这样的班规才是民主的、可操作的、有生命力的、有执行力度的。

2. 制定班规要分门别类

把班规分成课堂纪律、学习常规、清洁卫生、值日生、班干部、宿舍等几部分。还可以将学生分为相应的“执法小组”，分别承担不同的职责和工作。

3. 班规要有相应的处罚条款

班规要有处罚条款，对违反班规的行为制定具体的惩罚措施。处罚要有渐进性，措施要可执行。一是触犯规则就是要立即受到惩罚；二是视违反规则的程度多严重，受到的惩罚力度就有多大。

班规凝聚了师生的意志追求和理想，规则来自集体，还要依靠集体的力量让学生记住并内化为习惯。可以将班规打印装裱，悬挂于教室比较醒目的地方，以便学生随便诵读、随时查验，发挥它独特的监督作用。

（三）班级精神文化建设

班级是由教师和若干有着不同性格和气质、不同家庭文化背景和社区文化背景的学生结合而成的文化生态组织。如果教室有一个美丽的名字，这个教室就会有一个美丽的开始。

相关链接7-3

江苏海门海南中学有一间教室的名字非常特别——不一（班）般，班主任江斌杰介绍说，孩子们刚上中学，走进学校就说："校园不一般呢！"他介绍任课教师时，有学生说："这些老师不一般呢！"一天课下来，有学生感叹："真的是不一般呢！"所以，他就想：干脆用"不一（班）般"来命名自己的教室，激励学生做最好的自己，创最好的班级。这样就能够拥有不一般的孩子、不一般的教室。

命名只是教室文化建设中的一个事项，和它相关的事务还有班徽、班旗、班歌、班训、班级承诺等，它们是一个有机整体。班徽，是班级的图腾和象征物，由全班同学集思广益，共同绘制而成。班徽可以采取全班征集评选、在优胜方案的基础上完善确定。班歌，可以自己创作或请人创作，也可以选用现成的歌曲，或者根据现成的歌曲稍加改编。如李镇西老师的未来班，是学生们写信请谷建芬老师作曲的；而山西绛县的"山水人家"教室选用了《我爱你中华》。班训，类似于学校的校训，用简洁明了、寓意深刻的语言，阐明班级的价值追求。班级承诺，是教师与学生彼此之间对未来的一个美好的约定。例如，"我是学生我相信：我将在这里品尝到知识的快乐，生命的尊严。"

三、班级活动与组织（班队活动）

班级活动是为实现班级教学目标，在班主任和任课教师的指导下，师生共同参与的，以爱国主义和集体主义为价值原则、以学生为主体、以培养学生的实践能力和创新精神为导向，而举行的各种教育活动。组织开展富有教育意义、学生喜闻乐见的班级活动，不仅能够丰富学生的知识、扩大学生的视野，而且对增强班集体凝聚力、发挥学生自我教育作用、促进学生个性和谐发展都具有重要意义。

（一）班队活动的类型

从功能上分，班队活动分为思想教育类、知识类、娱乐类、实践类等。具体形式包括班会、主题教育活动、文体活动、学习活动和实践活动等。

（二）班队活动组织的原则

1. 教育性

班队活动要引领思想，体现在活动目标、活动内容和活动过程中都要有教育意义。它可以提高学生思想道德水平，开发智力，可以增加审美情趣，强身健体。好的班队活动绝不能满足于娱乐性的目的，只满足于让学生嘻嘻哈哈，不注意活动的教育性，就偏离了组织和设计班队活动的初衷。

2. 时代性

教师要选择有时代感的主题，要从时事、生产和科技、身边事物中产生。在活动内容上，要尊重学生的现实需要和兴趣，兼顾学生德、智、体、美、劳等各方面的素质，让学生触摸时代的脉搏。

3. 多样性

班队活动要达到理想的目的，就应该注意内容、形式、组织方式丰富而多样。班队活动既可以是集体活动，也可以是小组活动；既可以在校内，也可以在校外；既可以“走出去”，广泛地接触社会和了解社会，也可以“请进来”。

4. 可操作性

班队活动要控制活动的频率、规模并注意利用多种资源。在活动的频率上，有的班主任每学期组织的班级主题活动次数过多，使学生在活动上花费很大精力，这必然会冲击学生的学习，造成一些学生静不下心来学习；而有的班主任怕麻烦，组织的活动又过少，这又会让学生感到枯燥、乏味。只有恰当控制活动的规模、频率，才能既真正符合学生的需要，又易于操作，让活动起到应有的效果。

5. 整体性

整体性是指班级活动的内容、活动的全过程、活动的教育力量都要成为一个系统，用整体的教育思想指导整体的教育活动，达到教育目标实现的整体性和学生身心整体发展的最高境界，而有许多老师设计和组织班级活动时，却忽视了这一点。

(三)班队活动的设计

1. 选择活动题材

①要结合当前德育工作强调的教育重点选题，比如诚信教育、生命教育、弘扬民族精神教育、网络健康教育、爱心教育等。

②要结合学生的困惑选题，教师要善于观察和发现学生在生活中的真正需求，并以此为蓝本创设问题情境，设计和实施班级活动，引导学生亲历“问题”，让学生在问题冲突中反思，找到解决问题的途径和方法。

③要结合新课程的学习延伸需要选题。学科教学中蕴含着丰富的教育资源，有很多可供选择的好题材，班主任可以大胆地创新与实践，挖掘学科课程所隐含的德育资源。

④要结合当前社会生活的热点问题选题。

2. 班队活动的形式

(1)系列性主题班会

系列性主题班会首先要求主体明确，思想性强，有时代气息。

(2)知识性班级活动

班级活动应该关注学生的学习，例如，“刻苦学习为家乡”学科竞赛、“我和

ABC交朋友”英语学习、“在神奇的科学王国”科技魔术活动等。这类活动与学习直接相关，但绝不是文化课的简单再现。

(3)节日性班级活动

一年有多种节日，新年、春节、清明、教师节、劳动节、国庆节等，根据节日的性质、特点，结合教育的中心内容，运用综合教育手段，可以使学生同时接受学校、社会、家庭的教育影响。节日是重复出现的，但班级活动不能重复，要不落俗套、年年翻新，给学生一种新鲜感。

(4)及时性班级活动

有的时候，工作计划中并没有安排，偏偏遇上了教育学生的好机会，这就要求我们抓住时机，充分发挥教师的教育智慧。

3. 班队活动方案

案例7-2 与零食说bye-bye——班队活动设计方案

一、活动背景

综观各学校缩影，每天放学后，堵塞的校园门口，同学们“有滋有味”地啃着小摊上的炸鸡腿、煎火腿；中午时分，拥挤的各小店门口，同学们津津有味地吃着小薯片、棒棒冰……随手丢下垃圾袋的现象屡见不鲜；学校内外地上果皮、纸屑到处都是，楼梯口零食包装袋随风飘起。校园卫生一直是令学校最头疼的难题，针对这一现象，我思考：何不在班内就此问题展开一次班队活动？老师的提议在班会课上通过。经全班同学讨论决定，此次活动就定名为“与零食说bye-bye”。

二、活动全景

(一)活动准备

全班学生收集、整理各种各样的零食包装袋，对自己喜爱的各种零食进行了解。分好小组在校园内外做调查，掌握有关学生吃零食的现象并进行统计。

(二)活动过程

1. 收集整理收获丰硕

这一活动一倡议，全班同学就开始行动起来，他们先是从家中收集有关零食的包装袋，对家中的零食进行了分门别类的整理，通过向父母、长辈询问，查阅有关资料，甚至上网查询，了解、分析有关零食的危害性，用表格的形式及时记录下来；同时同学们还走进超市、小店，观察街头小摊，掌握有关零食的具体种类及来源，同学们走出了家门，收获就更加多了。更重要的是，他们利用在学校的时间，课余进行细致的观察，发现有的同学吃零食，他们会暗中调查该同学零食的来源，并且关注他是怎样处理零食残骸的。中午和放学这两段时间是学生吃零食最严重的时间，同学们又抓住了这个有效时机进行分组调查，统计有多少学生会选择怎样的零食、有多少学生天天吃零食、有多少学生把零食当作了主餐等。为了有效地参与这项活动，全班同学甚至亲自去垃圾箱内捡拾，花费了很多的精力，但他们毫无怨言，不怕脏不怕累地坚持着，他们觉得这样做是一件快乐的事。一个阶段下来，同学们收集、掌握了关于零食的各种资料，他们还特意把有关资料进行了编排，制成了剪贴本，收获真是丰硕！

2. 成果展示振奋人心

通过一阶段的收集、整理、统计，在全校师生面前，同学们上了一堂别开生面的班队成果展示课。在这堂课上，同学们都把自己亲自收集、整理的有关零食的资料进行了形式多样的展示。有的同学一边让大家观看零食包装袋的剪贴本，一边还配上了解说，不但让大家知道了如今盛行的一些零食，更重要的是让大家明白了这些零食会造成的后果；有的同学把自己打扮成各种零食的模样，自编自演小品，为的是让大家了解零食的不正当生产途径及它的危害性；有的同学还播放了自己拍摄的有关校园内垃圾的录像，分析垃圾的主要来源，呼吁大家与零食说再见，还校园以洁美。一个个学生自行组织、自己排练的节目，从不同侧面强调了零食的危害性，动员大家快速行动起来——与零食说bye-bye！

（三）活动结果

①孩子们对零食有了新的认识，更深层次地体会到零食会给大家带来的负面影响，从而培养了孩子良好的生活行为习惯。

②活动中全班参与，每个孩子在活动中都有了收获，每个孩子都得到了不同程度的锻炼，他们的独立自主能力有了更高的提升。

③以点带面，主题班队课受到师生广泛好评，并以此带动了全校师生大规模地展开“拒绝零食”的活动。

三、活动反思

良好的行为习惯成就美好的人生。小学阶段正是学生行为习惯形成的重要时期，但学生良好习惯的形成，不是一蹴而就的，需要反复强化、巩固并内化为自觉行为。

（一）善于捕捉信息

在孩子的身边，每时每刻都在发生无数的事情。有些事情，在常人的眼里感觉是那么平淡无奇，而有时你细细分析的话，却会发现有些已经不知不觉地给学生、学校乃至社会造成了一定的影响。孩子对于客观存在的一些问题能够认真面对，而对有些问题却不能去好好面对。因此，教师要善于去捕捉孩子身边的一些信息，既要捕捉孩子对事物的兴致程度，更重要的是把握住孩子思想的最深处。这样，开展活动就容易达到理想的效果，从而真正影响孩子的成长。我们面对的是活生生的孩子，他们有主观能动性，有强烈的参与意识，有一定的明辨是非的能力，有自己独立的思想，我们只有善于捕捉孩子身上的信息，才能使我们的活动走进孩子的心灵。

（二）精心搭建舞台

孩子参与活动，要在活动中成长，教师要精心为孩子搭建展示成果的舞台。他们在家中收集资料，走进社会去调查，业余时间暗中观察，制作剪贴本，拍摄校园环境卫生乃至自编自演节目向师生汇报成果……孩子们都是全程参与，这时教师要适时给孩子提供机会，给孩子一些有效的点拨，引导孩子顺利地开展活动。这样，孩子参与活动的欲望就会更强，社交能力、语言表达能力、团结协作能力都能在活动中更好地得到提升，孩子在活动中也会有实质性的收获。

（四）主题班会的组织与实施

班队活动要有明确的方向和具体的活动目标，活动切入点要小，符合学生的实际情况。还要注意活动内容丰富和选择恰当的形式，要注意体现以学生为主体的理念，教师只起指导作用，不能包办代替。小学低年级学生依赖性强，活动的自主能力不强。小学中年级学生的依赖性比低年级明显减少，喜欢尝试探究式地解决实际问题，但缺乏控制与协调能力。小学高年级学生有较强的自主化水平与主体行动的能力，获得尊重的需要强烈，因而要尽量扩大学生的参与面。活动要易于操作，并要注意学生的健康与安全。

本章小结

班主任在班级管理工作中首先要转变自身角色，将自己定位为学科专家、平等者、家校合作的桥梁以及心理咨询师等。在班级管理的具体事务中，不仅要了解如何选拔、培养、使用班干部，设计与实施主题班会，更要与学生合作共同完成好班级的物质文化、制度文化和精神文化建设。只有这样，班集体才能发挥出育人的效果。

关键术语

班主任角色；物质文化建设；制度文化建设；精神文化建设；主题班会

思考与练习

1. 阐述班主任的角色。

2. 阐述如何选拔、培养和使用班干部。

3. 围绕某一主题，设计一次主题班会活动方案。

拓展阅读

1. 李宜江，柳丽娜．班主任必备素养与技能．合肥：安徽师范大学出版社，2013

2. 范丹红．教师专业技能训练与教育实习．北京：北京师范大学出版社，2013

相关链接7-4

教基一[2009]12号

各省、自治区、直辖市教育厅(教委)，新疆生产建设兵团教育局：

为了进一步加强中小学班主任工作，发挥班主任在中小学教育中的重要作用，保障班主任的合法权益，全面推进素质教育，特制定《中小学班主任工作规定》，现印发给你们，请遵照执行。

附件：中小学班主任工作规定

二○○九年八月十二日

附件：中小学班主任工作规定

第一章　总　则

第一条　为进一步推进未成年人思想道德建设，加强中小学班主任工作，充分发挥班主任在教育学生中的重要作用，制定本规定。

第二条　班主任是中小学日常思想道德教育和学生管理工作的主要实施者，是中小学生健康成长的引领者，班主任要努力成为中小学生的人生导师。

班主任是中小学的重要岗位，从事班主任工作是中小学教师的重要职责。教师担任班主任期间应将班主任工作作为主业。

第三条　加强班主任队伍建设是坚持育人为本、德育为先的重要体现。政府有关部门和学校应为班主任开展工作创造有利条件，保障其享有的待遇与权利。

第二章　配备与选聘

第四条　中小学每个班级应当配备一名班主任。

第五条　班主任由学校从班级任课教师中选聘。聘期由学校确定，担任一个班级的班主任时间一般应连续1学年以上。

第六条　教师初次担任班主任应接受岗前培训，符合选聘条件后学校方可聘用。

第七条　选聘班主任应当在教师任职条件的基础上突出考查以下条件：

(一)作风正派，心理健康，为人师表；

（二）热爱学生，善于与学生、学生家长及其他任课教师沟通；

（三）爱岗敬业，具有较强的教育引导和组织管理能力。

第三章 职责与任务

第八条 全面了解班级内每一个学生，深入分析学生思想、心理、学习、生活状况。关心爱护全体学生，平等对待每一个学生，尊重学生人格。采取多种方式与学生沟通，有针对性地进行思想道德教育，促进学生德智体美全面发展。

第九条 认真做好班级的日常管理工作，维护班级良好秩序，培养学生的规则意识、责任意识和集体荣誉感，营造民主和谐、团结互助、健康向上的集体氛围。指导班委会和团队工作。

第十条 组织、指导开展班会、团队会（日）、文体娱乐、社会实践、春（秋）游等形式多样的班级活动，注重调动学生的积极性和主动性，并做好安全防护工作。

第十一条 组织做好学生的综合素质评价工作，指导学生认真记载成长记录，实事求是地评定学生操行，向学校提出奖惩建议。

第十二条 经常与任课教师和其他教职员工沟通，主动与学生家长、学生所在社区联系，努力形成教育合力。

第四章 待遇与权利

第十三条 学校在教育管理工作中应充分发挥班主任的骨干作用，注重听取班主任意见。

第十四条 班主任工作量按当地教师标准课时工作量的一半计入教师基本工作量。各地要合理安排班主任的课时工作量，确保班主任做好班级管理工作。

第十五条 班主任津贴纳入绩效工资管理。在绩效工资分配中要向班主任倾斜。对于班主任承担超课时工作量的，以超课时补贴发放班主任津贴。

第十六条 班主任在日常教育教学管理中，有采取适当方式对学生进行批评教育的权利。

第五章 培养与培训

第十七条 教育行政部门和学校应制定班主任培养培训规划，有组织地开展班主任岗位培训。

第十八条 教师教育机构应承担班主任培训任务，教育硕士专业学位教育中应设立中小学班主任工作培养方向。

第六章 考核与奖惩

第十九条 教育行政部门建立科学的班主任工作评价体系和奖惩制度。对长期从事班主任工作或在班主任岗位上做出突出贡献的教师定期予以表彰奖励。选拔学校管理干部应优先考虑长期从事班主任工作的优秀班主任。

第二十条 学校建立班主任工作档案，定期组织对班主任的考核工作。考核结果作为教师聘任、奖励和职务晋升的重要依据。对不能履行班主任职责的，应调离班主任岗位。

第七章　附则

第二十一条　各地可根据本规定，结合当地实际情况，制定中小学班主任工作的具体实施办法。

第二十二条　本规定自发布之日起施行。

相关链接7-5

美国小学班规大起底：要求很小很具体

中国人在公共场所说话声大，走路挡住通道的习惯，因如今各种出国旅游团的增加，遭到不少“善意的提醒”。

国外公共场所安静有序的场景让很多人颇有感触，这样的好习惯是怎么来的？杭州天长小学科学老师陈甜，这几天正赶写一本书，主题是“中美小学教育的差异”，她想说，好习惯是从娃娃抓起的。外国的小学里，从小就给孩子“做规矩”。

今年3月下旬，陈老师带着4名四年级学生，去美国印第安纳州的一所公办小学游学一个学期，前不久刚刚回国，国外孩子在公共场所保持的秩序和安静，让陈老师感受颇深。

陈老师对《钱江晚报》记者说：“美国老师有一套方法，让调皮的孩子们学会在公共场合守秩序。”

我们要安静，让人注意不到我们存在

陈老师去的是美国印第安纳州的84号学校，在当地是一所非常好的公办小学。学校里有很多规矩，每个学生必须要遵守，做不到要受罚。

“比如下课吧，我们这边一下课，学生涌出教室，走廊上马上热闹起来。虽然我们规定，学生不能在走廊上追逐打闹，但同学们还是喜欢把那里当成玩耍的地方。”

“但在84号学校里，下课后走廊上、楼道里没有一点声音。”

“如果哪个学生上厕所是跑步去的，被老师逮住，马上会对他(她)说：‘不可以！’第一次是提醒，第二次要发条子，让孩子带回去给家长了。”

陈老师说，学校非常严格。

做规矩，在美国的小学里已经成为教育的一部分。年仅28岁就获得“全美最佳教师”的明星教师罗恩·克拉克，曾给学生定下55条班规，一度风靡美国教育界，他因此成为美国电影《热血教师》的原型，多次被邀请到白宫做客。他所列的55条班规中，第38、40条，都是关于守秩序的——

如第38条：外出活动，进入公共场所时要保持安静。当我们集体外出，进入一座建筑物时，不能说话，甚至要安静到让人注意不到我们的存在。这同样适用于通常人们聚会的任何公共场所，包括电影院、教堂、剧院等。

如第 40 条：集会期间不要说话，也不得和你的朋友打招呼；不能四处张望，也不能试图吸引其他班同学的注意。我们必须齐心协力给大家留下一个印象——我们是个集体，我们步调一致……

靠右走，让出左道，不会走的，请再走一遍

84 号学校上课是走班的，不像我们这里教室是固定的。一堂课结束后，由老师领着学生去另一个教室。

孩子们先是排好队，在队伍行进过程中，大家一律靠右走，让出左道，这样能保证不同方向的队伍有序通过，而且这时候，走道上不能有一点声音。“有一次，我看到走班过程中，因为有几位同学讲话，结果整队学生都被留下来接受批评。”

她曾遇到过这样一个美国孩子，有一次在走楼梯时，前面三步很轻，后面的脚步声很响，被老师发现了。这位老师也很有意思，没有马上批评学生，而是叫来另外几个同学，四个人陪着这个学生，反复地在楼梯上来来回回走，一直练习到走楼梯没有声音了，才算过关。

用身体的练习，代替一句指责，更能让孩子接受并记住在大人看来都有些苛刻的规则，这也是美国教育的一个特点吧。

美国小学生是坐校车上学的，不过坐校车的规矩也不少。学生坐上校车，每个人会发到一张纸，上面列出了很多规矩。从离家、等车，到在车上、校车停靠、下车，满满一张纸上，列了 30 条规则。内容包括按时离家，在车上不能大声说话，不能与前后排打闹嬉戏，以及不能在校车行驶过程中离开座位等。

陈老师说，如果哪个孩子在某些规矩上做得不好，老师会在纸张上打星号，然后让孩子带回家，要在家长的监督下及时改正，“如果家长不重视，学生在下一次坐校车时，仍然不守规矩，学校有权拒绝这个学生坐校车。我们几个孩子，刚开始不当回事，等学校在纸张上打了星号，才认真起来。”

你怎么对待别人，别人就怎么对待你

陈老师发现，美国学校对孩子的要求很小很具体：对人友善，面带微笑，学会说谢谢，等等。

在 84 号学校，一间教室的墙上贴着：

1. 你怎样对待人，别人就怎样对待你；
2. 说话做事保持安静；
3. 听从指挥；
4. 举手回答问题。

还有的更简单：

1. 尊重别人；
2. 负责任；
3. 安全；

4. 有乐趣。

有一面墙上贴着认真听讲的五条规矩：

1. 眼睛注视讲话者；

2. 闭上嘴巴；

3. 用耳朵倾听；

4. 坐端正；

5. 手和脚不乱动。

在国内很多小学的班级里，我们经常会看到一些班训、班风或者班级目标，比如班训"做人诚心，学习细心，友情真心，生活开心"，班风"快马加鞭，勇往直前"。

虽然我们的也很具体，但总是有些空洞、有些烦琐，小学生能记住多少？

而美国学校的几条简略的班规，醒目到能够渗透学生一生。"你怎样对待别人，别人就怎样对待你"，可以等同于"己所不欲，勿施于人"，这可是人一生都要遵循的生存准则。假如小学生在五六年的学习中，能把这些规则渗透到心灵深处，那就会影响一生。

"美国学校把烦琐的规矩简单化，把简单的事情做好了，孩子的规矩也就养成了，成人社会的秩序也就形成了。"陈老师说。

（摘自《钱江晚报》2014 年 7 月 25 日）

相关链接 7-6

美国明星教师的 55 条班规，这才是真正的素质教育！

罗恩·克拉克，出生在北卡罗来纳州，大学毕业后周游列国，23 岁开始在家乡的一所乡村学校任教，5 年后来到纽约市哈莱姆区，其教育理念取得巨大的成功。他曾 3 次受美国总统及夫人邀请带学生做客白宫，2000 年当选迪士尼年度教师，出版著作《55 条基本班规》（中译本书名为《优秀是教出来的》）和《教育者的 11 项卓越品质》，并创办罗恩·克拉克学园。他被著名电视节目主持人奥普拉·温弗瑞称为"美国教师"，他的传奇故事被好莱坞拍成了电影《热血教师》。

他给学生定下的 55 条班规如下：

1. 与大人应对，要有礼貌、有分寸；

2. 与人互动，眼睛要看着对方的眼睛；

3. 别人有好的表现，要替他高兴；

4. 尊重别人的发言与想法；

5. 自己有什么好的表现，不要炫耀，输给别人也不要生气；

6. 如果别人问你问题，你也回问他问题；

7. 打喷嚏、咳嗽都要说对不起；

8. 不可以有不礼貌的小动作；

9. 别人送你任何东西，都要说谢谢；

10. 接到奖品和礼物，不可以嫌弃；

11. 用小小的贴心，为别人制造惊喜；

12. 改同学试卷时要特别谨慎；

13. 全班一起念课文时，要看着正念的一字一句；

14. 以完整的句子回答所有的问题；

15. 不要主动讨奖品；

16. 每天都要做完作业；

17. 换科目的时候，动作要快、要安静，要守秩序；

18. 做什么事都要有条理；

19. 老师在指定作业的时候不要叫苦，如果谁违反了，他就必须做两倍的作业；

20. 别的老师来代课，也要守班规；

21. 课堂上发言，或起身，应该讲规矩；

22. 上课上一半，不可起身去倒水；

23. 见到每个老师，都要说某某老师好；

24. 注意洗手间的卫生，把身边的病原减少到最少；

25. 让客人有宾至如归的感觉；

26. 不要帮同学占位子；

27. 同学受罚的时候，不要看着他；

28. 对作业的问题，可以打电话来我家，我没接的话，你可以留言，但只要留一次就够了；

29. 用餐要讲究礼仪；

30. 吃完饭，自己的垃圾自己处理；

31. 接受别人的服务要惜福；

32. 坐车要坐好，别打扰司机；

33. 认识新朋友，要记住对方的名字；

34. 吃自助餐，或与人同桌，取菜不可贪多；

35. 别人掉东西，请弯腰去帮他捡；

36. 进门时，如果后面有人，请为他扶住门；

37. 别人碰到你，不管有没有错，都要说声“对不起”；

38. 进行校外教学时，无论到哪一个公共场所，都要安安静静；

39. 去参观别人的地方，要不吝于赞美；

40. 全校师生集会的时候，不要讲话；

41. 接电话的言谈要得体；
42. 一趟校外教学结束，要感谢所有随行的老师和家长；
43. 搭乘电梯时，要站右边，请赶时间的人走左边；
44. 列队行进时不要说话；
45. 不可插队，但看到别人插队时不可大呼小叫，让老师知道就好；
46. 看电影时不要说话；
47. 不可带玩具到学校来；
48. 有谁欺负你，让老师知道；
49. 自己的理想自己要坚持；
50. 要乐观，要享受人生；
51. 既然想做一件事，就只管去做；
52. 从错误中学习，继续向前迈进；
53. 不管如何，一定要诚实；
54. 抓住今天；
55. 在你的能力范围内，做最好、最好的人。